서중석의 현대사 이야기 ⑪

서중석의 현대사 이야기 ⑪

초판 1쇄 펴낸날 2017년 10월 2일
초판 2쇄 펴낸날 2024년 7월 25일
지은이 서중석·김덕련
펴낸이 박재영
편집 임세현·한의영
마케팅 신연경
디자인 조하늘
제작 제이오
펴낸곳 도서출판 오월의봄
주소 경기도 파주시 회동길 363-15 201호
등록 제406-2010-000111호
전화 070-7704-5018
팩스 0505-300-0518
이메일 maybook05@naver.com
트위터 @oohbom
블로그 blog.naver.com/maybook05
페이스북 facebook.com/maybook05
인스타그램 instagram.com/maybooks_05

ISBN 978-89-87373-28-5 04900
978-89-97889-56-3 (세트)

만든 사람들
책임편집 박재영
디자인 조하늘

서중석의 현대사 이야기

서중석 답하다
김덕련 묻고 정리하다

11

유신 쿠데타 Ⅲ
뿌리는 일본 군국주의

오월의봄

일러두기
본문의 추가 보충 설명은 모두 김덕련이 정리했다.

책머리에

1

우리는 21세기에 들어와 극렬한 '역사 전쟁'을 겪고 있다. 역사 전쟁은 한국과 일본 사이에, 또 한국과 중국 사이에 벌어지는 것으로 알고 있는 사람들이 많겠지만, 오히려 한국 사회 내부에서 더 치열하다.

사실 최근에 와서야 비로소 역사 교육이 정상적인 길로 들어서는가 싶었다. 박정희 한 사람만을 위한 1인 유신 체제의 망령인 국정 역사 교과서가 21세기 들어 사라졌고, 가장 중요한데도 공백이나 다름없었던 근현대사 교육이 이루어지면서 한국사 교육이 조금씩 자리를 잡아가고 있었다. 이런 흐름을 따라 이제 극우 반공 체제나 권력의 손아귀에서 벗어나 역사 교육이 학문과 교육 본연의 자세로 조심스럽게 나아가는 듯싶었다.

우리 현대사에는 조금 잘될 듯하다가 물거품이 된 경우가 종종 있다. 역사 교육도 그렇다. 교육의 현장이 순식간에 전쟁터가 된 것이다.

2008년 이명박 정권이 들어서자마자 수구 세력은 오염된 현대사를 재교육하겠다고 나섰다. 과거 중앙정보부 간부, 수구 언론 논설위원 등이 포함된 강사들이 서울을 비롯해 전국 각지로 보내져 학생과 교육계, '사회 지도층'을 상대로 현대사 재교육에 나섰다. 강사라기보다 유세객遊說客이라는 표현이 맞겠지만, 이들 중 현대사 전공자라고 볼 만한 사람은 없었다. 현대사 전공자가 아니면 역사학자도 잘 모를 수밖에 없는 한국 현대사, 특히 해방 전후사를 수구 세력 이데올로기 대변자들한테 맡긴 것이다. 얼마나 다급했으면 그렇게 했을까 싶지만 해프닝이나 다름없었다.

거기까지는 그나마 양호했다. 그해 8월 15일은 공교롭게도 정부 수립 60주년이 되는 날이었는데, 특히 이날을 벼르고 벼르던 세력들이 광복절을 건국절로 명칭을 변경해 기념해야 한다고 나섰다. 일부는 뭐가 뭔지 모르고 가담했겠지만, 그것은 역사 교육의 목표, 국가 기강이나 민족정기를 한순간 뒤집어엎고 혼란에 빠트릴 수 있는 위험천만한 행동이었다. 친일파를 건국 공로자로 만들 수 있는 건국절 행사장에는 참석하지 않겠다고 독립 운동 단체가 단호히 선언하고, 독립 운동가들이 자신들이 받은 서훈을 반납하겠다고 강경히 주장해서 간신히 광복절 기념식을 치를 수 있었다.

가을이 되자 일선 역사 교사들에게 날벼락이 떨어졌다. 지금 쓰는 교과서를 바꾸라고 난리를 친 것이다. 모든 권력을 총동원해서 압력을 가해왔다. 그 전쟁터 한가운데에 서서 교사들은 어떤 사념에 잠겼을까. 역사 교사로서 올바르게 산다는 것이 무엇이라고 생각했을까. 그렇지 않으면 기구한 우리 현대사를 되돌아보았을까.

그로부터 5년 후 박근혜 정권이 등장하자 또다시 역사 전쟁이 벌어졌다. 이번에는 역사 교과서를 둘러싼 전쟁이었다. 2004~2005년부터 구체적인 본색을 드러내고 조직적으로 활동하며 수구 세력 내에서 역사 문제에 대해 강력한 발언권을 확보해온 뉴라이트 계열이 역사 교과서를 만든 것이다.

　뉴라이트 계열 역사 교과서는 어이없이 참패했다. 일본 극우들이 2001년에 만든 후쇼샤 교과서보다 더한 참패였다. 일제 침략, 친일파와 독재를 옹호했다고 그 교과서를 맹렬히 비판하던 쪽도 전혀 상상치 못한 결과였다. 그 교과서가 등장하기 몇 달 전부터 수구 언론이 여러 차례 크게 보도해 분위기를 띄우고, 권력이 여러 방법으로 지원을 하는 등 나름대로 총력전을 폈으며, 수구 세력이 지배하는 학교 재단도 있었기 때문에 어느 정도는 채택될지도 모른다고 크게 우려했는데 결과는 딴판이었다.

2

　왜 역사 전쟁에서 이승만을 띄우는가. 박정희의 경제 발전 공로는 진보 세력 일부도 인정하기 때문에 이제 이승만만 살리면 다 된다고 보기 때문일까. 그렇지 않다. 근현대 역사에서 너무나 중요한 '비결 아닌 비결'이 거기 내장되어 있기 때문이다.

우리에게는 '역사의 죄인'이 있다. 우리 역사에서 제일 큰 죄인은 누구일까. 우선 친일파, 분단 세력, 독재 협력 세력이 쉽게 떠오를 것이다. 이승만을 존경하는 사람들에는 여러 유형이 있다. 친일파, 분단 세력, 독재 협력 세력이 거기 포함된다. 이들은 이승만을 살리고 나아가 그를 '건국의 아버지' '국부'로 만들어놓을 수만 있으면 '역사의 죄인'에서 벗어날 수 있다고 믿는 것 같다. 나아가 이승만이 국부가 되면 권력이나 사회적 지위, 기득권을 계속 움켜쥘 수 있다고 확신하고 있는 것 같다.

역사 전쟁은 수구 세력이 일으키는 불장난이라는 생각이 들 때가 있다. 60~70년 전 역사를 가지고 지금 아무에게도 득이 되지 않는 소모적인 전쟁을 일으킬 필요가 없기 때문이다. 사실을 왜곡하는 일 없이, 개방 시대에 맞게 그 시대를 폭넓게 이해하도록 가르치면 되는 것이다. 문제는 친일파, 분단 세력, 독재 협력 세력은 그렇게 생각하지 않는다는 데 있다. 자연인으로서 친일파는 생명이 다했지만, 정치적·사회적 친일파는 여전히 강성하다. 그러니 자꾸 문제를 일으킨다. 어두운 과거를 떨치고 새 출발을 할 때 보수주의가 자리 잡을 수 있는데, 비판자들을 마구잡이로 '종북'으로 몰아세우고 대통령 선거에서 NLL로 황당무계한 공격을 하는 데서 알 수 있듯이, 그들은 과거를 떨치지 못하고 독재 권력이 행했던 과거의 수법에 의존하고 있다. 이렇듯 수구 세력이 정치적 생명을 연장하려고 하기 때문에 역사 전쟁이 지겹게도 반복되고 있는 것이다.

우리에게는 '역사의 힘'이 있다. 항일 독립 운동과 반독재 민주화 운동이 줄기차게 계속된 것도, 우리 제헌 헌법에 자유·평등의 독립 운동 정신이 담겨 있는 것도 역사의 힘이다. 우리 국민이 친일파, 분단, 독재를 있어선 안 되는 잘못된 것으로 보는 것도 역사의 힘이다. 막강한 힘의 지원을 받은 역사 교과서가 참패한 것도 그렇다. 2014년에 국무총리 후보가 역사의식 때문에 순식간에 추락한 것도 역사의 힘이 아니고서는 설명하기 어렵다. 그런데도 해방-광복 70주년이 되는 2015년에 들어서자마자 역사 교과서를 국정화하겠다는 소리가 들리고, 수구 언론은 과거처럼 '이승만 위인 만들기'에 노력하고 있다.

진보 세력은 역사의 죄인 혐의에서 자유로울까. 현대사 진실 찾기, 역사 바로 세우기를 방기한 것은 어떻게 설명할 수 있을까. 1980년대에 운동권은 극우 반공 세력의 역사관을 산산조각 냈다고 생각하기도 했지만, 그것은 자만이었다. 현대사 진실 찾기를 방기할 때, 그것은 또 하나의 이데올로기이자 도그마로 경직될 수 있었다. 진보 세력은 수구 세력이 뉴라이트의 도움을 받아 근현대사 쟁점에 나름 대로 논리를 세워놨는데도 더 이상 자신을 채찍질하지 않았다.

1980년대에 그렇게 현대사에 열을 올리던 사람들 가운데 몇이나 해방과 광복, 광복절과 건국절의 차이를 설명할 수 있을까. 그들은 단정 운동에 대해서 어느 정도 지식을 가지고 있을까. 이승만이 대한민국을 건국한 국부가 아니고 제헌 국회에서 표결에 의해 선출된 초대 대통령에 지나지 않는다는 것은 또 얼마나 알고 있을까. 한마디로 이승만 건국론이 잘못된 주장이라는 것을 일반 사람들에게 구체적인 사실을 들어 조리 있게 설명해줄 수 있을까. 현대사의 이런저런 문제를 가지고 생각이 다른 사람들과 논전을 벌일 경우 상대방을 얼마나 설득할 수 있을까.

3

나는 역사 전쟁이 싫다. 특히 요즘은 이제 제발 그만두었으면 싶은 마음이 간절하다. 내가 현대사에 관심을 가진 것이 1960년대 중반부터이니, 반세기라는 긴 세월 동안 극우 세력의 억지 주장이나 견강부회와 맞닥트리며 살아온 셈이다. 하지만 어떡하겠나. 숙명이려니

하고 받아들이지 않을 수 없다.

2013년 6월 제자와 지인들 앞에서 퇴임사를 하면서 이런 이야기들을 전했고, 젊은이들이 발분하여 현대사를 공부해줄 것을 거듭 당부했다. 그리고 나서 얼마 후 프레시안 김덕련 기자에게서 현대사 주제들을 여러 차례에 걸쳐 인터뷰하고 싶다는 요청이 왔다. 그다지 부담이 없을 것 같아 응했다. 한국전쟁부터 시작했다.

김덕련 기자는 뉴라이트가 제기한 문제들을 포함해 여러 가지를 예리하게 추궁했다. 당연히 쟁점 중심으로 얘기가 진행됐다. 그런데 곧 출판 제의가 들어왔다. 출판을 한다면 좀 더 체계적으로 인터뷰를 이끌어가야 할 것 같았다. 그래서 이승만 건국 문제, 친일파 문제, 한국전쟁과 이승만 문제, 집단 학살 문제, 5·16쿠데타 평가, 3선 개헌과 유신 체제, 박정희와 경제 발전 문제, 부마항쟁과 10·26과 광주항쟁, 6월항쟁 등 중요 쟁점을 한층 더 깊이 파고들어가기로 했다.

욕심도 생겼다. 이승만에 대해서는 직간접적으로 다룬 여러 저작과 논문이 있지만, 박정희에 대해서는 두세 편의 논문과 일반적인 글이 있을 뿐이었다. 그렇지만 현대사에서 박정희는 18년이라는 커다란 몫을 가지고 있고, 1960~1970년대의 대부분이 포함된 그 18년은 정치적으로나 경제적으로나 대단히 중요한 시기였다. 그 중요한 시기 동안 박정희가 집권했으니, 그 시기를 통사로 한번 써야 하지 않겠느냐는 의무감 비슷한 것이 있었다. 그러던 차에 인터뷰가 책으로 나오게 된다니, 박정희 집권 18년의 전체 상을 박정희 중심으로 살펴보고 싶은 의욕이 생겼다.

해방 직후의 역사도 1980년대에 와서야 연구되었지만, 박정희 시기도 마찬가지였다. 그 당시 한국인의 대다수가 박정희의 창씨 명을 알지 못했고, 심지어 그가 남로당의 프락치였다는 사실조차 모르고 있었다. 적지 않은 사람들이 막 보급되던 TV 화면에 빠지지 않고 등장하는 박정희의 모습을 그의 참모습으로 알고 있었다. 더욱이 1990년대 중반, 특히 IMF사태 이후 박정희 신드롬이 일어나면서 그는 대단한 능력자로 신비화되기도 했다.

나는 박정희가 쿠데타를 일으켰던 그때부터 이미 박정희의 모습을 지켜보았다. 덧칠하지 않은 있는 그대로의 박정희를 볼 수 있었다. 그는 그렇게 특별한 능력이나 지식을 가진 사람이 아니었다. 다만 권력에 대한 집착이 생사를 초월하도록 강했고, 상황을 판단하는 총기가 있었으며, 콤플렉스도 있었고, 색욕이 과했다.

그런데 나는 박정희의 저작, 연설문집, 그에 관한 여러 연구와 글을 들여다보면서 의외로 일제 때의 군인 경험이 그의 일생에 지대한 영향을 미쳤음을 알게 되었다. 유신 체제, 민족적 민주주의-한국적 민주주의, 민족과 주체성 강조 등 '정치 이념'이 해방 이전의 세계관에서 먼 거리에 있지 않았다. 일제 때 군인 정신으로 민족, 주체를 강조하게 되었다는 것이 아주 이상하게 들릴지 모르겠지만, 거기에 박정희의 박정희다운 특성이 있고, 한국 현대사의 일그러진 자화상이 담겨 있다.

김덕련 기자와 인터뷰를 하게 된 것은 행운이다. 그는 대학 시절 국사학과에 재학 중일 때 내 현대사 강의를 들었다고 하는데, 현대사 지식이 풍부하고 문제의식이 날카로웠다. 중요 쟁점도 놓치지 않았고 미묘한 표현도 잘 처리했다. 거기다 금상첨화 격으로 꼼꼼하며 자상하기까지 하다. 김덕련 기자와 나는 이러한 작업에 잘 어울리는 좋은 팀이라고 생각한다. 출판에 대해 자신의 철학을 가지고 있고 공들여 편집하느라 애쓴 오월의봄 박재영 대표에게도 감사드린다.

서중석

차례

유신 쿠데타의 배경

연표

1969년

1월	길재호 공화당 사무총장(6일), 윤치영 공화당 의장 서리(7일), 박정희 대통령(10일), 개헌 논의 제기
4월 8일	국회에서 권오병 문교부 장관 해임 건의안 가결(4·8 항명 파동)
6월 12일	학생들, 3선 개헌 반대 운동 시작
6월 20일	신민당 원내총무 김영삼 겨냥한 초산 테러 사건 발생
7월 25일	박정희, 3선 개헌 관련 특별 담화
	닉슨 독트린 발표
8월 20일	박정희, 3선 개헌 앞두고 미국 방문
8월 25일	고려대 학생들, 개교 첫날 3선 개헌 반대 시위(그 후 학생 시위 확산)
9월 14일	국회 제3별관에서 새벽 2시 50분 3선 개헌안 날치기 통과
10월 17일	3선 개헌안 국민 투표(투표율 77.1퍼센트, 찬성률 65.1퍼센트)

1970년

8월 15일	박정희, 8·15선언에서 남북 대화 가능성 언급
11월 2일	북한에서 조선노동당 제5차 전당 대회 개막(9년 만에 당 대회)
11월 13일	노동자 전태일 분신

1971년

4월 27일	제7대 대통령 선거(박정희, 김대중 누르고 당선)
5월 25일	제8대 국회의원 선거(공화당 113석, 신민당 89석, 기타 2석)
9월 20일	판문점에서 남북 적십자 예비 회담 개최
10월 15일	박정희 정권, 서울시 일원에 위수령 발동
12월 6일	박정희, 국가 비상사태 선언

1972년

5월 2~5일	이후락 중앙정보부장, 극비리에 평양 방문
5월 중순경	중앙정보부 궁정동 밀실에서 은밀히 유신 헌법 체계 만들기 시작
7월 4일	7·4남북공동성명 발표
10월 17일	박정희, 비상 계엄 선포(유신 쿠데타)
10월 27일	비상국무회의에서 유신 헌법 의결
12월 23일	통일주체국민회의, 장충체육관에서 대통령 선출
12월 27일	박정희, 장충체육관에서 최초의 '체육관 대통령' 취임
	북한, 헌법 개정(주체 사상에 입각한 수령 유일 체제 구축)

유신 쿠데타의 배경

5·16쿠데타 때부터 비상대권 지향,
독재 추진할 때만 드골 찾은 박정희

유신 쿠데타의 배경, 첫 번째 마당

김 덕 련 박정희가 유신 체제로 가는 데 중요한 길목으로 꼽히는 1971년 대선을 지난번에 살펴봤다. 이번에는 박정희가 장기 집권으로 나아가는 과정에서 하나의 분수령이었다고 얘기되는 1969년 3선 개헌을 짚었으면 한다. 3선 개헌은 박정희에게 어떤 의미였다고 보나.

서 중 석 박정희가 장기 집권 의지를 드러내고 절대 권력을 휘두르는 길로 가는 데 3선 개헌은 분수령과 같은 역할을 했다. '3선 개헌에서 박정희는 루비콘강을 건넜다', 나도 그런 말을 쓰고 있고 다른 사람도 쓴 경우가 있다. 그랬을 경우 이 루비콘강이 뭐냐 하는 건데, 난 '3선 개헌은 강권 체제, 장기 집권을 위한 박정희의 권력 의지가 구체화되는 데 징검다리였다. 그걸 루비콘강을 건넌 것으로 봐야 한다'고 이해한다. 3선 개헌으로 박정희는 돌아올 수 없는 다리를 건넌 것이다.

　3선 개헌 파동이 일어날 때 '영구 집권을 가능케 할 정변이 있을 것이다', 그런 소문이 일각에서 돌았다고 한다. 그리고 이경재 기자가 쓴 책에는 맨 처음 3선 개헌안이 정부, 여당에서 거론될 때 박정희는 대통령 임기를 통일 시까지 또는 그게 안 되면 6년제로 늘릴 것을 주장했지만 강력한 반대에 부닥쳐 할 수 없이, 한 번 더 하는 임기를 4년으로 했다는 이야기가 나온다. 그런데 사실 1961년 5·16쿠데타를 일으켰을 때부터 박정희는 한 번 쥔 권력은 내놓을 생각이 없었다고 봐야 한다. 3선 개헌이 그러한 권력 의지를 구체화하고 확실하게 했다고 볼 수 있다.

1969년 9월 13일 3선 개헌안 국민 투표 표결 질의 등 현안을 논의하는 이효상 국회의장과 국회 의원들. 1961년 5·16쿠데타를 일으켰을 때부터 박정희는 한 번 쥔 권력은 내놓을 생각이 없었다. 3선 개헌이 그러한 권력 의지를 구체화했다고 볼 수 있다. 사진 출처: 국가기록원

5·16쿠데타 때부터 박정희는 권력을 내놓을 생각이 없었다

── 5·16쿠데타를 일으켰을 때부터 권력을 내놓을 생각이 없었다 고 보는 근거는 무엇인가.

박정희는 5·16쿠데타를 일으킨 날 '혁명 공약' 6개 항을 방송 을 통해, 또 공중에서 삐라를 뿌리고 하면서 세상에 널리 알렸다. 거기에는 "여섯째, 이와 같은 우리의 과업이 성취되면 참신하고도

유신 쿠데타의 배경

양심적인 정치인들에게 언제든지 정권을 이양하고 우리들 본연의 임무에 복귀할 준비를 갖추겠습니다. 애국 동포 여러분, 여러분은 본 군사혁명위원회를 전폭적으로 신뢰하고 동요 없이 각인의 직장과 정업을 평상과 다름없이 유지하시기 바랍니다", 이렇게 돼 있었다. 군사혁명위원회는 국가재건최고회의로 이름을 고치기 직전, 그러니까 5·16쿠데타가 일어난 직후의 최고 권력 기구 명칭이다.

박정희는 이렇게 약속했고, 그해 8월에는 국내외의 압력이 작용한 것이긴 하지만 '1963년 여름에 민정 이양을 하겠다'고 또 공약했다. 그리고 1963년에는 국방부 장관과 군 수뇌부 등의 압력에 밀려 2·18 성명을 내고 '나는 민정에 참여하지 않겠다'고 밝혔다. 그러면서 정치 지도자, 국방부 장관과 3군 참모총장, 해병대 사령관 등을 쭉 참석하게 해서 국민 전체에 대한 서약으로 2·27 선서를 했다. 이때 박정희 최고회의 의장은 "이 나라 민주 정치를 길이 발전시키고 자유민주주의의 영생을 다짐하는 길은 군이 여하히 정치적 중립을 견지할 것이냐에 달려 있다"고 지적하면서 "군의 정치적 중립을 견지하겠다"고 선서하고, 자신은 민정에 참여하지 않겠다고 분명히 밝혔다.

'혁명 공약' 같은 것을 우리 학생들한테 달달 외우게 하지 않았나. 공무원한테도 외우게 했고, 모든 국민이 귀가 아프도록 들어야 했다. '혁명 공약'은 물론이고 민정 불참 성명과 선서는 그야말로 공약이고 선서가 아닌가. 박정희는 그런 걸 헌신짝처럼 버렸다. 그런데 난 '헌신짝처럼 버렸다'고 얘기하는 것만으로는 충분치 않다고 본다.

── 그렇게 보는 이유는 무엇인가.

'혁명 공약' 6항을 모든 국민이 철저히 인식하도록 자기들 스스로 만들었고 또 민정 이양도 국내외에 약속하지 않았나. 쿠데타가 일어난 지 불과 3개월밖에 지나지 않은 1961년 8월에 민정 이양 시기를 구체적으로 이야기하면서 다시 한 번 공약했다.

그런데 그때 민정 이양 약속을 함과 동시에 뒤로는 중앙정보부를 이용해 비밀리에, 밀실에서 나중에 민주공화당으로 알려지는 거대 조직을 만들고 있지 않았는가, 이른바 사전 조직을 한 것 아닌가, 이 말이다. 국민들한테 '혁명 공약'과 '1963년 여름 민정 이양'이라는 발표를 통해 약속을 해놓고는, 더욱이 계엄으로 모든 정치인의 손을 묶고 어떤 정치 활동도 불가능하게 해놓고는, 자신들은 실제로는 그와 정반대되는 짓을 중앙정보부 밀실에서 한 것이다. 그러니까 '처음부터, 또 민정 이양을 발표했을 때에도 전혀 그럴 의향이 없었는데 속임수로 그러한 발표를 했다', 이렇게 해석하는 것을 빼놓고는 다른 해석이 불가능하다.

2·27 선서에 대해서도 마찬가지다. 2·27 선서 후 얼마 지나지도 않은 1963년 3월 15일 친위 부대들이 군정 연장을 요구하며 유례없는 군인 데모를 하자, 박정희는 기다렸다는 듯이 바로 다음 날(3월 16일) '군정 4년 연장 문제를 국민 투표에 부치겠다'고 발표하지 않았나. 그런 식으로 2·18 성명과 2·27 선서를 손바닥 뒤집듯, 조금도 양심의 가책을 느끼지 않는 듯, 완전히, 쉽게 뒤집어엎었다. 그런데 사실은 이것도 '2·18 성명과 2·27 선서를 한 것은 어쩔 수 없는 상황에 몰려 한 발 물러선 것일 뿐이다. 그래서 반격할 기회를 노려 3·16 성명을 발표한 것이다', 이렇게 해석하는 것을 빼놓고는 다른 해석이 불가능하다. 구슬프고 씁쓸하지만 실제로 그렇다.

1961년 7월 19일 박정희 의장이 정권 이양 문제는 8·15 전에 공표하겠다고 발표하고 있다. 그러나 박정희는 조금도 양심의 가책을 느끼지 않은 듯 약속을 자주 어겼고, 권력을 단 한순간도 놓지 않았다. 사진 출처: 국가기록원

―― 공개적으로, 그것도 거듭해서 국민에게 약속하고도 그런 모습을 보인 건 여러모로 놀라운 일이다.

국민 앞에서 한 약속에 대해 '내게 그건 약속이 아니다. 얼마든지 헌신짝처럼 뒤집어엎을 수 있다', 이런 태도를 취한 것 아닌가. 어떻게 그런 식의 발상, 사고를 할 수 있는 것인지 도무지 이해가 안 간다. '내가 어떤 짓을 하든지 그건 잘못이 아니다. 국민을 기만하는 행위가 아니다', 이렇게 생각을 한 것은 아닌지…. 박정희의 성격은 특이했다. 그는 선글라스를 지나칠 정도로 과도하게 착용했는데, 일반 사람들이 사고하는 것과는 달랐다.

쿠데타 직후인 1961년 6월 3일 윤보선 대통령이 기자 회견에

서 "조속히 민간에 정권을 넘겨야 한다"고 이야기한 것을 동아일보에서 1면에 보도하자, 5·16쿠데타 세력이 동아일보 관계자들을 붙잡아갔다고 전에 이야기하지 않았나. 그러면서 윤 대통령 비서관까지 최고회의로 불러 추궁하면서 박정희 의장이 "우리가 목숨을 내걸고 한 혁명인데 누구에게 함부로 정권을 내주라고 한다는 말인가"라고 말하면서 흥분했다고 한다. 바로 이게 박정희의 본심이었음이 틀림없다.

앞에서 말한 공화당 사전 조직, 물론 그때는 공화당이라는 이름을 쓰기 전이긴 하지만, 그러한 사전 조직과 더불어 4대 의혹 사건도 꼭 같이 이야기할 수 있다고 본다. 그 당시 시행착오라는 말이 유행이었지만, 군사 정권의 실책으로 말미암아 경제가 엉망이었다. 그런데도 그 경제를 더 망치는 4대 의혹 사건까지 저질러가면서 국민, 정치인들을 다 묶어놓고 사전 조직을 하게 한 사람이 누구냐, 이 말이다.

박정희 측, 민정 출범 후
반년도 안 지났는데 비상대권 모색

── 이제 비상대권 부분을 살펴봤으면 한다. 박정희 측에서는 언제부터 비상대권 행사를 준비했나.

박정희 쪽에서 총통제를 연구 중이라는 말은 3선 개헌 이후 나오기 시작한다. 그렇지만 한 자료를 보면 비상대권을 모색한 것은 그보다 훨씬 이른 시기에 나타난다.

1964년 5월 20일 서울대 문리대에서 여러 대학 학생들이 모여 민족적 민주주의 장례식을 거행하며 박정희, 김종필의 정치 이념을 정면으로 비판하는 일이 일어났다. 5월 말이 되면 학생들이 집단 단식 농성에 들어가고, 31일이 되면 데모가 격화된다. 그때 이효상 국회의장, 장경순 국회 부의장, 김성곤이 김종필의 외유를 박정희한테 요구했다. 박정희는 바로 김종필한테 당 의장직 사표를 받겠다고 답했다. 그러고 나서 즉각, 5월 31일 당일 사표를 받았다.

그런데 그때 공화당 의원이 110명이었는데 이 가운데 70명이 김종필 당 의장 사퇴 반대 서명을 했다. 이 당시만 하더라도 공화당 주류가 확고히 김종필 중심으로 돼 있었고 김종필이 당을 이끄는 데 중요한 위치에 있었다는 걸 확실하게 보여준 것이다. 그렇게 되자 박정희는 사표를 돌려보냈다. 그러면서 김종필한테 오히려 '공화당 당무 전반을 통제하라'는 지시를 내렸다.

그러자 김종필은 6인 위원회를 구성했다. 그 위원회에서 공화당 당무에 관한 여러 안을 짜도록 한 것이다. 그때 김종필은 '대통령의 비상대권을 규정하고 있는 프랑스 드골 헌법을 참조해서 우리도 대통령한테 비상대권을 주는 헌법 개정을 검토해보라'고 이 위원회에 지시했다. 도대체 제3공화국 헌법을 공포한 지 채 1년 5개월밖에 안됐고, 민정이 출범한 지 불과 5개월밖에 안된 시점인데 개헌을 하겠다? 그것도 비상대권을 대통령한테 부여하는 개헌을 검토해보라고 지시한 것이다.

공화당 초대 총재였고 당 의장도 하게 되는 공화당 원로 정구영은 김종필이 박정희 대통령과 함께 6·3 계엄 선포를 결정했다고 밝혔다. 사실 당시 계엄까지 선포해서 막아야 할 정도의 시위가 아니었는데 박정희가 권력을 강화하기 위한 계기로 계엄을 선포한 것이라고 전에 이야기하지 않았나. 그런데 정구영 회고록에 따르면, 김종필이 박정희와 함께 1964년 6월 3일 계엄을 선포할 것을 결정하고 더 나아가서 비상대권 등 장기적인 정치 운영을 구상했다고 한다. 난 여기서 샤를 드골 대통령 관련 부분을 한번 생각해볼 필요가 있다고 본다.

박정희와 드골은 닮은꼴?
삶도, 활동도 너무나 달랐다

— 드골과 박정희를 비교하는 연구나 글을 때때로 접할 수 있는데, 그 논조가 다양하다. 예컨대 강력한 지도자로서 국가를 부흥시켰다는 점에서 두 사람은 닮은꼴이라는 의견도 있지만, 1969년 국민 투표에서 패배하자 약속대로 사임한 것 등을 근거로 드골은 박정희와는 달랐다는 견해도 있다. 어떻게 보나.

박정희 쪽에서는 1964년 이때에도 드골 헌법을 참조하겠다는 뜻을 밝혔고, 나중에 유신 쿠데타를 일으키기 전에도 프랑스 드골 헌법, 그리고 스페인 프랑코와 대만 장개석(장제스)의 총통제를 연구하기 위해 헌법학자 등을 보낸 것으로 나온다. 심지어 유신 체제 때에도 '드골 헌법을 참조했다'고 국회에서 답변하는 것을 볼 수 있다.

박정희 정권에서 드골 헌법에 대해 어떻게 이런 식으로 이야기할 수 있는 것인지, 난 그것도 의아하다. 그리고 무엇보다 드골이 활동하고 살았던 것하고 박정희가 활동하고 살았던 것은 차이가 나

1944년 해방된 셰르부르 시청 발코니에서 연설하고 있는 드골. 박정희는 독재의 방법을 찾을 때마다 드골을 참조하겠다고 밝혔다.

도 너무나 극단적인 차이가 나지 않나.

—— 드골과 박정희의 삶, 어떻게 달랐나.

2차 세계대전 발발 직후 독일은 폴란드를 순식간에 짓밟은 다음에 서유럽 쪽으로 군대를 돌려서 프랑스의 엄청난 대군을 불과 5~6주 만에 무력화하면서 프랑스를 굴복시키지 않나. 프랑스 역사에서 최악의 나락에 떨어진 것이다. 그에 따라 1차 세계대전의 영웅인 필리프 페탱 원수를 수반으로 한 비시 정권이 만들어진다.

그때 드골 장군은 비시 정권을 용납할 수 없는 반역 정권으로 규정하고, 자유 프랑스를 조직해 독일과 싸우면서 프랑스의 위신을 다시 찾으려는 노력을 전개했다. 그런데 그 무렵 박정희는 국민학교 교사직을 그만두고 일본 천황한테 충성을 바치겠다는 혈서까지 보내면서 만주군관학교에 들어갔다. 그건 드골과 차이가 나도 너무나 나는 모습 아닌가.

드골의 자유 프랑스군은 영광스럽게 파리를 탈환하는 데 앞장섰다. 그러면서 프랑스는 연합국 진영의 4대국 중 하나로서 독일을 점령했다. 그리고 유엔이 만들어질 때 안전보장이사회 5개 상임 이사국 중 하나가 됐다. 그야말로 프랑스 사람들한테 드골은 프랑스의 명예와 자존심을 살려준, 잊을 수 없는 위대한 인물이다.°

드골의 이런 모습은 해방을 맞았을 때 박정희가 느꼈을 착잡함과는 매우 대조적이다. 자신의 운이라고 할까, 출세의 모든 것을 일본 제국의 흥륭에 걸었기 때문에 그렇게 만주로 간 것 아니냐고 보는 사람들이 있는데, 해방을 맞았을 때 대다수의 한국인은 환호작약했지만 박정희는 그 모든 게 무너지고 깨진 것 아닌가. 일부 친일파들은 해방 소식을 들었을 때 하늘이 무너지는 것 같은 심정이었고 날벼락 맞았다고 생각했는데, 어쩌면 그와 비슷한 감정을 느끼지 않았을까. 이건 드골이 프랑스군을 이끌고 나치를 패퇴시켜, 이때 프랑스군이 파리 탈환에 앞장섰는데, 나치 독일의 패망을 주

° 2005년 프랑스 국영 2TV가 〈역사상 가장 위대한 프랑스인〉이라는 프로그램을 만들기 위해 실시한 투표 결과는 그러한 점을 보여주는 사례 중 하나다. 이 투표에서 드골은 1위를 차지했다. 덧붙이면 나폴레옹은 16위, 잔다르크는 31위를 기록했다.

유신 쿠데타의 배경

체적으로 맞을 때의 모습과 너무나 다르다.

그리고 드골은 비시 정권 인사들을 처단했다. 1차 세계대전의 영웅이던 페탱 원수마저 사형 선고를 받지 않나. 페탱은 그 후 감형돼 복역 중 사망하지만, 비시 정권의 여러 사람은 사형을 당했다. 드골은 나치 협력자, 비시 정권 협력자도 대대적으로 처단했다. 그런데 한국은 어땠나. 일제의 군국주의 파시즘적 침략 전쟁에 관련된 자들은 나치 협력자들처럼 역시 처벌을 받았어야 하는 건데 처벌이 제대로 이뤄지지 않아 프랑스와는 다른 역사 결과가 나오지 않았나.

드골은 영광스러운 프랑스로 가게 하는 이런 여러 조치를 취한 후 정계에서 은퇴했다. 그래서 2·27 선서가 나오거나 민정 이양 시기에 '혁명 공약대로 박정희는 군에 복귀해야 한다'고 이야기할 때 제일 많이 끄집어낸 대표적 인물이 드골이었다. 그런데 박정희 쪽에서는 비상대권을 가지려고 할 때에 한해서 '드골 헌법을 참조하려 한다'는 태도를 취한 것으로 자료에 나온다. 박정희는 독재의 방법을 찾을 때에만 드골을 찾았다.

— 드골은 1958년 정계에 복귀하지 않았나.

1950년대 후반기에 프랑스가 얼마나 곤경에 처했으면 드골을 다시 불러내 대권을 줬겠나. 그 시기에 알제리 민족 해방 전쟁 (1954~1962)이 아주 치열하게 전개되고 있었다. 그것에 대응하는 것은 쉬운 일이 아니었다. 미국이 1960년대 말에 부닥치는 것보다도 어떤 면에서는 더 심각하게, 알제리 문제로 프랑스가 분열된다. 어떻게 해야 할지를 모르는 위기 상황에 프랑스가 처하는데, 그중 하나는 알제리에 파견된 프랑스 군대가 '알제리 독립은 결코 있을 수 없다. 이걸 허용하면 우리가 가만있지 않겠다'고 나온 것이었다. 이런 엄청난 국가적 위기, 프랑스 역사상 보기 드물었던 위기 상황에서 프랑스를 다시 구할 수 있는 사람은 드골밖에 없지 않느냐고 해서 초야에 있던 드골을 다시 나오게 한 것이다.

'다시 나가서 사태를 수습하려면 대권을 빌어야 한다'고 드골이 요구해서 드골한테 대권을 부여했다. 그러고 나서 드골은 제5공화국 헌법을 만든다. 대통령에게 강력한 권한을 부여한 헌법이었다. 이걸 국민 투표에 부쳐 통과시키고, 바로 이어서 '알제리 독립을 인정하는 것이 프랑스를 위하는 길이다'라는 결단을 내렸다. 나치 협력자, 비시 정권 협력자들을 처단한 것과 마찬가지로 훌륭한 결정이었다. 알제리에 있던 프랑스 군대가 그러한 결정에 불만을 품고 1961년 반란을 일으키자, 드골은 바로 단호히 대처했다. 라울 살랑 장군에게 궐석 재판에서 사형 선고를 내리고 하면서 알제리의 프랑스군 반란을 해결했다. 드골은 프랑스가 여러 지역에 걸쳐 방대한 식민지를 가지고 있던 서아프리카에 대해서도 1958년에 자치를, 1960년에 독립을 인정했다. 이것도 의미 있는 결단이었다.

1950년대 프랑스 의회 정치의 난맥상과 그로 인한 드골의 복귀, 이런 과정을 거쳐 탄생한 것이 프랑스의 제5공화국 헌법이다.

● 라울 살랑은 알제리 민족 해방 전쟁 초기에 알제리 주둔 프랑스군 사령관을 지냈다. 알제리 독립은 있어서는 안 되는 일이라며 곳곳에서 테러를 자행한 우익 비밀 군사 조직 OAS의 핵심 인물 중 한 사람이다. 1961년 '프랑스인의 알제리'를 내세우며 드골에게 반기를 들었다가 사형 선고를 받았다. 1962년 체포돼 종신형을 선고받고 복역 중 1968년 6월 특별 사면으로 풀려났다. 알제리 민족 해방 전쟁 기간 중 드골을 암살하려 했던 다른 극우 인사들도 이때 함께 사면됐다. 드골이 이들을 사면한 시점은 1968년 5월 68혁명이 일어난 직후다. 당시 이는 68혁명 발발 후 총선을 앞둔 시점에 우파 총단결을 노리고 단행한 특별 사면으로 받아들여졌다.

유신 쿠데타의 배경

그런데 박정희 정권이 그와 같은 상황을 맞이한 적이 한 번이라도 있나? 그리고 박정희가 드골과 비교가 되는 인물인가. 드골뿐만 아니라 그 이후 프랑스의 어떤 대통령도 박정희처럼 의회 민주주의 자체를 부정하고 약화시키려 한 적이 있느냐, 이 말이다. 국민의 기본적 자유를 심각하게 제한하려 한 적이 있느냐, 이 말이다.

박정희는 틈만 나면 '드골 헌법을 참조한다'고 하면서 강력한 강권 발동이 필요하다는 생각을 갖고 있었고, 그걸 연구하도록 사람을 보내고 그러지 않았나. 정말 역설적인 일 아닌가. 이처럼 드골과 박정희는 비슷한 점이 너무나도 없고 반대 중의 반대라고 할 수 있는데도, 박정희 쪽에서 틈만 나면 민주주의를 위협하고 유린하는 강권이나 비상대권을 발동하기 위해 드골 헌법을 들먹이는 걸 볼 때 난 맘이 아주 안 좋다.

김종필은 왜
또다시 외유를 떠나야 했나

— 앞에서 이야기한 1964년 상황을 조금 더 짚었으면 한다. 그해 6월 김종필은 결국 외유를 떠나게 된다. 1963년 2월 첫 번째 외유를 떠난 지 1년 4개월밖에 안 지난 시점이었다. 사표 반려 후 얼마 지나지 않은 때이기도 했다. 이때 왜 다시 외유를 떠나게 된 것인가.

김종필은 외유를 갈 수밖에 없었다. 두 번째로 떠나는 그 유명한 '자의 반 타의 반' 외유였다. 이것에 대해서는 두 가지 설이 있다.

1975년 건설부 장관 시절의 김재규. 당시
김재규는 박정희한테 사랑받았다. 김재규는
김종필을 외국으로 내보내야 한다고 박정희를
설득했다고 한다. 사진 출처: 국가기록원

하나는 합참의장이던 김종오 등 육군 수뇌부하고 각 군의 책임 있는 3성 장성들이 모여서 김종필 제거를 위한 비상수단을 계획했기 때문이라고 나와 있다. 군에서는 김종필을 몹시 미워했다. 군정 때 최고회의 내에서도 얼마나 반발이 컸나. 공화당 사전 조직 같은 것에 대해 '있을 수 없는 일이다'라고 하면서 정말 크게 반발하지 않았나. 이 계획에 의하면 김종필 자택을 습격해 김종필과 그의 주요 참모를 체포한다고까지 돼 있었다. 그러다가 '그러지 말고 그냥 외유를 보내자'고 해가지고 온건한 방법을 채택해 박 대통령한테 강력히 건의했다는 설이 있다.

—— 다른 하나의 설은 무엇인가.

또 하나는 6·3 계엄으로 계엄군을 끌고 나온 사람들과 관련이 있다. 수경사령관 김진위 소장, 그리고 김재규 소장과 정봉욱 소장, 다 아주 깐깐하기로 유명하고 군에서는 신망이 높은 사람들이었다. 당시 김재규는 박정희한테 사랑받았다. 이 사람들이 '김종필을 그대로 두면 안 된다. 6·3사태가 일어나서, 다시 말해 한일 회담 반대 운동 때문에 계엄을 한 건데 김종필이 바로 그 문제를 일으킨 자 아니냐'고 하면서 김종필을 내보내야 한다고 했다는 것이다. 그래서 일체의 공직 사퇴와 외유를 요구했고, 박 대통령이 그것을 받아들였다는 설이 있다.

다시 본론으로 들어가자. 나중에 다시 살펴보겠지만, 박정희는 5·16쿠데타를 일으켰을 때 이미 '강력한' '강권 발동'이 필요하다고 역설했다. 강권이라는 말 자체에 '강력한'이라는 뜻이 들어가 있는데 어째서 그 앞에 '강력한'까지 붙였는지 모르겠다. 박정희가 쓴 글에 그렇게 나온다. 5·16쿠데타 직후 박정희 최고회의 의장 이름으로 발표된 〈지도자 도道〉라는 글에서 이걸 아주 강력히 역설했다. 이미 그때부터 박정희는 이런 강권 발동, 강력한 비상대권이 필요하다는 생각을 갖고 있었던 것이다.

그리고 1963년 대선 때 박정희 후보 쪽에서 기대했던 것에 비해 표가 적게 나오면서 간신히 당선되지 않았나. 그건 많은 국민이 '당신은 유능한 지도자가 아니다. 당신이 잘못한 것이다'라고 생각했기 때문이라고 볼 수 있는 것인데, 박정희 본인은 그렇게 생각하지 않았던 것 아니겠나. 자기가 한 것에 대해서는 이상한 방식으로 '그건 옳다'고 생각한 점은 이승만하고 똑같다.

공화당 원로 정구영의 눈에 비친 3선 개헌과 박정희

── 박정희는 3선 개헌 결심을 언제 굳혔나.

박정희 마음을 읽을 수 있는 자료가 없어서인지 그걸 정확히 알 수 있는 자료는 없다. 다만 정구영 회고록을 참조하면 이런 건 나온다. 김종필을 외유 보내고 정구영을 공화당 의장으로 임명하는데, 1966년 11월에 정구영이 박정희를 찾아갔다. "주위에서 3선 개헌을 거론하겠지만", 1966년 11월경은 박 대통령이 3선 개헌을 하려 한다는 소문이 있다든가 박 대통령에게 3선 개헌을 권유하는 자들이 있음직한 시기였는데, "1971년에 평화적 정권 교체가 돼야 합니다", 이렇게 강력히 권고했다. 그런데 박정희는 그때 아무 말도 하지 않았다고 한다.

몇 달 후인 1967년 3월 8일 면담을 할 때 정구영은 지난번에 박정희가 아무 말도 하지 않았기에 또 물어봤다. 그랬더니만 박정희가 "1971년 선거에는 안 나가기로 했다", 이렇게 답변했다고 한다.

'이건 좀 이상한 답변 아냐?' 정구영은 이렇게 생각했다. 어딘가 개운치 않았다고 한다. 3선 개헌을 안 하겠다면, 3선 개헌 문제가 나왔을 때 '나는 그것을 거부할 결심을 굳혔습니다', 그렇게 답변해야 하는 것 아니냐는 것이다. 당연한 이야기 아닌가. 간신들이 '3선 개헌을 하라'고 이야기하더라도 박정희는 그렇게 대답해야 할 터인데, 그게 아니라 헌법에 당연히 3선이 금지돼 있는데도 "1971년 선거에는 안 나가기로 했다", 이렇게 얘기한 것이다. 묘한 여운을 남기는 답변이었는데, 이건 3선 개헌을 할 뜻이 있다는 걸 얘기한 것으로 볼 수밖에 없었다. 이것 말고도 정구영은 한 가지 예를 더 들었다.

─ 어떤 것인가.

1965년 12월에 6대 국회 제2기 국회의장 선거가 있었다. 1963년 민정 이양이 되면서 박정희는 국회의장으로 이효상을 선택했다. 당시 정구영을 국회의장에 앉혀야 한다는 여론이 일었는데도, 정계에서 듣도 보도 못한 인물로 여겨지던 이효상을 국회의장으로 선택한 것이다. 이효상은 대구 출신으로 그곳에서 교수를 했던 사람이다. 어쨌건 그렇게 해서 국회의장이 된 이효상의 2년 임기가 끝나면서 1965년 12월에 다시 선거를 하게 된 것이다.

공화당 내부 표결까지 합쳐서 말한 것 같은데, 이때 표결을 무려 7차례나 했다고 정구영은 이야기했다. 그런데 그즈음 박 대통령은 처음에 정구영을 국회의장으로 내정하겠다고 하다가, 이효상에게 한 번 더 맡기겠다고 다시 결정을 내렸다. 정구영은 김종필과 함께 공화당을 만들고 초대 총재를 지낸 사람 아닌가. 김종필계 주류에서 대선배라고 할까, 원로이기도 한 정구영을 내세웠던 것인데, 이효상에게 다시 맡기겠다고 하니 주류에서 반발하고 나섰다. 그해 12월에 국회의장 선거를 하는데 정구영이 69표, 이효상이 55표를 얻었다. 어느 누구도 과반수를 차지하지 못해 다시 투표를 해야 했다.

—— 박정희의 지시가 공화당에 안 먹힌 것 아닌가.

정구영이 14표를 더 많이 얻지 않았나. 이건 공화당에서 박 대통령 의사에 어긋나는 반란을 일으킨 것이라고 볼 수 있다. 박정희 식으로 표현하면 항명을 한 것이다. 박 대통령은 충격을 받았다. 어쨌든 항명을 한 것이니까 당직자들이 청와대로 사죄를 하러 갔지만, 이후락 비서실장이 '대통령을 만날 수 없다'고 해서 만나지도 못했다. 김종필도 청와대에 갔지만 헛걸음질을 하고 돌아왔다.

두 번째 투표를 같은 달에 했는데, 이효상이 88표를 얻어 가까스로 국회의장에 선출됐다. 그런데 놀랍게도 이건 야당이 협력해줬기 때문이다. 야당 표 40표 가운데 30표 정도가, 그런 데에는 귀신 같던 사람인 김성곤이 손을 쓴 것이겠지만, 이효상을 찍은 것이었다. 야당이 3선 개헌 문제를 조금이라도 생각했다면 정구영을 찍는게 얼마나 중요한 것인가를 알 수 있었는데, 결국 박정희 뜻대로 이효상을 선출하는 데 협력해버린 것이다. 김성곤이 뭔가 찔러주지

유신 쿠데타의 배경

않았겠나. 그런 걸 잘하는 사람이었다.

—— 이효상은 1971년 대선 때까지 거듭 지역감정을 노골적으로 부추겼다. 명색이 학자 출신인데도 지극히 질이 낮은 언사를 공공연히 썼다. 차기 국회의장으로 처음에 정구영을 내정한다는 뜻을 밝혔던 박정희는 왜 이런 이효상으로 교체한 것인가.

정구영을 이효상으로 바꾼 게 무엇 때문이겠는가. 정구영은 틀림없이 3선 개헌에 반대할 사람이라고 봤고 이효상은 자신한테 절대복종할 인물이기 때문 아니겠나. 물론 국회의장 임기는 2년이고 3선 개헌을 언제 할지는 불분명한 것이었기 때문에 꼭 그렇게만 이야기할 수는 없다고 할 수도 있겠지만, 국회의장은 적어도 국회를 이끌어가는 데 어떤 분위기를 만들 수는 있는 자리다. 이걸 보더라도 이때쯤에는 박정희 대통령이 3선 개헌을 생각하고 있지 않았겠나, 이렇게 이야기할 수 있다.

그런데 1967년에 치러진 선거, 특히 총선을 보면 이건 3선 개헌을 하겠다는 분명한 의지를 아주 확고하고도 강력하게 갖고 임했다고 말할 수 있다.

1967년 대선은 동서 선거,
야당이 지리멸렬인데도 서쪽에선 승리

유신 쿠데타의 배경, 두 번째 마당

김 덕 련 1967년에 치러진 선거를 보면 박정희 쪽에서 3선 개헌 의지를 확고하게 갖고 임했음을 알 수 있다고 지난번에 이야기했다. 3선 개헌으로 나아가는 징검다리 역할을 한 1967년 선거를 짚어봤으면 한다.

서 중 석 1967년은 대선과 총선이 있었던 해인데, 1년 내내 시끄러웠다. 총선이 끝난 후 정국이 아주 어지러웠다. 내가 대학에 들어간 해이기도 한데 1년 내내, 하루도 편할 날이 없던 때였다. 대선을 이해 5월 3일에 치르는데, 이미 1967년 선거 때 언론이 얼마나 무기력했는가를 잘 보여주는 사례가 있다.

── 어떤 사례인가.

4월 7일이 신문의 날이다. 대통령 선거도 있고 국회의원 선거도 있고 하니까 야당인 신민당에서 '신문이 잘 좀 해달라'는 뜻으로 신문의 날에 "정부 기관원이", 이건 주로 중앙정보부원을 가리킬 텐데, "언론 기관에 상주하면서 압력을 가하고 있다"고 발표하면서 한국 정부의 언론 탄압에 대한 소명서를 국제신문인협회IPI에 제출하고 한국신문발행인협회, 한국신문편집인협회, 한국기자협회에 격려문을 보내기로 했다. 선거를 앞둔 때였는데, 야당에서 이렇게 한다고 하자 조선일보에서 사설로 '언론 단체에 대한 모욕적 표현이다. 정부 기관원이 언론 기관에 상주한다는 것은 터무니없는 악선전이니 취소하라'고 주장했다. 한국일보, 중앙일보, 대한일보, 경향신문도 비슷한 논조로 적반하장 격으로 야당을 공격하고 나섰다.

4대 신문으로 자유당 집권기에 이야기되던 4개 신문이 1960년

제6대 대통령 선거 포스터. 기호 1 이세진(정의당), 기호 2 전진한(한국독립당), 기호 3 윤보선 (신민당), 기호 4 서민호(대중당), 기호 5 김준연(민중당), 기호 6 박정희(민주공화당), 기호 7 오 재영(통한당). 1967년 대선은 3선 개헌으로 나아가는 징검다리 역할을 했다.

대 중반에 오면 많이 바뀌게 된다. 한국일보 사주는 경제기획원 장관이 되고, 경향신문은 경매 처분을 당하고, 조선일보는 정부 보증으로 일본 차관을 끌어들여 코리아나호텔을 짓게 되고, 4대 신문으로 불린 건 아니지만 중앙일보도 제대로 된 논조를 펴기 어려웠다고 지난번에 이야기하지 않았나. 이때 신아일보, 동아일보만 우회적으로 야당의 발표를 어느 정도 인정했다고 돼 있다. 당시 기관원들이라는 게 언론사에서 무슨 짓을 하고 있는가는 천하가 다 아는 건데, 언론이 하늘을 손바닥으로 가리는 짓을 할 만큼 제 본분을 지키지 못하고 있다는 것을 보여준 사례다.

심한 내홍 속에서
1967년 대선을 맞이한 야권

── 이 무렵 야당은 어떠했나.

이때 야당은 언론 못지않게 무기력했고, 내부 싸움 때문에 난장판이었다. 굴욕적 한일 회담 반대 운동으로 6·3 계엄을 맞은 1964년 제1야당인 민정당은 유진산 문제 때문에 아주 심한 내분에 장기간 휩싸이게 된다. 1964년 8월 언론윤리위원회법 통과에 실력자 유진산이 협력했다고 해서 진산 파동이 일어나는데, 이때부터 1년에 걸쳐 이전투구의 지독한 싸움이 계속 일어난다. 1965년에 한일협정 저지 투쟁이 제대로 되지 못하고 아주 심한 불협화음이 계속 나온 것도 제1야당의 양대 세력이던, 선명 투쟁을 내세운 윤보선 세력과 유진산 세력이 계속 싸웠기 때문이다. 나중에 유진산을 민정당에서 간신히 제명하긴 했지만, 그렇다고 해서 그 싸움이 끝난 게 아니었다.

이제 야당을 통합해야 하지 않느냐는 여론이 일면서 1965년 6월 민정당과, 옛날 민주당 신파 즉 장면 정권 인사 일부가 만든 민주당, 이 두 당이 통합해 민중당이 됐다. 그런데 대표 최고위원으로 윤보선이 아니라 뜻밖에도 소수파인 민주당계의 박순천이 선출됐다. 이유는 아주 간단했다. 민정당 내 진산계가 이쪽에 표를 던져서 윤보선한테 맛을 보여준 것이다. 민주당계 또한 5·16쿠데타 때 윤보선이 쿠데타에 협력했다고 해서 윤보선에 대한 반감이 아주 컸다. 그러면 윤보선은 가만있었느냐. 물론 그렇지 않았다. 민중당에 있던 한일협정 반대 강경파를 이끌고 탈당해서 선명 야당의 기치를 높이 들고 1966년 3월 신한당을 만들었다. 신한당은 민중당이 매국적인 한일협정의 국회 비준을 방조했고 베트남 파병을 지지했다고 비난했다.

그런데 1967년에는 대통령 선거가 예정돼 있지 않았나. 그러니 좋든 싫든 민중당과 신한당은 다시 머리를 맞대고 대통령 후보 단일화를 도모하지 않을 수 없었다. 그렇지만 둘은 원수 사이처럼 돼 있었기 때문에 단일화를 모색하기는커녕 아주 험한 감정싸움을 벌일 수밖에 없었다.

그러면서 결국 민중당은 유진오를 영입해 1966년 10월 대통령 후보로 지명했다. 유진오는 헌법학자로 고려대 총장을 10년 넘게 한 사람이다. 사실 유진오는 1961년 5·16쿠데타 직후 국가재건국민운동본부 초대 본부장도 했다. 그러면서 군사 정권하고 관계가 밀접했던 사람이다. 야심도 있고, 민중당에는 마땅한 사람도 없고 하니까 이런 일이 생긴 것이다. 그런데 민중당에서 유진오를 영입한 후 딱한 일이 벌어졌다.

── 어떤 일이 일어났나.

국민이 유진오를 모른다, 이 말이다. 공부하는 사람들은 유진오 하면 누구인지 알지만, 일반 국민들 중에는 유진오가 누구인지 모르는 사람이 많았다. 한마디로 인지도가 낮았다. 민중당으로서는 큰일이 난 것이다. 신한당에서는 대통령 후보로 윤보선이 또 나올 텐데 민중당이 유진오를 그대로 대통령 후보로 내세웠다가는 크게 망신을 당할 수 있는 상황이 딱 돼버린 것이다.

그래서 1967년에 들어서면서 '안 된다. 단일 후보를 내세워야 한다'는 여론이 일면서 장준하가 주선해 윤보선, 유진오, 백낙준, 이범석 이렇게 네 사람이 모였다. 4자 회담이라고 불린 이걸 두 차례 열었다. 결국 1967년 2월 4자 회담 두 번째 회의에서 '통합 야당을 만든다. 대통령 후보는 윤보선, 당수는 유진오로 한다'는 데 합의를 봤다. 그러고는 바로 이어서 통합 야당인 신민당을 발족하게 된다.

그렇지만 신민당 내부가 조용할 리가 없었다. 서로 반목하는 '이질적인' 세력들이 1967년 대선, 총선 때문에 어쩔 수 없이 하나의 당으로 된 것 아니었나. 그런 가운데 치러진 1967년 대선은 역대 대통령 선거 가운데 제일 재미없는 선거가 될 수밖에 없었다. 윤보선이라는 사람이 무슨 청신한 느낌을 주느냐, 이 말이다. 나이도 나이지만 한민당 시절부터 활동한 사람 아닌가. 새로운 맛 또는 패기 같은 걸 찾기가 아주 어려운 사람이었다. 거기에다가 신민당 내부는 혼란, 혼돈 상태였고 윤보선 쪽은 소수파인 데다가 선거 자금도 없었다. 그런 속에서 대선을 치르게 됐으니 얼마나 재미없는 대선이냐, 이런 생각을 하지 않을 수가 없었다.

영남 몰표에 힘입어
다시 윤보선 누른 박정희

— 1963년에 이어 1967년 대선에서 박정희와 윤보선이 다시 맞붙었다. 각각 어떤 전략을 구사했나.

정부는 5월 3일을 대통령 선거일로 발표했다. 공화당에서는 "여러분의 명랑한 생활과 보다 편리한 살림을 위해 민주공화당은

1967년 대통령 선거 개표 속보판. 이 선거에서
박정희는 경상도에서 몰표를 얻어 대통령에
당선되었다. 사진 출처: e영상역사관

유신 쿠데타의 배경

1967년 4월 27일 자 동아일보. 호남 표를 얻기 위해 박정희, 윤보선 후보가 필사적으로 노력하고 있다는 소식을 전하고 있다. 박정희는 선거일을 며칠 앞둔 4월 29일 호남선 복선화를 공약했지만, 그 도로가 완성된 건 2003년이었다.

황소처럼 힘차게 일하겠습니다", 이런 표어를 내세웠다. 신민당은 "빈익빈이 근대화냐 썩은 정치 바로잡자", 이걸 표어로 내세웠다. 공화당은 주로 농촌과 중소 도시에서 붐을 일으키고, 농촌 표 이탈을 방지하면서 대도시 표를 잠식한다는 전략을 세웠다. 대도시에서는 야당이 유리하기 때문이었다. 신민당은 반대로 대도시에서 붐을 일으키고 그걸 전국으로 확산해 도시 표를 얻는 데 중점을 뒀다. 농촌에서는 조직으로 보나 선거 자금으로 보나 여러 가지로 안 된다고 판단했다.

4월 1일 신민당이 첫 유세를 광주에서 가졌다. 윤보선 후보는 "박정희 씨와 그를 둘러싼 3대 공적公敵을 제외하고는 박 씨와 3,000만의 대결"이라고 이 선거를 규정했다. 3대 공적은 정보 정치,

1967년 4월 29일 장충단공원에서 있은 박정희 후보의 선거 유세를 보기 위해 모인 시민들. 사진 출처: 서울사진아카이브

매판 특권 재벌, 부패 권력분자를 말한다. 유진오 당수는 "이번 기회에 박 정권을 평화적으로 교체하지 못하면 앞으로는 영원히 독재가 이 나라를 지배하게 될 것"이라고 역설했다. 이 선거가 영 재미가 없었던 이유 중 하나는 여당이건 야당이건 공약다운 공약을 제시하지 못해 정책 대결이라고 볼 만한 게 없었기 때문이다.

　박정희 후보는 자기 자랑을 주로 했다. 주관적인 판단이겠지만 '우리 정권이 들어서서 국위 선양을 했다', '경제 발전이 이뤄졌다' 또 '한일 국교 정상화가 됐다' 같은 걸 내세웠다. 그러면서, 지역 차별 문제가 이때 등장하고 있어서 그랬겠지만 호남선 복선화를 공약했다. 이때도 국회의장 이효상은 공화당 유세장에서 지역 차별 발언을 하고 다녔다. 고질적인 망국병이라고 하는 극심한 지역주의, 이건 경제가 발전하지 않았던 1950년대나 1960년대 전반까지는 없었다. 1960년대 중후반부터 경제가 발전했는데, 그 발전이 경인 지방하고 경상도 쪽에서 주로 이뤄지면서 지역 차별 문제가 등장하게 됐다. 경부고속도로 같은 것도 호남 쪽에서 봤을 때는 '우리 쪽에는 아스팔트 길 하나 제대로 내주지 않고 있지 않느냐'고 반발하며 경부고속도로를 고운 눈으로만 보기가 쉽지 않은 면이 있었다.⁎

— 차별로 인해 격차가 커지면서 호남을 떠나는 사람도 많지 않았나.

지역 차별이 어떠했는가를 인구 이동으로 보면 1960년 말 영남 인구는 819만 4,000명으로 돼 있다. 부산까지 포함한 수치다. 호남 인구는 594만 8,000명이었다. 5·16쿠데타가 나기 직전에 이랬는데, 1980년 말 그러니까 박정희 정권이 붕괴한 다음 해에는 영남

⁎ 대선 4일 전인 1967년 4월 29일 박정희는 경부고속도로 건설을 비롯한 대大국토 건설 계획 추진이라는 새로운 공약을 내놓았다. 이에 앞서 4월 21일에는 과학기술처를 설치하고 개청식에 참석했다. 초대 과학기술처 장관 김기형은 임명되자마자 대선 기간에 6일에 걸쳐 지방 관서를 순시했다. 이를 두고 "올챙이 장관을 선거 유세에 끌어들이는 격"(매일경제 1967년 4월 25일 자)이라는 지적이 나오기도 했다.
이와 관련, 한국 과학 기술사 연구자인 김근배 교수는 《역사비평》(2017년 봄)에 실린 논문에서 "6대 대통령 선거를 앞두고 서둘러" 설치된 "과학기술처는 근대화를 표방한 박정희 후보의 히든카드였다"고 평가했다. 아울러 김 교수는 박정희 정부 시기가 "한국 과학 기술 발전의 유일한, 혹은 결정적인 동인動因은 아니"며 "1960~1970년대 과학 기술 추진에서 박정희 대통령을 절대적이고 유일한 존재로 내세우는 과학 대통령 담론은 실제 역사적 사실과 어긋난다"고 지적했다. 또한 "박정희 정부 시기의 과학 기술 발전이 순기능만 가지고 있었던 것도 아니다"라며 "현재 한국이 직면하고 있는 경제 성장 도구로서의 과학 기술 인식, 기초 과학 부실, 중소기업의 기술 능력 부족, 해외 원천 기술에의 의존, 과학 기술과 사회 문화의 괴리 등과 같은 과학 기술의 한계는 박정희 정부 시기의 과학 기술 패러다임과 맞닿아 있다"고 분석했다.

인구가 1142만 9,000명으로 나온다. 박정희 정권 18년을 포함한 20년 사이에 323만 5,000명이 증가한 것이다. 1980년 말 호남 쪽 인구는 606만 5,000명이었다. 20년 사이에 11만 7,000명밖에 증가하지 않은 것이다. 자연적인 인구 증가에도 훨씬 못 미치는 수준이었다. 오히려 호남 쪽에서는 사람이 계속 빠져나갔다. 공장도 별로 없고 살기도 어려우니 떠난 것이다. 그러면서 이런 모습이 나타난 것이다. 호남선 복선화 문제에서도 이런 것을 느낄 수 있다.

— 호남선 복선화, 어떤 과정을 거쳤나.

1967년 대선에서 박정희는 선거일을 며칠 앞둔 4월 29일 호남선 복선화를 공약했다. 그런데 그게 완성된 건 김대중 정권이 끝난 그해(2003년)였다. 박정희가 공약한 지 36년 만에 완성된 것이다.

내가 사는 곳이 국도 1번 지역이다. 서울에서 목포 사이의 길인데, 거기에 아스팔트가 다 깔리는 데 20년 정도 걸린 것으로 기억한다. 선거 때마다 조금씩 깔더라. 선거가 끝나면 중단했다가 다시 선거철이 오면 또 공사하곤 했다. 그러니 얼마나 오랜 세월이 걸렸겠나. 국도 1번이라고 하는 데를 그렇게 하더라. 그러니까 호남 사람들로서는 '우리 쪽이 차별을 너무 심하게 받는다'는 생각을 경제가 발전하고 있던 1966~1967년경부터 갖게 된 것이라고 이야기할 수 있다.

— 1967년 대선 결과, 어떤 식으로 나타났나.

선거 결과 경상도 쪽에서 대대적으로 박정희 후보를 찍은 것으로 나타났다. 5월 3일 투표 결과 박정희 후보는 568만여 표, 윤보선 후보는 452만여 표로 116만여 표 차이가 났다. 1963년 대선에서는 두 후보 간 표 차이가 15만 표밖에 나지 않았는데, 이번에는 꽤 큰 차이가 났다.

그런데 지역별로 보면 이 선거는 동서 선거였다. 서쪽인 서울, 경기, 충남, 전북, 전남에서는 윤 후보 표가 많이 나오고 동쪽에서는 전부 박 후보가 표를 많이 얻었다. 추풍령을 경계로 선을 그은 형태로 딱 나뉜다고들 했다. 동서 선거라고 이야기들을 했다.

이 선거도 가만히 보면, 우선 경상남북도를 합치면 박 후보가 윤 후보보다 119만여 표를 더 얻었다. 두 사람의 전체 표차보다도 경상남북도에서 난 표차가 더 컸다. 거기에다가 부산까지 합쳐놓으면 그 차이는 136만여 표가 된다. 전체 표차보다 20만 표나 더 큰 차이가 나타난 것이다. 다시 말해 이 선거에서 결국 경상도 주민들이 대대적으로 찍어주지 않았다면 박정희 후보가 당선될 수 있었겠느냐고 이야기할 수 있다.

그런데 이 선거 과정에서 '야당이 이길지도 모른다'는 판단을 중앙정보부에서 했던 모양이다. 그래서 '윤보선이 당선되면 저격하라'는 지시를 내린 것으로 나중에 밝혀진다.

"윤보선 당선 쪽으로 기울면 쏘아 죽여라" 저격수 배치한 중앙정보부

— 1967년 대선 당시 야당은 비실비실했고 후보도 다른 때에 비해 약체이지 않았나. 그런데 중앙정보부는 왜 그런 계획을 세

1967년 4월 22일 박정희가 부산에서 유세를 하고 있다. "1963년에는 밀가루 대통령에서 1967년에는 경상도 대통령이라 ……, 그 말도 무리는 아니로군." 중앙정보부장 김형욱이 이렇게 이야기할 만큼 박정희는 경상도에서 많은 표를 얻었다. 사진 출처: e영상역사관

운 것인가.

민심은 여전히 박정희를 외면하고 있었다는 것을 중앙정보부 프로젝트에서도 읽을 수 있다. 그러한 민심을 단적으로 보여주는 게 동서 선거 아닌가. 야당과 윤보선 후보가 지리멸렬한 상태였는데도 서쪽에선 다 이겼다. 이게 뭘 말하는 것이겠나.

김형욱 중앙정보부장은 1967년 대선 투표일을 앞두고 중앙정보부 감찰실장 방준모를 불렀다. 감찰실장은 중앙정보부의 주요 간부이자 높은 자리였다. 그런 위치에 있던 방준모한테 김형욱은 "만일 개표 결과가 윤보선 당선 쪽으로 기울어지면 저격해라. 총으로

쏘아 죽여라", 이렇게 지시했다고 한다. 이 대선에서 박정희의 재선 전망이 확실하지 않다고 봤기 때문에 그런 것 아니겠나. 그래서 방준모 감찰실장은 서울 안국동의 윤보선 집 안방이 내려다보이는 덕성여고 2층에 저격수를 1명 배치했다고 그런다. 그런데 박정희가 당선돼 윤보선 저격 계획은 접은 것으로 돼 있다. 김충식의 책을 보면, 방준모가 그렇게 이야기한 걸로 나온다.•

이 선거에서 집권당은 거대한 조직과 막대한 자금을 갖고 있었다. 여론 매체의 홍보에서도 여당이 압도적으로 강했다. 이 당시 신문들은 무력한 존재 내지 친여적이어서 문제점을 제대로 비판하거나 지적하는 기사를 쓰기가 어려웠다. 반면 신민당은 조직도, 돈도 제대로 갖추지 못했지만, 특히 민중당계하고 신한당계가 아주 사이가 나빠서 선거 도중에도 각 지구당 내부에서조차 반목을 계속하면서 거의 움직이지 않았다고 당시 신문에 나온다. 정권 교체에 대한 열망 같은 것을 야당이 갖고 있지 않았고 패배 의식에 사로잡혀 있었다.

그럼에도 서쪽 지역에서는 다 윤보선이 박정희보다 표를 많이

• 1963년 대선 때에도 박정희 세력은 설령 선거에서 패하더라도 인정하지 않겠다는 태도를 취했다. 개표 초기 박정희와 윤보선이 엎치락뒤치락하자, 5·16쿠데타 세력 중 일부는 개표 중단, 표 바꿔치기, 군대 출동 및 선거 무효 선언 등을 모의했다. 이는 그들이 국민과 야당에게 순순히 권력을 내놓을 생각 같은 건 손톱만큼도 갖고 있지 않았음을 잘 보여준다.
이와 관련, 1971년 대선에서 만약 개표 결과 김대중이 박정희를 앞섰을 경우 박정희 쪽에서 이를 인정했을까 하는 문제도 생각해볼 필요가 있다. 김대중의 오른팔이던 김상현과 박정희의 충복이던 윤필용의 대화는 이 문제에 대해 많은 걸 시사해준다. 유신 쿠데타 후 김상현은 고문을 당하고 수감됐는데, 1973년 윤필용 사건이 터지며 몰락한 윤필용도 같은 교도소에 수감됐다. 김충식에 따르면, 거기서 김상현은 1971년 대선에서 만약 김대중 후보가 승리했다면 박정희 대통령의 충복들은 어떻게 할 생각이었느냐고 윤필용에게 물었다. 그러자 윤필용은 곧바로 뜨르륵 소리를 내며 기관총 쏘는 시늉을 했다고 한다.

얻었다는 것은 박정희 후보가 그다지 국민들의 지지를 받지 못했다는 걸 드러낸다고 볼 수밖에 없는 것 아니겠는가. 도대체 윤보선 같은 사람이 연이어 대선에 나와 그렇게 무력한 모습을 보였는데도, 더욱이 야당이 분열돼서 제대로 움직이지 못했는데도 그런 결과가 나온 것 아닌가. 이걸 반대로 생각하면 얼마나 박정희 후보가 별 지지를 못 받았는가를 단적으로 보여준다.

"1963년에는 밀가루 대통령, 1967년에는 경상도 대통령"

── 야당 후보 저격 계획까지 세웠다는 것은 박정희 세력이 어떤 세력인지를 단적으로 보여주는 장면이라는 생각이 든다.

김형욱 회고록을 보면 1960년대 대선에 대한 인상적인 이야기가 나온다. "1963년에는 밀가루 대통령에서 1967년에는 경상도 대통령이라 ……, 그 말도 무리는 아니로군." 중앙정보부장 김형욱이 이렇게 이야기할 만큼 경상도 표가 많이 나왔다.

일각에서는 이 시기 경제에서 상당히 눈에 띄는 발전이 있었기 때문에 박정희가 당선된 것이라고 써놓고 있는데, 그렇다면 어째서 서쪽 지역에서는 다 윤보선 표가 많았는지를 설명하기가 쉽지 않다. 다만 영남 쪽에서는 단순한 지역주의만은 아니고, 울산 공단 같은 것이 가동되면서 해안을 중심으로 경제 발전을 피부로 느낄 수 있는 면이 있지 않았나 하는 생각이 든다. 그런 점도 경상도 쪽에서 박정희에게 표를 많이 준 이유가 아닐까 하는 생각이 드는데,

남한 전체로 봐서는 '박정희 대통령 덕분에 경제 발전이 크게 이뤄지고 있다', 이런 생각이 많지 않아 1967년 대선에서 그런 결과가 나온 것 아닌가, 그렇게 볼 수 있다.

3선 개헌 포석,
국민 양심 마비시킨 6·8 망국 선거

유신 쿠데타의 배경, 세 번째 마당

김 덕 련 1967년 대선을 지난번에 살펴봤다. 이해 총선은 어떠했나.

서 중 석 1967년 6월 8일에 치러진 이해 총선은 우리나라에서 있었던 모든 선거를 통틀어 1960년 3·15 정부통령 선거와 함께 아주 나쁜 선거, 잘못된 선거, 타락한 망국 선거라는 얘기를 듣고 있다. 3·15선거는 관권과 폭력이 동원되고 투·개표 부정이 아주 심했던 선거라면 6·8선거는 관권에다가 금권, 선심 공약, 행락 선심이 아주 심했던 타락 선거였다.

3·15선거는 폭력으로 얼룩졌다. 서슬 퍼런 권력의 위압에 유권자들이 주눅이 들어서 3인조, 9인조로 열을 지어 투표장에 들어갈 수밖에 없었다. 6·8선거 때는 그와 양상이 달랐다. 유권자의 양심을 몹시 심하게 마비시켜놨기 때문에 유권자들이 돈 받아먹는 걸 당연하게 여겼다. 선심 공약과 행락이 넘쳐났다. 그런 걸 유권자 스스로 요구하는 게 도대체 뭐가 잘못이냐고 할 만큼 양심이 마비됐고 유권자 의식이 없었다는 점에서 6·8선거는 정말 잘못된, 3·15선거와는 또 다른 면에서 아주 잘못되고 혼탁한 망국 선거였다. 정신 상태로 보면 더 나쁜 선거였다.

그래서 후유증도 심했다. 3·15선거는 4월혁명으로 이어져 이승만 정권을 붕괴시켰는데, 6·8선거는 그해 연말까지 무려 반년 동안이나 국회를 공전시키고 정국을 혼란 속에 빠뜨리고 거센 학생 시위를 불러일으켰다. 그러한 6·8선거의 실상을 살펴볼 필요가 있는데, 우선 이 선거에서는 옥중 출마가 많아 화제가 됐던 점에서 시작하자.

1967년 총선에 출마한 후보들(김영삼, 김대중, 김종필, 김두한, 차지철)의 벽보. 6·8선거는 관권에다가 금권, 선심 공약, 행락 선심이 아주 심했던 타락 선거였다.

옥중 출마한 3인의 후보
북한 인정 주장한 서민호,
박정희 정면 비판한 장준하·오재영

── 어떤 이들이 옥중 출마를 했나.

서민호, 장준하, 그리고 대통령 후보로도 몇 번 나왔던 오재영이 모두 옥중 출마를 했다. 서민호는 무엇 때문에 감옥소에 들어갔느냐. 이 사람은 1967년 대선에 대통령 후보로 나섰다가 사퇴했는데, 인구 비례에 의한 남북한 군축을 주장하고 "심적으로는 인정치 않으나 북괴를 현실적으로는 국가로 인정할 수밖에 없다"고 말했다가 반공법 위반 혐의로 구속됐다.

서민호는 이승만 정권에서는 부산 정치 파동(1952년) 때 강성 야당 의원으로 활약하다가 대위 사살 사건으로 체포돼 감옥소에 있었다.[•] 4월혁명으로 감옥에서 나와 제2공화국에서 민의원 부의장을 지냈고, 그때에도 남북문제에 진보 성향을 보였다. 그 이후에, 전에 얘기한 것처럼 1966년에 민사당(민주사회당)을 창당하면서 언론인 교류, 서신 교환 같은 남북 교류를 하자는 주장을 했다가 반공법 위반 혐의로 구속됐다. 서민호는 보석으로 출감한 후 굉장히 민감하지만 중요한 사안이었던 군축 문제를 제기하고, "북괴를 현실

[•] 서민호는 1951년 국민방위군 사건과 거창 학살 사건을 국회에서 문제 삼으며 이승만 정권을 곤혹스럽게 했다. 1952년에 발생한 서창선 대위 사살 사건에 대해 서민호는 경향신문에 실린 〈내가 겪은 20세기 (32) 월파 서민호 씨〉(1972년 9월 23일 자)에서 이렇게 밝혔다. "서 대위는 부산서부터 나를 미행하다가 순천서 지방 유지들과 저녁을 먹고 있는 내게 시비를 걸면서 권총을 난사하는 바람에, 생명의 위협을 느껴 본능적으로 호신용 모젤 권총을 뽑아 그를 쐈습니다."

1966년 대통령을 비방했다는 혐의로 구속되었다가 병보석으로 출옥하고 있는 장준하. 그는 1967년 서울 동대문을 구에서 신민당 공천으로 옥중 출마해 국회의원에 당선되었다.

적으로는 국가로 인정할 수밖에 없다"고 주장해 다시 구속된 것이다. 군부를 기반으로 한 박정희 정권 때 군축을 주장한 정치인은 서민호밖에 없을 것이다.

── 장준하와 오재영은 이때 왜 감옥에 갇혀 있었나.

장준하는 "박정희 씨는 동남아와 미국을 다녀와서 우리나라 청년을 월남에 팔아먹을 것을 구상했다", 그리고 "박정희 씨야말로 우리나라 밀수 왕초다"라고 얘기했다가 구속됐다. 첫 번째 이야기는 청부 전쟁이라는 비판, 그러니까 청부를 받아 우리 군대가 베트

유신 쿠데타의 배경

남에 간 것이라는 비판이다. 외국에서는 이런 이야기들이 많이 나오고 그랬는데, 한국에서는 나중에 김영삼 정부 때 교육부 장관이 그와 비슷한 발언을 했다가 사퇴하는 사건이 나고 그런다.° "밀수왕초"라고 한 건 표현은 과격해 보이는데, 나중에 이병철 큰아들 이맹희가 한국비료 밀수 사건에 대해 쓴 글을 통해 상당 부분 사실로 드러났다. 장준하는 이러한 발언들을 했다는 이유로 구속됐다.

오재영은 일제 시대에 박정희가 장교였다는 이야기를 한 게 문제가 됐다. 대선 기간에 "일군日軍 장교 시절" 운운하다가, 박정희 후보를 비방했다는 이유로 감옥소에 간 것이다.°°

— 박정희 집권기에 박정희의 친일 경력을 그렇게 공개적인 자리에서 문제 삼은 오재영은 어떤 사람이었나.

오재영 정도 되니까 그런 얘기를 했다고 볼 수 있다. 이 사람은 말을 거침없이 했다. 그걸로 인기를 끈 사람이다. 1963년 대선에서는 추풍회 후보로 나왔는데, "배고파 못살겠다 죽기 전에 살길 찾자"는 강렬한 선거 구호를 앞세워 3등을 했다. 선거 구호나 연설뿐만 아니라, 이승만 정권에서 국무총리를 지냈던 변영태(4등)를 앞지른 것에 더해 변영태의 두 배 가까이 되는 표를 얻어 화제가 됐다. 그런데 한 달 후 치러진 국회의원 선거에서는 4등을 했다. 선거 구

° 김영삼 집권기인 1995년 5월 김숙희 교육부 장관은 한 강연에서 "6·25는 명분 없는 동족상잔이고 월남전에는 용병으로 참전"했다고 이야기했다가 전격 해임됐다.

°° 구속 영장 내용을 보도한 동아일보 1967년 5월 8일 자에 따르면, 오재영은 대선 때 10여 차례의 지방 유세를 통해 "공화당 후보 박정희 씨는 일본군 장교 시절 독립군을 학살했으며 사직공원 부정 불하도 잘 봐줬다"는 등의 발언을 했다가 선거법 등을 위반한 혐의로 구속됐다.

호가 "귀족 군벌 물리치고 서민 대표 뽑아보자"였는데, 대통령 선거 때보다 구호가 약해서였는지 그런 결과가 나왔다. 대선에선 3등을 하고 총선에선 지역구에서 4등을 해 또 화제가 됐다. 하여튼 재미난 사람이었다. 서민들에게 호소력 있는 연설을 구수한 만담조로 많이 했는데, 정치적 쇼로 비치기도 했다.

다시 6·8선거로 돌아오면 공화당은 전국구 1번에 정구영, 2번에는 이승만 비서였고 3선 개헌 때 당 의장 서리를 맡아 3선 개헌에 앞장서는 윤치영, 3번에 이승만 정권에서 총리를 지낸 백두진을 배치했다. 1번은 어쩔 수 없이 정구영에게 내줬지만 2, 3번은 박정희 장기 집권을 위해 총대를 멜 사람들이었다. 이승만에게 온갖 충성을 다 바친 사람들이 2, 3번을 차지한 것이 매우 눈길을 끈다. 신민당에서는 그전에 민중당 당수였던 박순천을 전국구 1번에 배치하고 2번은 김도연으로 하는 등 거물들을 배치했다.

이 선거가 심각한 문제가 있다는 건 곧 드러났다. 있을 수가 없는 관권 선거였다. 3·15선거가 제일 크게 문제가 된 건 관권 선거라는 데 있었다. 그야말로 관권을 총동원해 부정 선거를 저질렀다. 그런데 6·8선거에서도 관권 선거가 아주 대대적으로 이뤄졌다. 이때는 대통령까지 적극적으로 나섰다. 3·15선거 때에는 그런 건 없었다. 그리고 3·15선거 때에는, 국무위원들이 동원됐다고 하더라도 6·8선거 때 박정희 정권이 한 것처럼 그렇게 노골적으로 선심 공약을 하고 다니지는 않았다.

대통령·국무위원 선거 운동 문제로 선관위와 충돌, 선거 운동 안 한다 하고 '시찰' 나선 대통령

—— 박정희 정권은 6·8선거에 어떤 자세로 임했나.

5월 9일 정부는 6·8선거에서 정부 고위층이 공화당 후보의 선거 운동을 지원할 방침을 세웠다. 이날 국무회의에서 대통령, 국무총리, 행정 각 부 장관, 처장, 원·부·처의 차관, 그리고 기획조정실장 같은 사람들이 선거 기간 중 특정 후보를 지지, 추천하는 지방 유세를 벌일 수 있는, 즉 선거 운동을 할 수 있는 방향으로 대통령 선거법 시행령 및 국회의원 선거법 시행령을 고쳤다. 한마디로 고위 공무원들이 직접 여당 지지 유세를 하고 다니겠다는 것이었다.

있을 수 없는 짓을 저지른 것이다. 이런 나라가 전 세계 어디에 있겠느냐 싶을 정도였다. 대통령 중심제 국가에서 대통령이나 각부 장관들이 국회의원 선거 운동을 직접 하고 다닐 수가 있느냐, 이 말이다. 상관이 그렇게 하고 다닐 경우 그 밑에 있는 공무원들은 어떻게 되겠나.

그에 앞서 중앙선거관리위원회는 이미 4월 27일 전체 회의를 열고, "선거 운동 기간 중 국무위원이 국정을 위한 지방 출장에서 특정 후보를 지지, 추천, 반대하는 연설을 하는 건 대통령 선거법에 위배된다"고 해석했다. 당연한 해석 아닌가. 그런데 정부에서 5월 9일 고친 시행령을 보면, 이건 지방 출장 정도가 아니었다.

5월 13일 중앙선관위는 다시 전체 회의를 열었다. 여기서 "선거법에 따라 국회의원과 지방 의회 의원을 제외한 모든 공무원의 선거 운동을 금지하고 있는 만큼 일반직은 물론 별정직 공무원도 선거 운동을 할 수 없다"는 지극히 당연한 해석을 또다시 했다. 이때 지방 의회는 있지도 않았지만 법에는 그렇게 돼 있었다. 아울러 중앙선관위는 5월 9일 있었던 '국무회의 시행령 개정은 부당하다'고 공식 견해를 밝혔다. 너무나 당연한 법리 아닌가. 있을 수 없는 월권행위를 국무회의에서 저지른 것이었다.

그런데 이걸 보면 꼭 2015년에 일어난 사태가 생각난다. 도대체 세월호 특별법 시행령이 세월호 특별법 취지에 맞는 건가? 그런데 대통령은 어떤 태도를 취했고, 그래서 여당 원내대표 유승민은 어떻게 됐나? 그런 것들이 떠오르게 하는 장면들이다.

— 중앙선관위의 해석을 박정희 정권 쪽에서 순순히 받아들였을 것 같진 않다. 어떤 태도를 취했나.

권오병은 욕을 몹시 많이 얻어먹던 사람이라고 전에 이야기했는데, 그 사람이 이때에는 법무부 장관이었다. 권오병은 중앙선관위의 이런 견해에 대해 "개정된 선거법 시행령이 모법母法에 위배된다고 해석한 것은 행정부의 준입법권에 대한 중대한 침해 행위다"라고 중앙선관위를 비난했다. 2015년에 누가 한 이야기하고 비슷하지 않나? 권오병이니까 이런 소리를 한 것이다. 그러자 사광욱 중앙선거위원장은 "중앙선거관리위원회라는 데는 선거 업무를 공정하게 관리하기 위해 선거 운동원 및 연설원들의 한계를 규정지어야 하며 개정 선거법의 시행령에 대해 충분히 논의할 권한이 있다"고 이야기했다. 이번에도 당연한 이야기를 한 것이다.

이러면서 이게 신문에 크게 보도되고 하니까 박 대통령은 '국무위원들은 선거 유세에 나서지 말라'고 국무총리한테 지시하고,

1967년 5월 19일 시찰에 나선 박정희를 보기 위해 모여든 전남 무안군 군민들. 박정희는 선거 운동에 나서지 않겠다고 했지만, 5월 18일부터 지방 순회 시찰에 나서며 실질적인 선거 운동을 했다. 사진 출처: e영상역사관

자신도 선거 유세에 나서지 않겠다는 걸 분명히 밝혔다. 그러면서 뭐라고 또 이상한 이야기를 했느냐 하면, 선거법 시행령 개정 시비에서 정부 견해가 옳다고 생각한다고 말했다. 어떻게 그런 주장을 할 수 있는 건지 이해가 안 된다. 대통령이나 고위 공무원들, 별정직 공무원들이 선거 운동에 나선다? 이승만 대통령 때보다 훨씬 더 심각한 문제를 안고 있는 주장이 아닌가.

─── 박정희는 그 후 어떤 모습을 보였나.

공화당은 박 대통령의 선거 유세 계획 중지로 의원 선거에 근본적인 차질을 가져왔다고 주장하면서, 박정희가 유세를 할 수 있도록 중앙선관위를 상대로 법정 투쟁이라도 벌일 기세였다. 그러나 그럴 필요가 없었다. 박 대통령은 선거 운동에 나서지 않겠다고 하더니만, 5월 18일부터 지방 순회 시찰에 나섰다. 이승만 대통령이 1956년 5·15 정부통령 선거에서 이른바 시찰에 나선 것하고 명칭이 같다. 그때 이승만 후보가 아주 이상한, 기이한 모습을 보이지 않았나. 대통령 후보니까 당연히 유세를 해야 하는데도, 자기는 유세를 하지 않겠다고 억지를 부리면서 '시찰'을 갔다. '나처럼 대단한 사람은 선거 유세 같은 데 안 나서는 것이다', 이런 뜻을 담아 유세가 아니라 시찰을 하겠다고 한 것 아니겠나.

이 대통령이 그때 각 지역을 다니면서 연설한 것은 딱 하루였다. 하루만 그렇게 했는데, 박 대통령은 그렇지 않았다. 그리고 이승만은 여러 역 앞에서 연설을 했지, 기관장들을 모아놓고 또 임시 국무회의 같은 것을 열고 노골적인 선심 공약을 하지는 않았다. 그런데 박 대통령은 수원시 행정을 시찰하면서 수원의 기관장 및 유지들에게 수원을 관광 도시로 발전시키겠다고 언명했다. 천안에 가서는, 천안의 상수도 건설에 소요되는 200만 달러 규모의 차관 계획을 세우면 정부가 적극 지원하겠다고 밝히는 한편 플라스틱 조화 공장 건립을 추진하라고 시 당국에 지시까지 했다. 이 얼마나 확실하게 선심 공약을 하고 다닌 건가.

신범식 청와대 대변인은 박 대통령이 앞으로도 계속 유세에 나서지 않을 계획이라고 말하면서, 박 대통령은 유세하는 것보다는

유신 쿠데타의 배경

오히려 현재와 같은 지방 시찰을 계속하는 것이 온당한 것으로 알고 있다고 궤변을 늘어놓았다. 속이 뻔히 들여다보이는, 태양을 손바닥으로 가리려는 우스꽝스러운 연극 아닌가. 국민을 무엇으로 알고 이런 말장난을 늘어놓는지, 정말 기가 막힌 변명이었다.

── 청와대에서 그런 모습을 보이면 중앙선관위는 압박감에 시달릴 수밖에 없었을 것 같다.

그런 상황이 계속되면서 중앙선관위가 얼마나 시달렸겠나. 모처 등 그런 압박을 가할 만한 기관들이 있지 않았나. 이때쯤 돼서 중앙선관위는 대통령, 국무위원 등의 선거 운동 지원 문제에 대해 이틀에 걸쳐 전체 회의를 다시, 여러 차례 열었다. 그래서 '논의'하고 또 '논의'했는데, 그전에 한 해석을 다 뒤집고 5월 21일 "정당의 대표자인 대통령만은 선거 유세를 포함한 국회의원 선거법상의 선거 운동을 할 수 있다"고 결정했다. 이것도 그전의 해석과는 너무도 다른 결정을 내린 것이니까 크게 의아할 수 있지만, 그러면 국무위원들은 선거 운동 지원 활동을 하지 말아야 하는 것 아닌가. 그런데 그렇지 않았다.

개헌선 확보 위해
금품 살포, 선심 공약 등 백화점식 타락 선거 자행

── 박정희 정권은 왜 그토록 무리한 행보를 한 것인가.

동아일보는 선거가 끝난 다음 날(1967년 6월 9일) 6·8총선이 '사상 최악의 부정 선거'라고 보도했다.

　　윤보선은 야당 후보 지원 유세에서 "(5·3) 부정 선거로 재집권하게 된 박 정권은 이번 선거에서 대통령의 3차 중임을 위한 개헌선을 확보하려고 헌법 기관인 중앙선거관리위원회에 압력을 가하는 등 또 다른 부정 선거를 꾀하고 있다"고 주장했다. 개헌선 확보, 그게 문제의 핵심이었다. 그것 때문에 박정희 대통령이 그렇게 나온 것이었다. 무슨 일이 있어도, 수단과 방법을 가리지 않고 이 선거에서 개헌선을 확보해야 한다, 바로 그것이었다.

　　그런데 신문에서는 '선거 분위기가 저조하다. 열띠지 않다'고 5월 하순에 이르도록 보도했다. 예컨대 서울에서 5월 19일부터 22일까지 수십 차례에 걸쳐 합동 정견 발표회가 열렸는데, 놀랍게도 한번 열릴 때 동원된 청중이 평균 700명 정도밖에 안됐다고 한다.

　　그렇지만 이 선거는 유사 이래 찾아보기 어려운 관권 선거에다가 선심 공약에 타락한 여러 가지 면을 그야말로 백화점식이라고 할까, 종합적으로 보여줬다. 투표를 일주일 앞두고 동아일보는 1면 톱기사로 다음과 같은 기사를 실었다. "후보자들이 첫째, 향연 및 금품 제공 등 막대한 자금을 살포하고 있고 둘째, 지방 사업 공약을 남발하고 있고 셋째, 간교한 득표 작전을 펴고 있고 넷째, 국무위원들의 이례적인 지방 출장으로 빚어진 공무원의 동요, 관권 개입 시비로 말미암아 역대 총선거에서는 찾아볼 수 없는, 유례없는 이상 분위기를 빚어내고 있다."

이 선거에서 선심 공약이 난무하고 금품을 대량 살포하고 향연 같은 걸 크게 베푸는 대규모 금권 선거가 치러진 데는 이유가 있다.

폭력을 동원한 1950년대와 달리
1967년에 대규모 금권 선거가 치러진 배경

— 왜 그랬던 것인가.

수원을 관광 도시로 발전시키겠다고 천명하고 천안에 플라스틱 조화 공장 건립을 추진하라는 지시가 있었다는 이야기를 앞에서 하지 않았나. 그런 것과 마찬가지로 각종 공장을 지어준다, 다리를 놔준다, 아스팔트를 깔아준다는 식의 이야기를 할 수 있는 시기가 됐다, 이 말이다.

뭐냐 하면 울산에서 정유 공장이 돌아가니까 아스팔트를 깔수 있는 재료가 나오는 것이고, 또 여기저기 건설을 할 수 있는 경제 발전기로 한국이 들어가고 있었다. 그래서 선심 공약을, 물론 다

지키지는 못하고 일부만, 그것도 실제로는 조금밖에 못 지킨다고 하더라도 막 할 수 있는 시대적인 면은 있었다. 1988년 선거까지 21년 동안 이런 선심 공약이 많이 먹혔다. 1988년쯤 가면 웬만한 데는 아스팔트를 깔고 다리도 놓을 만한 데는 놓게 되면서 상황이 다소 달라지는데, 어쨌건 이런 점을 하나 생각할 필요가 있다.

그리고 6·8선거 때 여당 쪽에서 막대한 선거 자금이 돌았는데, 그것도 충분히 이유가 있었다. 역대 선거를 쭉 살펴보면, 1967년 선거 이때부터 돈을 많이 썼다.

— 그 이유는 무엇인가. 부정 선거 사례는 그 이전에도 많지 않았나.

예전에 한국은 빈곤한 나라 아니었나. 이전에 부정 선거를 할 때 왜 주로 폭력을 동원했느냐 하면, 뿌릴 수 있는 돈이 충분치 않았기 때문이다. 돈이 부족하니까 주먹으로, 곤봉으로 한 것이다. 경찰하고 깡패를 동원해 그렇게 한 것이다. 그게 바로 1950년대 선거였다. 이승만 자유당 정권으로서는 어떤 식으로든 부정 선거를 저질러야 하겠는데 돈이 충분치 않았다. 그때는 돈이 나올 곳이 별로 없었다. 그런 걸 충분히 낼 만한 기업이 얼마나 됐겠나.

그래도 상당한 현금이, 그것도 달러로 나오는 유일한 곳이 있었다. 텅스텐 즉 중석을 캐던 상동광산이었다. 텅스텐은 미국이 무기를 만드는 데 필요로 하는 것 아니었나. 그래서 잘 사갔다. 중석불$로 불린 중석 달러가 1950년대에 여러 번 정치 자금으로 문제가 된 게 바로 그 때문이다. 장면 정부도 이것 때문에 곤욕을 치렀다. 실제로 장면 정부가 여기서 큰 부정을 저지른 건 없었다. 5·16쿠데타 세력이 그걸 얼마나 캤나. 그렇지만 크게 문제가 될 만한 건 못 찾아냈다. 그런 건 안 나왔다.

그런 상황이었기 때문에 1950년대에 정치 자금을 끌어내는 제 일 유력한 데가 어디였느냐 하면, 있을 수 없는 일이긴 하지만 군, 그중에서도 육군이었다. 육군은 미국의 엄청난 원조 물자를 받고 있었기 때문이다. '쌍팔(88)년'이라는 유명한 말이 있다. 단기로 '쌍 팔년'이니까 서기로는 1955년(단기 4288년)인데, 이런 말까지 나왔다 는 건 전쟁이 끝난 지 얼마 안된 이때 얼마나 많은 미군 물자가 부 산항에 도착했는가를 말해준다. 다른 말로 하면 빼먹을 게 얼마나 많이 생겼겠나. "'쌍팔년'도에 돈 못 번 사람이 누가 있느냐"는 얘기 까지 나오고 그랬다.

그래서 자유당 고위 간부들은 정치 자금을 끌어낼 수 있는 곳 으로 육군을 주시했다. 이기붕이 직접 육군 참모총장한테 '돈 얼마 가져와라', 이럴 정도였다. 그러면서 한때 육군이 자유당 선거 자금 을 대는 데 톡톡히 역할을 한 적이 있었다. 다른 말로 하면, 거기 말 고는 덩치 큰 선거 자금을 끌어들일 데가 없었다는 것이다.

그런데 1964~1965년경부터 일본에서 돈이 들어오지 않나. 한 일협정이 타결되기 전부터 돈이 들어왔다. 1965년 한일협정이 타결 되면서 또 큰돈이 들어왔다. 아울러 월남에서도 돈이 들어왔다. 여 러 군데에서 돈이 돌기 시작하고, 또 미국 등에서 직접 투자한 회사 를 포함해 국내외 기업체들한테 돈을 내도록 한 것 아니겠나. 1967 년 선거가 돈이 많이 돈 선거가 된 데에는 이런 역사적인 환경이 작용했다. 그렇지만 그런 식으로 돈을 써도 되는 건가.

"어머니들을 술 취하게 하지 말라"
분노한 초등학생들, 궐기 대회 계획

── 1967년 당시 금권 선거 풍조, 구체적으로 어떠했나.

금권 선거와 관련해 당시 신문에 이렇게 보도됐다. "경찰서장, 군수, 구청장이 직접 선거 운동에 나서서 동장과 경찰들에게 현금과 쌀, 밀가루를 주고서 주민들한테 나눠주라고 한다는 것이다. 그러고는 500원, 1,000원 현금이 든 돈 봉투가 공공연하게 돌려졌다." 어떻게 경찰서장, 군수, 구청장이 직접 그렇게 할 수 있는 건지 알 수가 없다.

또 한 신문에는 향응 제공 및 자금 살포 작전은 주로 부녀자를 대상으로 삼고 있어서 향토 미풍 시비로 번지고 있다는 보도가 나왔다. 돈과 표를 직결시켜 선거에 임하도록 하는 풍조, '유권자는 당연히 돈을 받아야 한다. 뜯어먹어야 한다. 잔칫돈, 향응비를 요구하는 건 당연한 일이다', 이런 풍조를 일으킬 만큼 유권자를 타락시키는 분위기가 조성되고 있다는 것이었다.

선거에서 이런 심한 타락상이 유별나게 눈에 띈 게 행락이라는 것이었다. 이게 나중에는 버스에 태워 관광지에 끌고 다니는 것으로 이어지는데, 유원지부터 선거의 타락상은 뚜렷하게 나타났다. 후보자들은 주로 부녀자들로 하여금 그룹을 짓게 해서 유원지로 놀이를 가게 하고 인근 관광지로 여행을 시켰다. 방방곡곡 유원지라는 유원지에서는 밤새도록 사람들이 노래하고 춤췄다. 그러면서 밤을 새우고 그랬다. 그 근처 길거리에서까지 술에 잔뜩 취해 춤추고 노는 모습을 볼 수 있었다. 그야말로 전국이 술에 취한 상태가 됐다. 그와 더불어 '막걸리 홍수'가 일어났다. 후보자들의 돈으로 이뤄지는 유권자들의 이러한 행락이 어느 정도였는지를 잘 보여주는 사례가 있다.

── 무엇인가.

6월 3일, 선거 닷새 전인 이때 대구 수성국민학교 어린이들이 유원지 정화 궐기 대회를 열고 "우리 어머니들을 술 취하게 하지 말라", "엄마 아빠, 술 먹고 춤추지 마세요"라고 외치는 기가 막힌 장면이 나타날 뻔했다. 궐기 대회를 하지 못하도록 막아서 이날 대회가 실제로 열리지는 않았지만, 이 내용이 신문에까지 나고 그랬다. 도대체 이런 나라가 어디에 있나.°

《동아연감》은 이때 상황을 이렇게 기록했다. "유권자들은 대가 없는 표를 찍으려 하지 않았다. 공공연히 금품을 요구했다. 무섭고 괴이한 이상 정신 상태가 전염병처럼 만연돼 퍼져 가고 있다. 가치를 상실한 돈의 노예들이 소돔의 천년성을 구가하고 있다." 그런데 이러한 이상야릇한 정신 상태가 전염병처럼 퍼져 가는 속에서 또 하나의 사건이 일어났다.

° 동아일보 1967년 6월 3일 자에 따르면, 수성국민학교 5·6학년 학생 1,000명은 "엄마 아빠, 술 먹고 춤추지 마세요" 등의 플래카드 문안을 준비해 등교했다. 오전 수업만 하는 토요일이었지만, 학생들은 오후 1시로 예정된 궐기 대회를 위해 다들 도시락까지 준비해 학교에 왔다. 그러나 학교 당국이 막아 대회는 열리지 못했다.

야당 돈줄 막기 위해
전국구 후보 구속

── 어떤 사건이었나.

재일 교포 김재화 구속 사건이다. 1963년 국회의원 선거법에서 전국구 비례 대표제를 만든 이유를 전에 설명한 적이 있지 않나. 비례 대표 취지와는 동떨어지게, 한마디로 여당이 안정 의석수를 확보하기 위해서였다. 여당한테 무조건 비례 대표 의석 반절을 주게 돼 있었다. 더군다나 제1당의 득표율이 50퍼센트 이상이면 비례 대표 의석의 3분의 2를 주게 돼 있었다.

그런데 야당이 1967년부터 '우리한테는 돈이 없는데 이 비례 대표제를 활용할 수 있다. 이걸 돈으로 맞바꿀 수 있다'는 걸 알게 된다. 뭐냐 하면 '비례 대표 명단에만 올려놓으면 자동적으로 몇 명은 당선된다. 그런데 공짜로 당선시킬 수는 없는 것 아닌가. 돈을 받자', 이렇게 된 것이다.

이건 명백히 법에 걸리는 일이었다. 그런데 박정희 정권 자기들이 한 짓이 있지 않나. 비례 대표제를 자기들한테 유리하게 이용하려고 한 면이 있었기 때문에, 야당이 그렇게 하는 걸 강하게 막지는 못했다. 그렇게 되면서 1967년 이 선거부터 1990년대까지 비례 대표 후보자는 돈을 냈다. 이 선거에서 자금 고갈 상태에 빠진 신민당은 당선이 확실한 14번까지 당원이면 2,000만 원, 비당원이면 3,000만 원을 받았다고 한다.

── 김재화 구속 사건, 어떻게 전개됐나.

재일 동포 김재화는 비례 대표 10번이었다. 이 사람은 비당원이었으니까 돈을 얼마 냈는지 확실히 알 수 있는 것 아닌가. 그런데 중앙정보부가 보기에 재일 교포는 얼마나 때려잡기가 쉬운 존재였나. 있어서는 안 되는 비극적인 일이지만, 그 시절 정보 기관에서 재일 교포 쪽을 가지고 많은 간첩 사건을 발표하지 않았나. 이때도 당국에서는 '조총련계 돈을 받았다'고 하면서 김재화를 바로 구속해버렸다. 중앙정보부는 '김재화가 조총련 계열에 포섭돼 신민당 비례 대표로 등록된 게 드러났다'고 중간 수사 결과를 발표했다. 중앙정보부가 이때 '조총련'이라고 하지 않고 '조총련 계열'이라고 표현한 것에 유의할 필요가 있다.

문제는 이 사건이 여기에서 끝난 게 아닐 뿐만 아니라 이 수사의 이유는 다른 데 있었다는 것이다. 김재화 건을 가지고 무슨 짓을 하려고 했느냐. 선거가 일주일밖에 안 남은 때인 6월 1일, 신민당 중앙당 경리 장부가 압수됐고 신민당 거래 은행에서 자금 인출이 거부됐다. 신민당은 일시에 돈이 동결되고 만 것이다. 그뿐 아니라 당 간부들을 조사한다면서 잇따라 소환했다. 그래서 신민당이 마비가 됐다. 선거에서 마지막이 특히 중요한데, 전열을 제대로 갖출 수 없도록 한 것이다. 김재화는 나중에 반공법과 국가보안법 위반 혐의에 대해 무죄 선고를 받았고, 그래서 1971년 신민당 전국구로 다시 나오게 된다. 이런 일이 일어났다.

20세기 말까지 한국인의 정신을 좀먹은
6·8 타락 선거의 후유증

— 금권 선거 부분을 조금 더 짚었으면 한다. 1967년 6·8선거에
서 돈을 매개로 한 타락이 그토록 심했다면 그 후유증도 꽤 오
래갔을 것 같다. 어떠했나.

이때부터 선거철만 되면 유권자들이 관광지, 유원지로 막 다녔
다. 버스를 대절해서 다녔는데, 그 돈을 누가 댔겠나. 그러면서, 대
선도 그런 게 많았지만 총선은 관광 선거가 된다. 이건 지역주의 때
문에 관권 같은 것이 무력해진 1988년 총선에서도 없어지지 않았
다. 그런 식으로 관광버스 타고 다니는 걸 1990년대까지도 볼 수
있었다. 예컨대 돈이 있는 지구당 같은 데서는 선거철뿐만 아니라
평소에도 사람들을, 당원들이라고는 하던데, 관광버스에 태워 관광
지를 다니는 현상이 나타났다. 그런 게 당연한 관행이 돼버렸다. 20
세기 말까지 한국 사회가 그렇게 갔다. 그렇게 가게 만든 단초가 바
로 1967년 6·8 타락 선거였다.

전국에서 사람들이 술에 취해 밤새도록 춤추는 것을 그때 보
면서 기가 막히더라. 아주머니들이 똑같은 율동을 밤새도록 반복하
는 모습을 보면서, 도대체 왜 저러나 싶더라. 나중에는 선거가 아닌
때에도 그런 모습이 많이 보였다. 일각에서는 모 정당에 공공연하
게 요청하는 일도 생기고 그랬다. 곤봉으로 두들겨 패는 식으로 폭
력으로 내리누르고 경찰들이 째려보던 1950년대 선거, 그래서 기가
죽어서 투표장에 들어가던 때와는 다르게 6·8선거는 인간의 양심
을 마비시킨 선거였다. 정말 심한 금권, 향응, 타락 선거였다.

유신 쿠데타의 배경

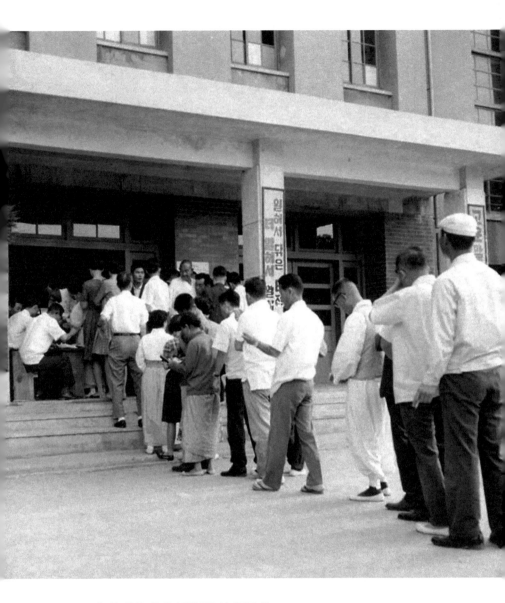

1967년 6월 8일 투표를 하기 위해 줄을 선 시민들. 이
선거 때부터 선거철만 되면 유권자들이 후보자의 돈을
받고 관광지, 유원지로 놀러 다니는 게 관행이 되었다.
6·8선거는 인간의 양심을 마비시킨 선거였다.
사진 출처: 국가기록원

그것보다 더 표에 작용한 건 선심 공약이었다. 앞에서도 얘기한 것처럼 대통령, 국무위원들이 전국에 시찰이나 지방 출장을 다녔다. 그래서 '공무원의 여당 사병화를 초래하고 있다'고 야당이 비난했다고 신문에 나고 그랬다. 또 공화당 후보들은 지방 산업 공약을 남발했다. 신문에서 '그 공약을 다 합치면 몇 년간 예산 전부를 그 공약을 이행하는 데에만 써도 모자란다'고 할 정도로 방대했다. 도무지 현실성이 없는 공약이 많았다. 여당 후보들이 이런 공약을 막 하고 다니니까 야당 측도 할 수 없이, 지킬 수 없는 공약들을 하고 다닐 수밖에 없었다. 그래서 '지방 의회 의원 선거 같은 인상마저 주고 있다. 이게 무슨 전국을 대표하는 국회의원 선거냐', 이런 이야기도 들었다.

이런 관권 선거의 한 양상으로, 이승만 자유당 정권 때 있었던 일이 또 생겨났다. 뭐냐 하면 산림법을 최대한 악용하는 것이었다. 전에 없던 과잉 단속이 막 벌어져서 한 군내에서 산림법 위반으로 입건된 게 200여 건에 이르기도 했다. 〈큰 나무 벤 자는 탈 없고〉라는 제목의 당시 신문 기사 같은 걸 보면 이런 얘기가 자세히 실려 있다.

장기 집권 야욕이 빚어낸
해괴한 삼위일체·오위일체 선거

── 금권이 난무한 6·8선거에서 공화당이 뿌린 돈의 규모가 밝혀졌나.

그건 현재로서는 알 수 없다. 1971년 대선 때에는 한 해 국가 예산의 10퍼센트가 넘는 600억 원 내지 700억 원에 달하는 엄청난 선거 자금을 박정희 후보 쪽에서 썼다고 전에 이야기하지 않았나. 김충식 기자가 그 부분을 열심히 취재해서 당시 여당 고위층으로부터 이야기를 들었기 때문에 선거 자금 규모가 그 정도였다는 것을 알 수 있게 된 것인데, 1967년 선거의 경우 그렇지가 않다. 1967년 이때는 박정희나 이후락, 김형욱 등 권력 핵심을 제외하면 자신들이 엄청나게 쓴 돈의 총액을 여당에서도 정확히 알기나 했을까 싶기도 하다. 공화당 원로인 정구영의 회고록을 읽어보면 6·8선거 당시 삼위일체 선거, 오위일체 선거가 있었다고 돼 있다.

── 삼위일체 선거, 오위일체 선거는 무엇인가.

6·8 부정 선거 이후에 큰 문제가 발생하니까 정구영이 직접 박정희 대통령을 찾아가서 정치적 해결을 하라고 요구했다. 내각을 개편해야 한다는 것이었다. 선거를 지휘한 내무부 장관 엄민영과 문교부 장관 권오병, 법무부 장관, 농림부 장관, 재무부 장관 이렇게 5명은 바꿔야 한다고 하면서 그 이야기를 했다. 그러니 얼마나 노골적인 관권 선거였는지를 알 수 있는 것 아닌가. 이 양반은 이때 대통령한테 이렇게 얘기했다.

"야당이나 국민들이 이번 선거를 삼위일체 선거니 오위일체 선거니 말합니다. 삼위일체는 군수 이하 일선 행정 관리, 경찰서장, 세무서장, 농협이나 영림서의 선거 운동을 말하는 겁니다. 군수와 경찰서장은 내무부 산하이고, 세무서장은 재무부, 영림서장은 농림부 산하 아닙니까. 이 3개 부서가 산하 공무원을 동원한 것을 삼위

1967년 6월 8일 목포에서 국회의원에 당선된 후
손을 들어 인사하는 김대중. 박정희는 목포에서
국무회의를 열고 선심 공약을 쏟아내며 김대중을
떨어뜨리려고 애를 썼다.
사진 출처: 연세대학교 김대중도서관

일체라고 합니다. 시골 가면 파출소 순사가 무섭습니다. 농민들이 그들의 미움을 받거나 이들 기관과 등지고는 살지 못합니다. 친구끼리 화투 놀이를 해도 도박했다고 잡아들이면 꼼짝 못하고, 산에 가서 마른 나무를 주어와도 산림법 위반으로 다스림을 받게 됩니다. 이런 절대적인 영향력을 가진 공무원이 선거 간섭을 했다고 해서 삼위일체라고 하는 겁니다.

오위일체는 여기에다 학교 교직원과 검찰을 추가한 것입니다. 교직원의 선거 이용도 일반화된 일입니다. 심지어 시골 국민학교 교직원들까지 어린 아동들에게 공화당 후보를 지지하도록 설득했다는 사실이 허다한 신문에 보도되었습니다. 검찰도 일선에서 능동적으로 선거 사범을 파헤치고 경찰들을 이 방면에 동원해야 하는데, 선거 기간 중에는 말할 것도 없고 선거가 끝난 후에도 여당쪽 선거 사범은 애써 눈감아주고 있다는 비난을 받고 있습니다. 그러니까 앞서의 3부에다 문교와 법무를 합치면 5부 즉 오위일체라고 말할 수 있습니다. 그래서 이 다섯 명의 장관을 갈아치워야 합니다."● 정구영이 이렇게 진언했다.

— 박정희는 어떤 반응을 보였나.

대통령은 "지나친 타락 선거였다는 점도 인정해"라고 하면서 "그런데 야당이 너무 심하게 나오는 것 아냐?"라고 이야기했다고 그런다. 삼위일체·오위일체 선거와 겹치는 이야기이지만 공무원

● 영림서는 지방의 산림 행정을 맡았던 부서로 1998년 지방산림관리청으로 이름이 바뀐다. 본래 농림부 산하였는데, 6·8선거 직후인 1967년 8월 산림청 산하로 소속이 바뀌었다.

동원에 대한 다른 기록도 있다.

당시 중앙정보부 요원들이 각지에 파견돼 있었다. 그 사람들이 선거 운동에 나섰는데, 그 과정에서 중앙 관서 사람들 그리고 국영 기업체 임직원 같은 사람들을 계속 만나게 됐다고 한다. 다들 연고지에 가서 공화당 선거 운동을 도우라는 지시를 받고 온 사람들이었다. 그 지시에 따라 내려온 사람들이 지방에서 서로 계속 만나게 된 것이다. 그뿐만 아니라 도지사, 군수, 경찰서장, 세무서장, 농협 조합장, 영림서장까지 공화당 선거 운동을 해야 했다. 세상에나, 농협 조합장까지 끌어내서 여당 선거 운동을 하게 하는 세상이었다.

이 선거에서는 간교한 선거 운동 행태도 눈에 많이 띄었는데, 그런 것들이 신문에 보도되기도 했다. '줬다 뺏기, 상대 진영을 교란하기 위한 인신공격 등의 수법으로 고도로 지능화한 득표 전략을 세워 사실상 선거법을 유명무실하게 하는 경지로 선거 분위기를 몰아넣고 있다. 별의별 간교한 짓을 다 벌이고 있다'고 신문에 보도되고 그랬다. 그런데 전국에서 이런 타락 선거 문제가 제일 심각한 지역으로 집중적으로 주목받고, 최대 열전 지대이자 이상 과열 지구라는 평가를 받은 데가 있었다.

박정희, 김대중 떨어뜨리려
목포에서 임시 국무회의 열고 선심 공약 쏟아내

── 어디인가.

목포였다. 김대중과 체신부 장관을 했던 공화당 후보 김병삼이 맞붙은 지역이다. 박 대통령은 5월 26일 목포에 직접 갔다. 이 선거에서 공화당 후보를 지원하는 첫 번째 유세를 목포에서 했다. 그 전날(25일)에는 목포에서 임시 국무회의라고 불린 회의를 열었다. 장기영 경제기획원 장관 등 지역 개발 사업에 관계된 국무위원들을 불러 "호남 지방 푸대접 인상을 씻어주기 위한 구체적인 방안을 검토하라"고 지시했다. 또한 "목포 부두 정비 사업에 소요되는 2억 1,500만 원 중에서 1억 700만 원을 중앙에서 지원하라", 이렇게 직접 지시했다. 이건 당시 상당히 큰돈이었다.

박정희는 직접 유세에 나섰다. 목포역 앞에 1만 명 정도를 모아놓고 공화당 후보 지지 연설을 했다. 박 대통령은 유세에서 "정국 안정이 필요한데 목포에서는 과거 20년 동안 야당 의원만 되지 않았느냐. 이번만은 여당 의원을 선출해 지역 사회 발전에 성과를 거둘 수 있도록 해주기 바란다"고 역설했다. 공화당 총재이던 박 대통령은 "야당이 '헌법을 개정해 종신 대통령제를 만들 것'이라고 주장하고 있는데", 이때도 이 이야기가 나온 건데, "이번 국회에서 공화당이 다수당이 되더라도 대통령 3선이 금지된 현행 헌법을 개정할 생각이 없다"고 확실하게 강조했다.

신민당은 박 대통령의 목포 유세를 선거법 위반으로 고발하겠다고 나섰다. 목포는 엄청난 열전 지대이자 이상한 과열 지구로 떠올랐다. 실력자들이 대거 출동해서 지원하는 지역이 돼버렸다. 박 대통령은 김형욱 중앙정보부장, 엄민영 내무부 장관, 이후락 비서실장한테 김대중과 김영삼이 출마한 지역을 비롯해 7군데를 정책

이에 더해 박정희 대통령은 국유지인 삼학도의 관리권을 목포에 이관하겠다고 약속하고 영산강 개발 및 각종 공장 건립도 검토하겠다는 등의 선심 공약을 쏟아냈다.

지구로 정해주고, 반드시 떨어뜨리라는 지시를 내렸다고 한다. 그 중에서 특히 한 지역이 격돌의 중심지가 된 것이다.

선거를 이틀 앞두고 목포에서는 신민당 유세장에 모였던 청중이 데모를 했다. 대구에서는 입후보자 초상화 화형식도 벌어졌다. 충남 천안과 보령에서는 선거 운동 차량을 파괴하는 난폭한 사건이 일어났다. 선거 전전날인 6월 6일까지 전국에서 1,318명이 선거법 위반 혐의로 입건되고 그중 14명이 구속됐는데, 입후보자 입건만도 235명이나 돼서 전 출마자의 약 3분의 1을 차지했다. 매수 행위를 한 후보자로 걸려든 자도 110명이나 됐다. 부정 선거범은 6월 7일 오후에 1,643명으로 부쩍 늘어났다. 이전 총선의 5배나 된다고 한 신문은 보도했다. 목포에서는 선거 전날인 이날 밤 김대중 후보 유세가 끝난 뒤 시민들이 거리를 행진했다. 부산의 김영삼 후보 유세장에 모여든 사람들도 마찬가지로 거리를 행진했다.

─── 김대중 등 7명을 찍어서 떨어뜨리라고 한 건 1954년 5·20선거 때 이승만 정권이 조봉암 등에게 취한 조치를 빼닮았다는 생각이 든다. 이승만 정권과 박정희 정권이 각각 사사오입 개헌과 3선 개헌에 필요한 국회 의석을 확보하고자 눈에 불을 켠 시기에 그런 조치를 취했다는 점도 비슷한 것 같다.

1954년 그때는 이승만 쪽에서 3명(조봉암, 신익희, 오위영)을 떨어뜨리라고 한 것으로 나와 있다. 나중에 장면 정부의 실력자가 되는 오위영은 1952년 부산 정치 파동 때 원내 자유당을 이끌며 내각 책임제 개헌에 앞장서면서 이승만을 몹시 괴롭혔다고 이승만 쪽에서 본 사람이다. 조봉암과 신익희의 경우 1956년 대선에 나올 가능성이 높았기 때문에 이승만 쪽에서 그렇게 한 것이다. 자신에게 도전해 정권을 위협하지 못하도록 싹을 잘라버리려 한 것이다.

박정희 쪽에서 1967년에 김대중, 김영삼을 떨어뜨리려 한 것도 이와 비슷한 면이 있다. 그건 1971년 대통령 선거가 될 터인데, 그런데도 박정희는 6·8선거에서 3선 개헌을 하지 않겠다고 다짐했다. 김대중은 당시 똑똑하다는 이야기를 듣고 있었다. '김영삼과 함께 나중에 뭔가 할 인물이다', 이렇게 여기는 분위기가 있었다. 장기 집권을 하려는 사람은 자신의 경쟁자에 대해 굉장히 예민하게 촉각을 곤두세우는 것 같다. 당시 김영삼, 김대중은 똑똑한 인물이라는 평을 들었지만 나이가 어렸다. 그 때문에 보수성이 강한 신민당 내에서건 일반 시민들이건 이들이 차기 대통령 후보가 될 것이라고는 전혀 생각하지 못했다. 그런데 박정희가 우려한 대로 이 두 사람은 나중에 40대 기수론을 들고 전면에 나서지 않나.

— 6·8총선은 1960년 3·15 부정 선거와 더불어 한국 현대사에서 손꼽히는 대표적인 타락 선거다. 6·8 타락 선거의 주역 박정희는 3·15 부정 선거를 어떻게 평가했나.

5·16쿠데타를 일으키기 전 박정희의 행적을 칭찬한 글들은 대개 박정희가 3·15 부정 선거를 규탄했다고 쓰고 있고, 그것에 이어 이승만 정권을 무너뜨리기 위한 쿠데타를 모의했다고 쓴 글도 있다. 5·16쿠데타 전 박정희의 행적은 알려진 것이 별로 없다. 다른 말로 하면, 한국전쟁 이전을 제외하면 전쟁 때나 휴전 협정 체결 이후나 사람들 기억에 남을 만한 일을 한 것이 별로 없기 때문에 '다른 군인에 비해 청렴했다'는 점과 '3·15 부정 선거에 개탄했다'는

점을 얘기한 게 아니었을까 하는 생각이 든다.

나는 6·8 부정 선거 실상을 접하면서 박정희가 3·15 부정 선거에 관해 어떻게 개탄했는지 몹시 궁금해졌다. 박정희가 자신의 본심을 가장 잘 드러낸 저서는, 뒤에서 상세히 살펴보겠지만, 1962년에 출판된《우리 민족의 나갈 길》과 1963년에 나온《국가와 혁명과 나》다. 두 책을 다시 펼쳐봤더니 두 권 다 4·19혁명이 절의 제목으로 돼 있는 곳이 있었다. 다행이다 싶었다. 그런데 막상 그곳을 펼쳐봤더니 3·15 부정 선거 얘기가 없었다.

《우리 민족의 나갈 길》제2장 〈우리 민족의 과거를 반성한다〉의 8절이 '파멸에서 재건에로 - 이조 망국, 6·25, 4·19, 5·16'이다. 그런데 10쪽이나 되는 이 절에서 "한국에는 민주주의가 부적당한 것 같다"는 콜론 보고서(1959년)를 인용한 뒤 "마침내는 4·19의 반독재 학생 혁명을 유발하고 말았다"(126쪽), 이렇게만 얘기했다. 민주주의가 부적절한 나라에서, 민주주의를 직수입해 의회 민주주의를 하다가 실패하고 4·19를 유발했다는 놀라운 주장이 담긴 얘기다.

제4장 〈제2공화국의 카오스〉에도 4·19 얘기가 나오기에 찾아봤다. 4장의 첫 번째 절 제목이 '4·19혁명의 유산流産'인데, 거기에는 이승만 자유당 독재 12년의 실정으로 4·19 학생 혁명이 났다는 말만 있고 3·15 부정 선거에 대한 언급은 없다. 그리고 민주당이 자유당과 "쌍둥아"처럼 닮았다며, 장 제목 그대로 민주당 장면 정부의 제2공화국에 혹독한 비난만 퍼붓는 내용으로 가득 차 있다.

── 《국가와 혁명과 나》에서는 뭐라고 얘기했나.

《국가와 혁명과 나》를 보면, 제1장 〈혁명은 왜 필요하였는가?-

1960년대의 국내 정세〉의 3절이 '4·19혁명의 유산과 민주당 정권'
이다. 그러나 이 절에도 3·15 부정 선거에 대한 언급은 없다. 그런
데 다른 선거에 대해 언급한 곳이 한 군데 있다. 민주당을 비난하면
서 "7·29선거를 당하여는 벌써 부정 선거를 감행하였고, 폭도적 선
거 사범을 비호하였고, 1국의 원수, 총리, 의장의 선출을 당해서는
공공연히 표를 매수하는 만행을 자행하여"(72쪽)라고 썼다.

제2공화국을 출범시킨 1960년 7·29선거는 1950년대의 부정
선거, 더욱이 3·15 부정 선거와 비교하면 월등 깨끗한 선거로 얘
기된다. 1950년 5·30선거 이후 가장 깨끗한 선거였다. 그런데 3·15
부정 선거에 대해서는 언급하지 않고 7·29선거를 규탄 대상으로 삼
은 것이다. 더욱이 양원(민의원, 참의원)에서 이뤄진 대통령(윤보선) 선
거, 민의원에서 행한 총리(장면) 선출과 양원 의장 선거에 대해 터무
니없는 비난을 퍼부었다. 왜 박정희는 3·15선거에 대해서는 비판을
하지 않고, 7·29선거와 민의원·참의원에서 이뤄진 대통령 선거 그
리고 민의원에서 이뤄진 총리 선출, 의장 선거에 대해서 터무니없
는 악선전을 했을까. 나는 여기서도 박정희가 어떤 사람인지 박정희
의 진면목을 잘 들여다볼 수 있다고 생각한다.

총력전 형태로 자행된 6·8 부정 선거와, 3·15 부정 선거에 대
한 언급이 없는 두 주요 저서 사이에 과연 인과 관계가 없을까? 없
을 것 같지 않다. 물론 두 저서에서 박정희는 서구 민주주의, 곧 의
회주의와 정당 정치를 부정적으로 보고 있지만, 그렇다고 하더라도
선거를 시행했으면 페어플레이 정신으로 임해야 하는 것 아닌가.

곳곳에서 투·개표도 부정,
전국 각지에서 분노한 학생 시위

유신 쿠데타의 배경, 네 번째 마당

이승만 집권기 떠오르게 만든
6·8선거 투·개표 부정

김 덕 련 1967년 6·8선거는 1960년 3·15선거와 더불어 아주 잘못된 선거라는 평가를 받고 있다고 이야기했다. 3·15선거 때에는 투표 당일에 어처구니없는 일이 방방곡곡에서 일어났다. 6·8선거 투표일에는 어땠나.

서 중 석 6월 8일 투표에서도 갖가지 사태가 일어났다. 여수, 벌교에서는 유권자들이 단체로 공화당 운동원이나 공무원들에게 여당 후보를 찍은 투표용지를 보여준 다음 투표함에 넣다가 발각됐다. 공개 투표를 하다가 걸린 것이다. 괴한이 투표소에 난입해 야당 참관인을 강제로 밀어낸 다음, 미리 기표해둔 투표용지를 투표함에 무더기로 쏟아 넣는 일도 일어났다. 야당 참관인들이 항의하다가 공화당원들한테 손찌검을 당하고 쫓겨나는 일도 벌어졌다. 상황이 이랬기 때문에 화순·곡성, 아산, 문경, 영등포갑 등 여러 선거구에서는 투표가 진행되는 동안 야당 측에서 선거를 포기하고 참관인이 철수했다.

── 개표 과정은 어떠했나.

개표에서도 문제가 심각했다. 서울 동대문갑 구, 그리고 장준하가 옥중 출마한 동대문을 구에서는 공화당원들이 개표소에 난입해 선관위원과 야당 참관인들이 곤욕을 치렀고, 야당 참관인이 없는 가운데 개표가 진행되기도 했다. 서울 서대문갑 구에서도 공화

1967년 6월 9일 자 동아일보. 6·8총선이 '무법, 폭력에 짓밟힌 공명선거'라고 보도하고 있다.

당원이 난입해 신민당 당원 등 10여 명이 중경상을 입었다. 그런데도 경찰은 구경만 하고 있었다. 인천을 구에서는 개표가 공포 분위기에서 진행되고 있다며 선관위원이 전원 사표를 내고 퇴장했다. 이와 같은 폭력과 개표 중단 사태가 곳곳에서 야기됐다.

이승만·자유당 정권이 1958년 5·2선거에서 했던 악명 높은 개표 부정, 그게 또 나타났다. 야당 후보를 찍은 투표용지를 무효표로 만드는 피아노 표, 빈대 표가 무더기로 나왔다.[•] 경기도 화성군 개표소에서는 개표 종사원들이 야당 후보의 표에 인주를 묻혀 무효로

[•] 피아노 표는 이미 기표가 된 투표지에 손가락으로 주르륵 인주를 묻혀 손도장을 1개 추가하는 것을 말한다. 빈대 표는 개표 종사자가 야당 표에 인주를 묻혀 무효표로 만든 것으로, 빈대 잡기 표로도 불렸다.

유신 쿠데타의 배경

만드는 것에 야당이 항의해 12시간 동안 개표가 중단됐다. 그 뒤에도 화성군 반월면 개표 종사원들이 똑같은 짓을 하다가 야당 항의로 개표가 중단됐다. 전북 무주·진안·장수 지구에서는 개표 결과 투표자가 유권자보다 674명이나 많아서 화제를 모으기도 했다.

투표 다음 날인 9일 아침 김수한 신민당 부대변인은 성명을 내고, 정부·여당의 투·개표 부정을 견디다 못해 14개 지역구에서 신민당 후보들이 선거를 사실상 포기하고 개표 참관인을 철수시켰으며 6개 지역에선 부정 선거 규탄 데모가 벌어졌다고 밝혔다.

— 여러모로 이승만 집권기가 떠오르게 하는 풍경이다. 6·8선거를 다룬 당시 신문 기사들이나 신민당에서 조사해 발표한 《6·8 부정 선거 백서》를 정리한 자료 등을 보면 3·15 부정 선거 때 양상과 겹치는 게 많다. 그만큼 문제투성이였던 6·8선거, 개표 결과는 어떠했나.

개표를 해보니까 전체 의석에서 여당이 차지하는 비중이 유사 이래 가장 높았다. 지역구에서 공화당은 무려 103석, 신민당은 겨우 27석, 대중당은 1석을 확보했다. 전국구에서는 공화당이 27석, 신민당이 17석을 차지했다. 이를 합하면 공화당 130석, 신민당 44석으로 개헌선인 117석보다 무려 13석이나 더 공화당이 얻었다. 그야말로 압승을 거둔 건데, 이건 박정희 정권이 만들어낸 결과였다.●●

●● 3선 개헌을 위해 온갖 무리수를 강행한 결과 공화당은 이 선거에서 전체 의석의 약 4분의 3을 차지했다. 선거 다음 날인 9일, 공화당 의장 김종필이 "이렇게 많은 의석을 차지함으로써 사실상 원내에서 여야 세력 균형이 깨진 건 사실"이라며 적정선을 넘은 과다의석 확보를 우려하는 발언을 할 정도였다.

옥중 출마한 신민당 장준하도 당선됐다. 장준하와 마찬가지로 옥중에서 출마한 대중당 서민호는 선거 운동 기간에 보석으로 풀려났는데, 이 사람은 전남 고흥에서 당선됐다. 14명을 뽑은 서울에서는 야당에서 13명이 당선되고 여당에서는 1명만 당선됐다. 부산에서는 야당이 5명, 여당이 2명 당선됐다. 이렇게 대도시에서는 야당이 압승했다.

6·8 부정 선거에 분노해
거리로 쏟아져 나온 시민·학생

── 선거 운동 기간에 관권과 금권 등이 난무했고 투·개표 과정에서도 여러 사태가 벌어진 만큼 후폭풍이 만만찮았을 것 같다. 어떠했나.

3·15 부정 선거에 버금가는 혼탁한 선거였기 때문에 후유증이 심할 수밖에 없었다. 선거 다음 날인 6월 9일 신민당은 6·8선거를 3·15 정부통령 선거보다 더한 사상 최악의 부정 선거로 규정하고, 민주주의의 장송葬送을 예고하는 것이라고 규탄했다.

9일, 부정 선거에 항의하는 자연 발생적인 시위가 여러 군데에서 일어났다. 충북 청원군에서는 야당 당원들이 "협잡 선거 다시 하자"고 외치며 시위를 벌였다. 전남 곡성과 전북 남원에서도 공개 투표를 규탄하며 야당 당원들이 시위했는데, 남원에서는 시민 1,000여 명이 합세했다. 전남 순천과 승주에서는 "3·15 부정 선거보다 더한 공개 투표를 감행했다"며 개표소에서 참관인을 철수시켰고, 야

6·8 부정 선거를 규탄하며 거리로 나선 시민들.

당 당원 300여 명이 시위했는데 시민 2,000여 명이 그 뒤를 따랐다. 순천에서는 1960년 3월 15일 광주에서 했던 시위와 비슷하게 야당 당원들이 상여를 메고 시위를 벌였다. 경북 안동과 상주, 경기 양평, 경남 남해, 전남 무안 등 여러 지역에서도 수십 명 내지 수백 명의 신민당원과 유권자들이 부정 선거에 항의하는 시위행진을 했다. 연세대 학생들은 총선 무효 결의문을 채택하고 성토대회를 열었다.

10일 신민당 전남도지부는 광주갑 구, 목포, 고흥 등을 제외한 16개 선거구에 대해 선거 및 당선 무효를 선언하고, 법원에 투표용지 보전 신청을 냈다. 신민당 전북도지부는 이날 '6·8 무법 선거 무효화 전북투쟁위원회'를 조직했다. 중·고등학생도, 그것도 지방 중·고등학생들이 시위를 벌였다. 보성에서는 신민당원들이 시작한 시위에 보성중·고등학생 1,000여 명이 가담하면서 시위 규모가 커졌다. 목포, 광주, 제주에서도 신민당원들이 시위를 벌였다.

11일 밤 군산에서 대규모 시위가 벌어졌다. 신민당원 20여 명이 시위를 벌이자 3,000명이 넘는 시민이 여기에 합세해 당사 주변

1967년 6월 12일 서울대생들의 시위 모습. 이날
서울대 학생들은 성토대회를 연 후 교문 안팎에서
격렬한 시위를 벌였다. 사진 출처: 오픈아카이브

6·8 부정 선거 규탄 시위를 진압하는 전경들과
이를 피해 달아나는 시위대의 모습.
사진 출처: 오픈아카이브

네 번째 마당

에서 1시간 동안 시위를 했다. 시위대는 경찰과도 충돌했다. 이날 춘천에서는 개신교 교역자 20명과 신자 200여 명이 '6·8 부정 선거 규탄 춘천 기독인 궐기 대회'를 열었다. 화성에서는 신민당원 200여 명이 낮의 시위에 이어 저녁부터 밤 11시 반까지 시위를 했다.

12일 신민당은 "선거의 이름을 빌린, 박정희 씨에 의한 제2쿠데타며 전면적인 부정 선거"라고 6·8선거를 규정하고, 당선자건 낙선자건 간에 국회의원 선거 재실시를 요구했다. 또한 장관급 이상, 공화당 중진급의 부정 선거 원흉들을 구속하고 부정 선거에 현저하게 가담한 지사, 시장, 군수, 경찰서장, 교육장 등을 구속 처단하라고 목소리를 높였다. 이날 광주, 대구, 울산, 충무, 보성, 영천, 장흥, 양평, 수원, 평택, 부산 등 여러 지역에서 신민당원들이 시위를 했다. 중앙당 차원에서도 유진오 당수와 당선자 44명, 그리고 당원들이 신민당사에서 광화문 중앙청까지 시위를 했다.

— 대학가 분위기는 어떠했나.

규모가 큰 시위는 학생들이 벌였다. 1965년 한일협정 반대 데모 이래 최대 규모의 시위가 벌어지게 된다. 12일 서울대 법대생 500여 명이 긴급 학생 총회를 열고, "공무원을 사병화하고 국민을 매수, 사기, 협박, 기만함으로써 이루어진 6·8총선은 금력, 타락, 사기, 폭력, 부정, 관제 선거"라며 이 선거를 우발적·국부적이 아닌 전반적·조직적·계획적·지능적 부정 선거로 규정했다. 그러고는 시위에 나섰는데, 경찰과 충돌해 165명이 연행됐다. 그러자 이날 오후 서울대에서는 법대에서 긴급 학장 회의를 소집, 13일부터 17일까지 5일간 11개 단과대를 임시 휴업키로 결정했다.

시위는 13일부터 대학가에서 빠른 속도로 확산됐다. 이날 서울대 학생들은 교문이 굳게 닫힌 문리대 정문 앞에서 부정 선거를 규탄하다가 교문을 넘어 들어가 "부정 선거가 근대화냐. 6·8선거는 무효다"라고 외치며 성토대회를 연 후 교문 안팎에서 격렬한 시위를 벌였다. 내가 최초로 참여한 시위이기도 한데, 이현배라는 사학과 선배가 정문 앞에서 앞장서서 시작했고 나중에 규모가 300여 명으로 늘어났다. 서울대 상대와 사범대, 농대, 공대, 미대에서도 이날 규모가 큰 시위가 벌어졌다.

고려대에서는 무려 3,000여 명의 학생이 참여한 가운데 부정 선거 규탄 대회가 열렸다. 그러고는 교문으로 진출했다. 연세대에서도 이날 2,000여 명이 규탄 대회를 열었고, 그 후 500여 명이 신촌으로 진출해 시위를 했다. 성균관대, 건국대, 경희대, 전남대 학생들도 성토대회를 열거나 시위를 했다. 중·고등학생들도 성토와 시위에 나섰다. 서울 대광고 학생 1,000여 명은 성토대회를 열었고 보성 예당중·고 학생들은 부정 선거 규탄 데모를 벌였다. 서울대 문리대 교정에서는 문리대·법대·상대 학생들이 이날 밤 '망국 투표함 소각식'을 열고 선거의 공명성을 사수하자고 호소했다.

14일 시위는 더 널리 확산된다. 동국대생 1,500여 명이 성토대회와 시위를 하면서 경찰과 충돌했고, 경희대생 1,000여 명도 고려대생 600여 명과 합류해 경찰과 격렬한 투석전을 벌였다. 연세대생 3,000여 명은 이화여대 입구까지 진출하면서 경찰과 싸웠다. 연세대생 시위에서는 학생 5명이 다치고 220명이 연행됐다. 같은 날 한양대(1,700여 명), 중앙대(1,500여 명), 부산대(1,000여 명), 건국대, 경북대, 대구대, 서강대, 홍익대, 인하공대, 외국어대, 숭실대, 한신대 학생들도 시위를 하거나 성토대회를 열었다. 이날 서울대에 이어 서울 시내 주요 대학 9개 교와 부산대 등이 임시 휴교에 들어갔고, 서울시 중·고교 휴교는 교장에게 맡겼다.

이미 많은 학교에 휴교령을 내린 상태였지만 6월 15일에도 학생들은 거리로 나왔다. 연세대, 고려대, 광운공대, 외국어대, 가톨릭의대, 건국대, 이화여대, 홍익대, 동국대, 단국대, 숙명여대, 충남대, 경북대, 대구대, 대한예수교장로회신학교, 동아대 학생들이 가두시위나 성토대회를 했을 뿐만 아니라 고등학교에서도 많이 나왔다.

이날 전국에서 28개 대학, 129개 고교가 휴업에 들어갔다. 엄청나게 많은 고교가 휴업에 돌입한 것이다. 그렇지만 여러 대학에서 학생들이 농성을 하거나 시위를 벌였다. 17일에는 연세대 의대생들이 세브란스병원 앞에서 '6·8 악성 종양 절제 화형식'을 거행하기도 했다. 서울대의 경우 6월 17일까지 휴교했는데, 시위가 끊이지 않자 19일 또다시 휴교에 들어갔다. 대학생들과 중·고등학생들의 시위는 6월 하순까지 계속됐다. 그러다가 7월에 가서는 아예 조기 방학에 들어가는 사태를 맞이하게 된다.

4월혁명 때 못지않게 많았던 고교생 시위, 휴교와 조기 방학에도 시위는 계속됐다

── 1960년 4월혁명 당시 용감하게 교문 밖으로 나섰던 고등학생들이 1967년에도 거리에 나와 시위를 했다는 것이 눈에 들어온다. 1967년 이때 고교생 시위 상황은 어떠했나.

망국적 타락·부정 선거로 전국이 들끓었다. 이 시기에 고등

유신 쿠데타의 배경

학생들도 6·8 부정 선거 규탄 시위에 적극적으로 나섰다. 6월 13일 대광고 학생 1,000여 명이 시위를 벌이는 등 전국의 많은 남녀 중·고등학생들이 거리에 나섰다. 그 시절, 대광고는 데모를 무척 잘하는 곳이었다. 고등학생들이 시위를 많이 한 4월혁명 때에도 서울에서는 대광고와 동성고가 잘 싸웠다.

고등학생 시위는 계속 번졌다. 성남고, 중앙고, 보성고, 중동고, 서울공고 학생들이 14일에 시위를 했고 성동여자실업고 학생들은 규탄 대회를 열었다. 학교별로 1,000여 명 또는 수백 명씩 거리에 나왔다. 15일에도 중앙고, 서울상고, 경희고, 동성고, 양정고, 용산공고, 대동상고, 서울상고, 서대문상고, 덕수상고, 배재고, 균명고 등 서울의 남녀 고등학교에서 많은 학생들이 나왔고 청주 세광고 학생들도 시위를 벌였다. 일부 고등학생들은 공화당사, 국회 의사당, 중앙청 부근까지 진출해 경찰과 투석전을 벌였다.

16일에는 경기고, 휘문고, 중앙고 학생들이 연합 시위를 전개했다. 마포고, 수도공고, 동도공고 학생들은 공덕동에서 합동 데모를 벌였다. 청량리종합고, 배재고, 동대문상고, 성북고, 고명상고, 서라벌고, 백제고, 삼선고, 한성고, 경동고, 광운전자공고, 서울북공고, 인창고에서도 학생들이 가두시위에 나섰다.

이날 서울뿐만 아니라 부산에서도 고등학생들이 부정 선거 규탄 시위를 벌였다. 동래고, 원예고, 브니엘고, 경남상고 학생 등이 시위를 했는데 특히 동래고 학생 1,500여 명은 경찰 저지선을 돌파하고 가두시위를 맹렬하게 벌였다. 대구 중앙상고, 송탄 효명중·고 학생들도 나왔다. 대광고, 동성고와 마찬가지로 동래고도 4월혁명 때 규모가 큰 시위를 한 학교다. 17일에도 동래고, 부산상고, 부산고, 경남공고, 부산공고 학생들이 시위를 했다. 4월혁명 때 부산에서 고등학생들이 시위를 많이 했는데, 1967년 이때도 시위를 적극적으로 벌였다. 경북 김천중·고 학생 2000여 명도 '부정 공무원 즉각 심판하라' 등의 플래카드를 들고 시위를 벌였다.

고교생들의 대규모 시위는 4월혁명 이후 처음 있는 일이었다. 4월혁명 시기 못지않게 많은 고교에서 나왔다. 한일 회담 반대 데모, 한일협정 비준 반대 데모에도 많은 고교생들이 나섰지만 6·8 부정 선거 규탄 대회처럼 많은 학교에서 나오지는 않았다. 전국 각지에서 데모가 있었다. 망국적인 타락 선거를 자신들이 살고 학교에 다니는 곳에서 직접 목도했기 때문에 분노도 그만큼 컸을 것이다.

이렇게 고등학생들이 시위를 많이 하자, 고등학교에도 휴업령이 떨어졌다. 6월 17일까지 휴교에 들어간 전국의 고등학교가 150개에 이르렀다. 경북과 전남에서는 농번기에 일손을 돕는다는 명목으로 휴업을 하기도 했다.

그러나 6월 17일 이후에도 고교생들의 시위는 계속됐다. 19일에도 부산 배정고, 원주고, 원주농고, 경주고 학생들이 시위를 벌였고 남제주군 대정고 학생들은 시위를 벌이며 대정지서 창문을 부수기도 했다.

── 6월 20일 이후 시위 상황은 어떠했나.

6월 21일 서울대, 고려대, 연세대, 성균관대, 건국대 등 5개 대학 학생 대표들이 '부정부패 일소 전국 학생 투쟁 위원회'를 구성하고, 이때까지 산발적으로 벌여온 6·8 부정 선거 무효화 투쟁을 범대학, 범국민 운동으로 펼치겠다는 뜻을 밝혔다. 휴교령이 내렸지만 27일에는 경희대 학생들이, 29일에는 연세대와 중앙대 학생들이 성토대회와 시위를 했다. 30일에는 성균관대와 고려대 학생들이 궐기 대회라든가 시위를 했다. 7월 3일에는 서울대를 비롯한 일부 학교를 빼놓고 대부분 휴업이 해제되긴 했지만, 학생들은 기말 시험 일정을 거부했다. 그러고는 성토대회와 시위에 나섰다. 이날 중앙대생 4,000여 명, 연세대생 3,000여 명, 경희대생 2,500여 명, 고려대생 2,000여 명, 동국대생 1,000여 명, 숭실대생 600여 명이 성토대회를 하고 시위를 벌였다. 이들뿐만 아니라 서울 지역의 다른 여러 대학 학생들과 충북대 학생들도 성토대회를 하거나 시위를 벌였다.

휴업을 풀자 이렇게 시위가 크게 일어나니까, 20개 대학이 서울대처럼 조기 방학에 들어가게 된다. 그렇지만 학생들은 계속 거리로 나왔다. 7월 4일에도 고려대생 3,000여 명이 시위를 했고, 연세대생 1,500여 명은 아현동 로터리까지 진출해 경찰과 충돌했다. 경희대, 충북대, 충남대, 제주대 학생들도 데모를 계속 벌였다. 7월 5일에는 부산대생과 원광대생, 6일에는 경북대생, 7일에는 공주사대생들이 시위나 규탄 대회, 농성을 했다.

그런데 바로 다음 날인 7월 8일 동백림 사건이 발표됐다. 동백림 사건은 이때부터 며칠씩 간격을 두고 7차례나 발표됐다. 당국은 7월 8일에 1차, 11일에 2차, 12일에 3차 발표를 하는 식으로 여러 차례로 나눠서 발표했다.

동백림 사건 터트리고 일부 당선자 제명,
그러나 분노한 민심을 가라앉힐 수는 없었다

── 왜 그런 식으로 발표한 것인가.

그런 식으로 나눠서, 띄엄띄엄, 여러 차례 발표한 데에는 이유가 있었다. 대규모 간첩단 사건이 터졌다고 여러 차례 발표함으로써 시위대에 압력을 넣고, 국민들의 관심을 6·8 부정 선거 규탄 시위에서 다른 쪽으로 돌리기 위한 것이었다.

1965년 이후 최대 규모의 시위가 이렇게 각처에서 벌어지고 부정 선거 파문이 굉장히 커지자, 박정희 정권은 대책을 강구하지 않을 수 없었다. 공화당은 화성 지역 당선자인 권오석을 제명한 데 이어 6월 14일에는 청와대 비서관 출신으로 보성에서 당선된 양달승도 제명했다. 선거 부정을 너무나 눈에 띄게 했다가 그렇게 된 것인데, 이 두 사람은 제명 직후 구속됐다. 6월 16일 박정희 대통령은 화성, 보성 지역 외에도 평택, 군산·옥구, 영천, 고창, 서천·보령, 화순·곡성의 지역구 당선자를 공화당에서 제명하도록 지시했다.

── 효과가 있었나.

그 정도 조치로는 분노한 민심을 가라앉힐 수 없었다. 앞에서 살펴본 것처럼, 6·8 부정 선거를 규탄하는 시위는 6월 16일 이후에도 계속됐다. 7월 1일 대통령 취임식이 있었지만 국회는 계속 공전했고 시위는 시위대로 치열하게 전개됐다. 그런 상태에서 공화당은 공화당에서 제명된 무소속 의원까지 참석하도록 해서 국회 개원식

1967년 7월 1일 제6대 박정희 대통령 취임 경축 시가행진 모습. 7월 1일 대통령 취임식이 있었지만 국회는 계속 공전했고 시위는 시위대로 치열하게 전개됐다. 사진 출처: e영상역사관

을 가졌다. 그러나 신민당에서는 전면 재선거 실시를 거듭 주장하고, 의원 등록을 계속 거부하겠다고 밝혔다.

방학이 끝나자 대학가에서는 8월 21일 서울대 문리대와 법대에서, 다음 날에는 상대에서 학생들이 모여 부정 선거를 규탄했다. 9월 11일에는 서울대 상대에서 다시 시위가 벌어졌는데, 6·8선거 규탄 데모가 시작된 후 처음으로 이 시위로 인해 서울대 상대에서 제적생이 나왔다. 김근태가 이 상대 시위를 주도했던 것으로 기억한다.* 이처럼 9월 11일에 시위가 일어나긴 했지만, 2학기에 시위가 더 이상 커지지는 못했다.

그리고 정기 국회가 9월에 열렸는데 계속 공전을 거듭할 수밖에 없었다. 9월 하순에 공화당은 4명의 의원을 다시 제명했다. 그런데 10월 3일 공화당 전국구 의원으로 당선된 이동원 등 4명이 제명을 자청하는 희한한 사건이 일어났다.

6·8 타락 선거 후유증으로
국회는 반년 넘게 공전

── 왜 그런 일이 생긴 것인가.

왜 이렇게 됐느냐 하면, 이미 제명된 9명이 있는데 거기에다 4명을 더해 13명으로 무소속 원내 교섭 단체를 만들려 한 것이다. 그런 식으로 공화당 단독 국회가 아닌 것처럼 해서 국회를 열려는 꼼수를 쓴 것이다. 인원은 나중에 12명으로 조정됐는데, 이 사람들은 10·5구락부라는 교섭 단체를 구성해서 공화당의 우군이 됐고 3선 개헌에도 적극 참여한다.••

공화당은 10월에 10·5구락부를 끼고서 국회 운영이라는 걸 한다고 했지만, 이게 제대로 될 리 없었고 여론의 시선이 몹시 따가웠다. 그러면서 공화당과 야당의 고위 간부들끼리 회의를 열고, 11

• 김근태는 6·8 부정 선거에 항의하는 시위에 앞장서다가 제적된 후 군대에 강제로 끌려간다.
•• 공화당 단독 국회를 위한 들러리 아니냐는 비판을 받으며 탄생한 10·5구락부는 출범 직후부터 대표 선출, 상임위 배정을 놓고 불협화음을 빚어 관심을 모았다. 자청 제명파와 징계파로 갈려 대표 선출을 놓고 이전투구를 하는 웃지 못할 장면도 나타났다.

월 6일에는 여야 전권 대표가 모여 시국 수습 여야 대표자 회의라는 걸 열었다. 그래서 결국 11월 19일과 20일, 이틀 동안 이 대표자 회의에서는 의정서라는 것을 기초했다. 합의 사항은 6·8선거를 시정하기 위해 강제 수사권을 가진 특별조사위원회를 새로운 법에 따라 구성하고, 경찰관을 비롯한 공무원의 선거 관여를 금지하며, 부정 재발을 막는 제도적 보장을 강구하기 위한 국회 특위를 구성한다는 것이었다. 그러면서 11월 29일 신민당 소속 의원들이 의원 선서를 했다. 그제야 국회에 들어온 것이다. 12월 1일 국회 본회의에서는 여야 대표자 회의에서 통과시킨 합의 의정서에 관한 결의안을 이의 없이 통과됐다.

그런데 바로 공화당 내에서 '이 의정서는 위헌이다'라는 위헌론이 제기됐다. '선거 부정 조사 국회 특별조사위원회를 둔다'고 한 부분에서 강제 수사권과 의원 자격 심사 규정이 위헌이라는 것이 이 주장의 핵심이다. 정구영도 이건 위헌이라고 주장했더라. 이 문제하고 예산안 심의 때문에 12월 하순에 국회 운영은 다시 마비됐다. 1967년이 끝나가던 12월 28일 오전 1시 8분, 공화당은 새해 예산안을 단 3분 만에 벼락 치듯이 전격적으로 통과시켰다. 이렇게 변칙 통과를 밀어붙이는 과정에서 공화당 의원들은 야당 의원들과 육박전을 벌였다.

— 6·8 타락 선거 후유증으로 국회가 반년 넘게 공친 셈 아닌가.

6·8선거 후 1967년 연말까지 국회는 계속 공전하면서 국회의 일을 하지 못했다. 그러다가 1968년에 가면, 지난번에 이야기한 1·21 청와대 기습 사건이, 그 이틀 후에는 푸에블로호 사건이 연달

아 일어나고 베트남 구정 공세도 전개되고 하면서 국회가 열리게 된다. 그러나 1968년에도 계속 여야 합의 의정서를 놓고 논란을 벌였다.

의정서가 조인된 지 1년이 넘은 1968년 12월에 들어서서 선거법, 정당법, 정치 자금에 대한 법 개정안, 선거관리위원회법 개정안 등 법률 개정안과 16개 의원 선거구가 증설된 보장 입법에 대해 여야 대표자 회의에서 합의한다. 그런데 12월 16일 국회의원 선거법에서 특히 '지방 사업을 공약할 수 없다', 이것에 대해 여당 의원들이 또 반발한다. 제일 문제가 됐던 선심 공약 관련 부분인데, 이것을 여당 의원들이 문제 삼으면서 결국 '지방 사업 공약은 합동 연설회, 개인 연설회 같은 걸 통해서만 할 수 있고 벽보, 방송을 통해서는 할 수 없다'는 방식으로 합의를 보게 된다.

한국이 낳은 예술 거장들을
고문실로 보낸 동백림 사건

유신 쿠데타의 배경, 다섯 번째 마당

김 덕 련 6·8 부정 선거를 규탄하는 시위가 한창이던 1967년 7월 8일 동백림 사건이 터졌다. 동백림 사건, 어떤 사건이었나.

서 중 석 7월 8일 중앙정보부는 동독에 속한 동베를린(동백림)을 거점으로 삼아 북괴를 드나들면서 간첩 활동을 한 학계·문화계 인사, 언론인, 공무원을 중심으로 한 대규모 간첩단 사건이 적발됐다고 발표했다. 이게 동백림 사건이다. 서독이나 프랑스에 유학했던 학계·문화계 인사, 언론인, 공무원 등 한국에서는 엘리트층이라고 할 만한 사람들이 동베를린의 북괴 대남 공작 거점을 통해 북괴와 접선하고 평양까지 드나들면서 북괴의 지령을 받아 대한민국의 적화를 꾀했다는 것이다.

　　여기에 유명한 사람이 많이 끼어 있었다. 그뿐 아니라 7월 11일 제2차 발표 때 중앙정보부는 민족주의비교연구회(민비연) 지도 교수였던 서울대 황성모 교수, 그리고 민비연 초대 회장 이종률, 2대 회장 김중태, 3대 회장 현승일, 회원이던 김도현, 5대 회장 박지동, 초대 총무 박범진, 나중에 다들 국회의원을 하거나 유명한 인물이 되는데 이 사람들이 황 교수 주도로 정부 전복을 꾀했다고 공표했다. '황 교수는 1950년대 말 독일에 유학했을 때 북괴에 포섭됐고, 귀국 후에는 민비연 지도 교수가 돼 학생 시위를 선동했는데 그 배후가 북한이다', 이렇게 각본을 짠 것이다. 여기서 말하는 학생 시위는 1964년 3월 24일부터 6월 3일까지 있었던 한일 회담 반대 시위를 주로 가리킨다. 이게 유명한 제3차 민비연 사건이다.

──　북한과 접촉했다는 부분이 사실이어서인지 아직까지도 동백림 하면 간첩을 떠올리는 이들이 적지 않은 것 같다. 중앙정보부

'동백림 사건'을 보도하고 있는 1967년 7월 8일 자 경향신문. 7월 8일 중앙정보부는 동베를린(동백림)을 거점으로 삼아 북괴를 드나들면서 간첩 활동을 한 학계·문화계 인사, 언론인, 공무원을 중심으로 한 대규모 간첩단 사건이 적발됐다고 발표했다.

발표대로 이들은 간첩이었나?

간첩단 사건이라고 신문에서 아주 크게 보도했고 중앙정보부에서도 간첩이라고 하고 그랬는데, 동백림 사건에 관련된 사람이 아주 많다. 그렇지만 간첩 활동을 했다고 볼 수 있는 사람은 거의 없다. 개별적으로 따져 봐도 간첩 활동을 한 사람은 거의 없다. 북한에 갔다 온 사람들이 있는 건 사실이지만 그건 간첩 활동과는 다른 것이다. 기본적으로 간첩 활동은 남한에 와서 해야 하는 건데, 이 사람들 중 주요 인물들은 대부분 유럽에 있었다. 서로 잘 몰랐고 대개는 만나지도 않았다. 유럽에서 간첩 활동이라고 할 만한 것은 거의 없었다. 그뿐 아니라 간첩단이라고 하면 같이, 공동으로 뭔가를 모의해서 한 것을 가리키는데 이 사람들은 공동으로, 같이 뭔가를 한 게 없다. 개인적으로 동베를린에서 돈을 받거나 한 건 있어도, 그리고 평양에 갔다 온 건 있어도 몇 사람이 모여서 같이 무언가를 한 건 아무것도 없었다.

독일에서 활동하던 유명한 음악가 윤이상 부부와 프랑스에서 활동하던 이응로 화백 부부도 혐의자로 발표됐다. 그 이외에 천상병 시인도 있는데, 이 사람은 간첩 불고지 혐의로 기소됐다. 이 사건은 특히 체포 과정에서 문제가 많았다.

'청와대 친서' 거짓말에 속아
고문실에 대롱대롱 매달린 세계적인 음악가

— 체포 과정은 어떠했나.

체포가 아주 극적으로 이뤄진 경우가 많고, 당사자를 속여 끌고 온 경우도 적지 않다. 이러한 체포 과정이 크게 논란이 됐다. 6월 20일 이후 해외에서 붙잡혀 온 사람이 서독에서 16명, 프랑스에서 8명, 미국에서 3명, 영국에서 2명, 오스트리아에서 1명 등 무려 30명이나 됐다. 당시 해외에서 활동하고 있던 한국 지식인, 문화인 가운데 일류급이라는 이야기를 들을 수 있었던 사람들 중 상당수가 동베를린 사건으로 체포됐다고 볼 수 있다.

체포 과정을 보면 최덕신 서독 주재 대사도 모르게 작전이 시작된 것으로 나와 있다. 윤이상의 경우 '박 대통령의 친서를 가져왔다. 8·15 행사에 당신이 초대받았다'는 말에 속아서 오게 됐다. 윤이상, 이응로 모두 이런 방식이었다. 특정 장소로 오라는 모 기관의 말에 속아서 갔다가, 그곳에서 서독 본 주재 한국 대사관까지 강제로 납치된 경우도 있다. 상당수는 기관원과 같이 가는 것에 응하지 않는다면 여권이나 대한민국 시민권을 뺏길 것이라는 압박을 받고 응했고, 또 한국의 가족이 당할 피해 같은 것 때문에 응하고 그랬다.

천상병 시인, 이 양반은 이 사건으로 몸이 더 나빠져서 기이한 행동을 하게 된다. 그런 기이한 행동이 몹시 안타까운 모습으로 여러 군데에서 비치고 그랬다. 이 사람은 중앙정보부에서 '베를린 유학생 친구와 어떤 관계인지 자백하라'는 요구를 받으며 3번이나 전기 고문을 당했다. 몇 번이나 까무러치고 그랬다. 그래서 이 사건으로 잡혀간 지 6개월 만에 나온 후에도 행려병자로 분류돼 서울시립 정신병원에 오랫동안 입원해 있었다. 행려병자 비슷한 취급을 오래 받았다. 내가 《신동아》에 있을 때 소설가인 《신동아》 부장하고 천 시인이 친구였는데, 천 시인이 다리를 비틀며 회사에 찾아와 애들이 부르듯이 친구 이름을 이상한 음성으로 크게 부르면서 소리를 지르고 그러던 모습이 기억난다.●

─── 천상병 시인뿐만 아니라 이 사건에 휘말린 다른 사람들도 극심한 고통을 겪었을 것임은 불을 보듯 뻔한 일이다. 이들은 어떤 고문을 당했나.

● 천상병 시인이 행려병자로 분류돼 병원에 있을 때, 그 사실을 알지 못했던 지인들은 천 시인이 어딘가에서 쓰러져 세상을 떠난 것 아닌가 하는 걱정을 했다. 시간이 더 지나도 모습을 보이지 않자, 지인들은 천상병 유고 시집을 발간한다. 그런데 얼마 후 천 시인은 병원에서 나와 많은 사람을 놀라게 했다. 시인이 살아 있는 동안 유고 시집이 나온 특이한 사례다. 그렇게 해서 첫 번째 시집을 낸 천상병은 고문과 가난으로 고통받았음에도 삶을 "아름다운 이 세상 소풍"으로 표현한 〈귀천〉을 비롯해 많은 사람에게 감동을 준 시를 남기고 1993년 세상을 떠났다.

동백림 사건으로 법정에 나온 윤이상의 모습(맨
왼쪽). 당시 윤이상은 매타작, 물고문 등 무척 심한
고문을 당하며 몇 번이나 정신을 잃기도 했다.
사진 출처: 오픈아카이브

유신 쿠데타의 배경

잡혀 온 사람들은 고문을 많이 당했다. 대표적으로 음악가 윤이상이 당한 경우를 한 번 보자. 6월 17일 낯선 사람이 윤이상에게 전화를 해서 "저는 박정희 대통령의 개인 비서입니다. 대통령께서 보낸 친서를 전달해야 하니 이 호텔로 나와주십시오"라고 말했다. 그래서 거기에 가니까, '본국 대사관에 같이 가자'고 하면서 윤이상을 끌고 간 것이다.

윤이상은 심한 고문을 당했다. 처음에는 윤이상이 시멘트 바닥에 엉덩이를 붙이고 앉았는데, 기관원은 윤이상의 허리 쪽을 발로 차고 무릎과 정강이를 밟아 뭉개면서 무릎을 꿇게 하고 그러면서 계속 고문했다. "너는 북조선의 간첩이야. 너는 공산주의자이며 노동당원이야"라며 윤이상한테 이 내용을 쓰라고 강요했다. 모서리가 뾰족하고 두꺼운 각목으로 윤이상의 엉덩이와 허벅지를 마구 때려 쓰러뜨렸다. 이런 매타작이 계속됐다. 그뿐만 아니라 1미터 정도 되는 높이의 통나무에 윤이상을 매달고, 팔다리를 둥글고 긴 나무에 묶은 다음 얼굴에 젖은 천을 씌웠다. 물이 가득 든 주전자의 물을 천 위에 막 부어대면 천이 입과 코에 달라붙어서 숨쉬기도 어렵고 기절하게 되는데, 이런 물고문으로 윤이상은 몇 번이나 정신을 잃었다. 그런 후에는 다시 결박을 풀어서 바닥에 눕힌 다음 의사가 주사를 놓아 깨어나면 또 매달아서 물고문을 계속했다고 한다.

이에 대해 윤이상은 어린 시절 고향 통영의 어른들이 송아지나 돼지를 잡던 모습 그대로 자신이 통나무에 매달린 모습이었다며 쓴웃음을 지었다. 주사를 7번 정도 놓은 뒤 고문자들은 윤이상을 잠시 쉬게 한 후 계속해서 자기들이 쓰라는 대로 진술서를 쓰라고 강요했다.

서독 정부, 피의자 16명 전원 귀환 요구

── 동백림 사건은 국제적으로도 파장을 불러일으키지 않았나.

이 사건이 국제적인 사안으로까지 크게 확대된 건 체포 과정 때문에도 그렇게 됐지만 외교 문제가 크게 일어났기 때문이다. 당시 한국은 서독과 차관 문제라든가 광부와 간호사 문제 등 여러 사안 때문에 좋은 관계를 맺어야 했는데, 서독 정부가 서독에서 붙잡아 간 사람 16명 전원 귀환을 요구하면서 외교 문제로 번졌다. 자국 영토에서 십여 명을 그런 식으로 끌고 간 것을 주권 침해로 볼 수 있는 부분도 있었지만, 서독 지식인들이 특히 윤이상 문제로 들고 일어나 외무성에 강력히 항의한 점도 작용해 서독 정부에서 그렇게 요구했다.

1심 재판은 1967년 12월에 열렸다. 피고인 34명 전원에게 유죄 판결을 내렸다. 정치학 박사로 외국어대 강사였던 조영수와 프랑크푸르트대학 이론물리학 연구원 정규명에게는 사형, 윤이상, 경북대 조교수 정하룡 등 4명에게는 무기 징역 등의 형을 선고했다. 방청석이 100여 명의 국내외 기자로 붐볐는데 그중 20여 명은 외국 기자였다. 내 제자 이정민이 석사 논문에서 이 부분을 상세히 다뤘는데, 공판이 정말 공정하게 진행되는가를 보기 위해 독일에서 대학 교수와 정부 대표 등 10여 명의 외국인도 내한해 재판을 참관했다.

1심이 끝났을 때 서독 정부는 공정한 재판과 감형을 요구했다. 그리고 사형 선고를 받은 정규명의 사형을 집행해서는 안 된다고 요구했다. 그러면서 서독에서 붙잡아 간 피의자 전원 송환을 거듭 요구했다. 1968년 4월에 선고된 2심 판결에서 윤이상은 무기 징역에서 징역 15년형으로 감형됐다. 다른 피고들은 대개 1심과 비슷한 형을 받았다. 그런데 대법원에서 참으로 대단한 판결을 하게 된다.

용기 있는 대법원 판결 비난한 괴벽보 소동

── 대법원은 어떤 판결을 내렸나.

1968년 7월 30일 대법원 형사 3부는 정규명 등 중형을 받은 12명에 대해, 여기에는 윤이상도 포함되는데, "원심이 간첩죄와 잠입죄를 적용한 것은 법 적용의 잘못이며 증거 없이 사실을 인정, 중형을 선고하는 등 양형 부당의 잘못이 있다"고 판시해 서울고법에 환송했다. 당연한 판결이었지만 당시 상황에서는 용기 있는, 훌륭한 판결이었다.

이런 판결이 나오자 대법원 판결을 심하게 비난하는 벽보, 삐라 같은 게 서울 시내 여러 군데에 등장했다. 애국시민회라는 이름으로 동백림 사건을 심리한 대법원 판사들을 겨냥해 "김일성의 앞잡이 김치걸·주운화 판사 등을 처단하라", "북괴의 복마전인 사법부를 갈아내자", "합법이란 미명 아래 북괴 장단에 춤추는 빨갱이를 잡아내자" 등 격렬한 내용을 담은 벽보를 국회 의사당, 정동 대법원 입구 등 여러 곳에 붙였다. 또 조성기 판사, 이 사람은 대법원 판사는 아니고 서울형사지법 판사로 동백림 사건을 맡은 사람인데, 이 조성기 판사에게 그런 내용의 벽보, 이걸 격문이라고 하는데, 그리고 삐라가 등기 우편으로 송달됐다. 이런 괴벽보 사건이 있은 후에도 신민당이나 몇몇 일간지에 괴편지가 전달되기도 했다. 이것에 대해 10·5구락부의 김익준 의원이 한 발언도 문제가 됐다.

── 김익준은 괴벽보에 대해 뭐라고 말했나.

1967년 6·8 부정 선거 후 공화당 전국구 의원으로 당선된 이동원 등 4명이 제명을 자청하는 이상한 일이 일어났다고 지난번에 얘기하지 않았나. 김익준은 그 네 명 중 한 사람인데, 괴벽보에 대해 이 사람이 "반공정신에 입각한 정의의 포스터다"라고 발언해 말썽을 일으켰다.°

동백림 사건을 심의한 대법원의 최윤모 판사는 건강과 경제 사정 등을 이유로 사표를 제출했다.°° 놀라운 일은, 이런 괴벽보 사건은 전에도 있던 일이지만 언론 쪽에서도 대법원 판결에 호의적이지 않았다는 것이다. 지금 생각해보면 대단히 용기 있는, 놀라운, 훌륭한 판결이라고 썼어야 했을 터인데 그때는 언론에서 그렇게 평가하지 않았다.

── 언론과 수사 당국은 대법원 판결에 어떤 반응을 보였나.

물론 검찰과 중앙정보부는 대법원 판결이 공산당에 맞서 싸우는 자신들의 임무를 약화시키는 것이라고 불만을 표시했다. 이 사

° 이때 김익준은 "(동백림 사건) 관련 피고는 재판 여부 없이 총살해야 한다", "대법원 판사는 김일성이가 임명했느냐 대한민국이 임명했느냐 할 적에 답변할 자료가 없다고 본다"는 무지막지한 주장도 했다.

°° 최 판사의 사표는 법조계는 물론 일반인들에게도 충격으로 다가갔다. 임기가 5년 7개월이나 남았는데, 동백림 사건 판결 후 갑자기 사표를 냈기 때문이다.

람들로서는 당연한 반응이라고 할 수도 있다. 괴벽보에 대해 야당이 관계 장관을 불러 배후 관계를 추궁하면서 범인 색출을 독촉했으나, 범인은 끝내 잡히지 않았다.

동아일보, 경향신문 등 주요 신문들은 사설을 통해 '피고들은 간첩 조항이 없이는 적절한 처벌이 불가능한데 대법원이 간첩 개념을 너무 좁게 해석하고 있다. 만일 대법원의 법 해석이 사법적으로 옳다면 남한의 안보를 보장하고 있는 법령들을 고쳐야 하기 때문에 안보 위협이 된다', 이렇게 주장하면서 대법원이 남한 현실에 맞지 않는 판결을 했다는 불만을 토로했다. 그러면서 "간첩단 사건"이라는 식으로 대대적으로 보도하고 그랬다.

영향력이 있던, 이름 있는 일부 신문은 1950년대에 조봉암·진보당 사건이나 근로인민당 재건위 사건이나 이른바 정치적 성격의 간첩 사건 같은 것에 대해 극우 반공적 성향을 보이며 오보나 과장 보도를 많이 했다. 조금도 거리낌 없이, 때로는 당국과 짜고 의도적으로 그런 짓을 했는데, 1960년대에도 단지 정권 또는 중앙정보부 같은 데서만 강한 반공주의 태도를 취한 것이 아니라 언론도 일정하게 맞장구를 치는 면이 있었다. 그만큼 이 시기에 극단적인 반공주의가 사회의 많은 부분에서 영향력을 발휘하고 있었다는 것을 대법원 판결에 대한 반응이 보여줬다고 이야기할 수 있다.

그런 가운데 1968년 12월 5일 재항소심 재판이 열렸다. 서울고법에서 열린 이날 재판에서는 검찰이 공소장 변경을 한 공소 사실을 전부 유죄로 인정해 정규명과 정하룡은 사형, 조영수는 무기 징역, 임석훈과 어준은 징역 15년에 자격 정지 15년, 윤이상 등은 징역 10년에 자격 정지 10년 판결을 내렸다.

이렇게 재판이 진행되고 있을 때 서독 정부와 지식인들은 계속 이 사건에 깊은 관심을 보이며 여러 가지 요구를 했다. 몇 년 전 외교부에서 1970년대 외교 문서를 공개한 게 있는데, 여기에는 동백림 사건에 대한 여러 문서도 포함돼 있었다.

공개 외교 문서에 담긴 동백림 사건

—— 그 문서들엔 어떤 내용이 담겨 있었나.

본국과 서독 사이에 끼여서 어려운 상황에 놓여 있던 최덕신 서독 주재 대사가 1967년 7월 6일 최규하 외무부 장관한테 "주독 특명 전권 대사로서 이곳에서 더 복무하는 것이 사태 수습에 도움이 못 된다. 즉시 귀국하도록 하명이 있기를 앙망한다"고 하면서 빨리 사표를 수리해달라고 요구하는 내용이 나온다.

대법원 판결 직후인 1968년 8월에는, 이해에 서독과 프랑스에서 학생들이 중심이 돼서 그 유명한 68혁명이 일어났는데, 슐레스비히홀슈타인 주 정부가 행사에 한국 대사를 초청하자 진보적 학생들이 항의 집회를 열었다고 한다. 이때 일부 학생은 태극기에 나치 표지를 붙여 게양했다고 문서에 나온다. 재항소심 재판이 열린 1968년 12월 5일에는 독일 학생 40여 명이 "동백림 사건 관련자들을 석방하라"며 서독 주재 한국 대사관에 난입했다. 40분간 대사관은 완전히 데모대의 폭력에 노출됐고, 독일 학생들이 기물을 파손하고 공관 간판에 붉은 페인트를 칠했다고 대사관이 외무부에 보고한 문서도 있다.

1969년 1월 하인리히 뤼브케 서독 대통령은 파울 프랑크 외

해외에서 발매된 윤이상의 음반들. 1969년
석방된 뒤 윤이상은 죽을 때까지 대한민국에
입국할 수 없었다. 또한 그의 음악도 오랫동안
대한민국에서 연주될 수 없었다.

다섯 번째 마당

무부 제1정치국장을 특사로 한국에 보냈다. 서독 대통령의 특사가 '형이 확정된 2명은 15일 이내에 석방하고 재판 계류 중인 윤이상 등 4명은 1971년 말까지 풀어준다'는 비밀 합의를 한국 정부와 한 것으로 이 공개 문서에는 적혀 있다.

지금 이야기한 것처럼 1969년 1월 서독 정부는 외무성 고위층을 특사로 파견해 여러 현안을 논의했다. 그래서 윤이상은 1969년 2월 24일 형이 확정된 후 형 집행 정지로 출감했다. 이응로 화백도 이어서 출감했다.

윤이상 작곡 〈나비의 꿈〉,
서독에서 유례 드문 대성황

── 동백림 사건으로 고초를 겪은 후 윤이상은 어떤 모습을 보였나.

윤이상은 구치소에 수감돼 있을 때, 《장자》를 테마로 그전에 작곡하고 있었던 오페라 〈나비의 꿈〉 마지막 부분을 작곡했다. 먼저 출감한 부인 이수자가 이걸 가지고 서독에 갔다. 윤이상의 형이 확정되기 전날인 1969년 2월 23일 뉘른베르크 시립 오페라 극장에서 〈나비의 꿈〉 첫 번째 공연을 했다. 윤이상을 대신해 부인이 참석, 관객들의 환호에 답했다. 서독의 많은 신문은 이 오페라에 대해 대서특필했다. 관객들의 요청으로 오페라의 막이 31번이나 다시 올라가야 했을 정도로 유례가 드문 대성공을 거뒀다. 1969년 윤이상은 서독의 권위 있는 상인 킬 문화대상 수상자가 됐다.

한국이 낳은 세계적인 인물이 몇 사람 있지 않나. 무용가로는 일제 때 유명했던 최승희가 있고 음악가로는 윤이상이 있다. 윤이상이 감옥소에서 나온 이후인 1972년 8월 1일에는 뮌헨올림픽 문화 행사의 일환으로 오페라 〈심청전〉이, 이것도 국내에 보도가 아주 많이 됐는데, 볼프강 자발리쉬의 지휘, 귄터 레네르트의 연출로 초연 됐다. 1974년에는 서베를린예술원 회원으로 추대됐고, 1977년에는 베를린예술대학 정교수로 재직하게 됐다. 광주항쟁이 있은 후 얼마 지나지 않은 때인 1982년 8월, 유명한 〈광주여 영원히〉라는 곡이 북한에서 연주됐다. 그때부터 북한에서는 해마다 정기적으로 윤이상 음악제가 개최됐다. 한 달 후인 1982년 9월, 전두환·신군부 정 권이 '남한 정부도 폭이 넓다'는 걸 보여주려고 그랬겠지만, 제7회 대한민국 음악제에서 이틀간 '윤이상 작곡의 밤'이 열렸다. 윤이상의 복권이라고 볼 수 있는 조치가 이뤄진 것이다.

1988년 5월에는 인권 관계 발언으로 유명한 리하르트 폰 바이 츠제커 대통령이 독일연방공화국 대공로훈장을 윤이상에게 수여했 다. 1990년 윤이상은 분단 45년 만에 남북 통일 음악회를 성사시켰 다. 그 결과 서울전통음악연주단이 처음으로 평양에서 열린 제1회 범민족통일음악회에 참가했다. 그리고 평양 음악단은 서울 송년 음 악회에 참가했다. 1992년에는 만 75세 생일 기념으로 《윤이상, 시 대의 작곡가》라는 논문집이 발간되고, 세계 여러 나라에서 윤이상 탄생 75주년 축하 음악회가 열렸다. 그해 일본에서는 열흘에 걸쳐 '윤이상 탄생 75주년 기념 페스티벌'이 개최됐다. 같은 해에 일본 영서방影書房 출판사에서 《윤이상 나의 조국, 나의 음악》이 출간됐 다. 그해 함부르크 자유 예술원의 공로상도 받았다. 1995년 유명한 괴테상을 독일 바이마르에서 받았고, 그러고 나서 그해 세상을 떠 났다.

1967년 11월 16일 자 동아일보. 민비연 사건 공판을 보도하고 있다. 민비연 관련자들은 박정희 정권에 밉보이면 어떻게 되는가를 세 차례에 걸쳐 보여주는 사례였다.

— 이응로는 어떠했나.

이응로 이분은 한국과 프랑스를 오가면서 미술 활동을 계속했다. 미술 전문가들이 20세기 한국 미술을 대표하는 작가를 꼽을 때 이응로가 여러 차례에 걸쳐 꼽혔다. 2015년 아트 인 컬처에서 창간 15년을 맞아 전문가 23명을 대상으로 설문 조사를 했는데, '한국 미술을 대표하는 작가가 누구냐'는 조사에서 1위는 비디오 아티스트 백남준, 2위는 월북 화가 이쾌대였고 3위는 이응로와 김환기였다. 《월간 미술》이 1996년에 실시한 조사에서도 역시 백남준, 김환기, 이응로 이 세 사람이 상위권을 차지했다. 이응로는 1996년 《월간 미술》 조사에서 3위, 2001년 아트 인 컬처 조사에서는 1위를 기록했다.

이렇게 한국을 대표하는 분들이 1967년 6·8 부정 선거로 정국이 한창 소란했던 때 간첩 사건으로 붙잡혀 와서 심하게 고문당하고 중형을 선고받은 건 민족의 비극이었다. 아울러 이 사건에서 아주 중요한, 빼놓을 수 없는 큰 문제가 또 있다.

박정희 정권에 밉보여
세 번이나 보복당한 민비연 관계자들

— 무엇인가.

바로 민비연 재판이다. 민비연 관련자들은 박정희 정권에 밉보이면 어떻게 되는가를 세 차례에 걸쳐 보여주는 사례가 되고 말았다. 이렇게까지 보복을 당할 수 있느냐 싶을 정도였다. 중앙정보부에서 얼마나 고문했겠느냐 하는 건 말할 필요도 없고, 도대체 황성모 교수가 1950년대에 독일 유학을 한 것하고 민비연을 연결시켜 '북괴를 이롭게 하는 활동을 했다'고 하는 것 자체가 말이 되느냐고 이야기들을 했다.

1967년 12월 서울형사지법 3부는 민비연을 순수 학술 단체로 인정했다. 그에 따라 황성모의 간첩죄와 피고인 7명 전원의 반국가 단체 구성 및 가입죄에 대해서는 무죄 판결을 내렸다. 그러나 황성모, 김중태에게는 반공법 제4조 1항의 유명한 이적 단체 구성 예비 음모죄를 적용해 각각 징역 3년, 징역 2년을 선고했다. 데모를 벌이고, 북괴를 찬양하고 이롭게 할 단체 구성에 대한 예비 음모를 했다는 혐의는 인정한 것이다. 1968년 4월 서울고법에서도 황성모의 간첩죄와 피고인 7명 전원의 반국가 단체 구성 및 가입죄에 대해서는 무죄를 선고했지만, 역시 이적 단체 구성 예비 음모죄로 황성모와 김중태한테는 징역 2년, 현승일과 김도현한테는 징역 1년 6개월을 선고했다. 2심에서는 1심 때보다 유죄 판결을 받은 사람이 늘어났다.

그런데 동백림 사건을 판결했던 대법원이 2심에서 유죄 판결을 받은 이 네 명에 대해 "민비연을 불법 단체로 변질시키려 예비 음모를 했다는 소명이 공소장에 없다"고 지적하면서 2심에서 유죄 판결을 내린 걸 깨고 서울고법으로 환송했다. 이적 단체 구성 예비 음모죄를 인정하지 않은 것이다. 이 판결도 대단히 용기 있는 판결이었다. 그렇게 되자 공소장을 변경해 서울고법에서 다시 재판을 진행했다. 공소장을 변경한 상태에서 1968년 11월 26일 서울고법은 반국가 단체 조직 예비 음모죄로 황성모와 김중태에게 징역 2년, 현승일에게 징역 1년 6개월을 선고했다. 상고는 기각됐고, 재판은 그렇게 종결됐다.

중앙정보부장으로서 이 사건의 당사자라고 볼 수 있는 김형욱은 민비연 사건에 대해 미안하다는 뜻으로 쓰면서, "민비연이란 이름만 들어도 정나미가 떨어질 만큼 애를 먹었다"고 회고록에 밝혔다. 무지막지한 고문으로 만들어낸 억지 사건임을 이처럼 김형욱이 간접적으로 인정하는 걸 볼 수 있다.

3선 개헌에 대한 김종필계의 저항
박정희, 당내 반대 세력 가차 없이 숙청

유신 쿠데타의 배경, 여섯 번째 마당

김 덕 련 1967년 6·8선거에서 박정희 정권이 엄청난 무리수를 둔 것은 개헌선을 확보하기 위해서였다고 지난번에 이야기했다. 6·8 선거 후 3선 개헌까지 어떤 일이 벌어졌나.

서 중 석 6·8 부정 선거로 박정희 대통령은 3선 개헌을 할 수 있는 수의 공화당 의원들을 확보했다. 그러나 산 넘어 산이라고, 3선 개헌을 하는 게 그렇게 쉽지는 않았다. 야당이 반대하는 건 야당이니까 당연히 그렇게 한다고 보더라도, 공화당 내에도 3선 개헌에 동조하지 않는 이들이 적지 않았다. 1954년 이승만이 나중에 사사오입 개헌으로 알려진 개헌을 하는 과정에서 자유당 내 반대 세력 때문에 무척 곤욕을 치른 것과 똑같다. 1967~1968년 이때쯤에는 박정희 총재가 힘을 실어준 4인 체제가 주류인 셈이고 김종필계는 옛날 주류, 구주류로 불렸는데, 구주류에 속한 의원들 가운데 3선 개헌에 동조하지 않는 사람들이 많았다. 김종필계의 상당수는 3선 개헌에 반대하고, 김종필이 차기를 맡으면 된다는 생각을 많이 가지고 있었다.

공화당은 비록 중앙정보부 밀실에서 4대 의혹 사건을 일으키며 사전 조직됐지만, 공화당 안에는 나름대로 좋은 정치를 펴보겠다는 소신을 가진 정치인들이 꽤 있었다. 그리고 이승만처럼 영구 집권을 꾀하고 독재를 하는 것에 반대한다는 뜻을 지닌 정치인들도 3선 개헌 작업이 본격화되기 전까지는 상당수 있었다. 따라서 박정희로서는 개헌 정족수인 국회의원 총수의 3분의 2를 어떻게 확보할 것인가, 어떤 방법으로 3선 개헌에 반대하는 김종필계를 최대한 무력화함과 동시에 김종필계의 다수를 3선 개헌 지지로 끌어들일 것인가, 이게 초미의 과제가 됐다.

1964년 6·3 계엄 직후 두 번째 외유를 떠난 김종필은 다시 돌아와 1965년 12월 27일 당 의장으로 복귀한다. 그러나 그때쯤 돼서는 4인 체제라고 해서 김성곤, 길재호, 백남억, 김진만 이 네 사람이 당을 이끌어가는 데 중요한 역할을 하면서 김종필을 포위했다. 1968년 초 4인의 직함을 보면 백남억은 정책위원회 의장, 길재호는 사무총장, 김진만은 원내총무, 김성곤은 재정위원장이었다. 이 사람들 말고도 반김종필 세력으로 국회의장 이효상, 국회 부의장 장경순 같은 사람들을 꼽았다. 그린 포위망에서 김종필이 힘을 쓰기가 그렇게 쉽지 않았다. 1967년 6·8 선거가 끝나고 나서 1968년에 김종필계에서 김종필 다음가는 일종의 중간 보스로 이야기되던 김용태 쪽이 호되게 당한다. 그것을 국민복지회 사건이라고 말한다.

3선 개헌에 부정적인 김종필계 겨냥한
국민복지회 사건… 최초로 국회의원 고문

── 어떤 사건이었나.

1968년 5월 공화당 당무위원 김용태가 국회 문공위원장을 지낸 최영두, 송상남과 함께 공화당에서 제명됐다. 그 이유는 이들이 한국국민복지연구회(회장 김용태, 부회장 최영두, 사무총장 송상남)를 구성, 공화당의 훈련을 거친 기간 당원과 각 지구당 청년봉사회장 등에게 '여기에 가입하라'고 권유하면서 공화당 조직에 혼선을 가져오고 당 발전에 극히 유해한 행동을 했다는 것이었다.

이 사건에 대해 김형욱 중앙정보부장이 얘기한 걸 보면, 박정희 대통령이 김형욱을 급하게 불러서 가보니 대통령의 안색이 매우 나빴고 몹시 안 좋은 일이 있어 보였다고 한다. 그런 모습이던 박 대통령이 "김용태가 무슨 복지회라는 걸 만들고 있다. …… 이건 여당 안에 여당을 만드는 것이며, 암암리에 종필이를 1971년 대통령 선거에 추대하는 공작을 추진하고 있더라는 거야. 김 부장, 즉시 잘 알아봐", 이렇게 얘기했다. 아울러 김종필계의 불충을 엄단하라는 지시를 내렸다.

— 박정희의 지시가 떨어진 후 김용태 등은 어떻게 됐나.

김형욱은 곧바로 조사에 들어갔다. 그러면서 관련된 사람들이 중앙정보부에 붙잡혀 와 호되게 당했다. 김충식 기자 책에 나와 있는 김용태 의원의 이야기를 들어보면, 자신을 중앙정보부에 잡아다 놓고 자백을 강요했다고 한다. "박 대통령이 3선 개헌을 해서 다시 출마하는 걸 결사반대한다", 이 내용을 자백하라는 것이었다. 가혹한 고문에 시달리다 못해 김용태 의원은 당의 제명 처분을 달게 받겠다고 항복했다. 최영두 전 의원도 무자비하게 당했다. 두 사람 모두 중앙정보부에서 요구하는 내용, 즉 3선 개헌을 반대하고 김종필을 차기 대통령 후보로 옹립하려는 음모를 꾸미고 그것을 추진하고 있었다는 것을 인정하고 자백하라는 강요를 당하며 혹독하게 당했다.

주장되는 내용들을 보면 당내 사건이라고 봐야 하는데, 공화당 관련 사건을 중앙정보부가 맡아서 처리한다는 것도 좀 이상한 일이긴 하다. 김형욱이 그런 식으로 보고서를 만들어서 보고하자, 박정희는 격노했다. 관련자를 모두 엄단하고 특히 국회의원들을 엄중히

유신 쿠데타의 배경

조처하라고 지시했다. 그에 따라 김용태 의원, 최영두 전 의원 등을 공화당에서 제명했다.

국민복지회 사건은 정치적 이유로 전·현직 의원들을 고문한 최초의 사건으로 얘기된다. 국회의원들에 대한 협박이나 테러는 그 전에도 있었지만, 중앙정보부에서 직접 고문한 건 이게 처음이었다. 최영두 전 의원은 커다란 정신적 타격을 입었는지, 이 일이 있은 후 3년도 못 가서 죽고 말았다.

—— 이 사건 관련자들은 3선 개헌에 반대하며 박정희에게 정면으로 반기를 들 생각을 실제로 한 것인가?

어느 쪽이냐에 따라서 이야기가 상당히 많은 차이가 난다. 3선 개헌을 추진하는 쪽이라고 할까, 박 대통령 쪽이라고 할까 이쪽에서는 김용태 쪽에서 뭔가 활동하고 있었다고 이야기하지만, 김용태 쪽에서는 '그런 일은 전혀 없었다. 완전히 정치적으로 몰아간 것이다', 이렇게 역설했다. 양자 주장에 상당한 차이가 있지만, 후자의 주장이 좀 더 설득력이 있어 보인다.

한 가지 분명한 건 김종필계를 치는 데 있어 그 중간 보스 역할을 했던 김용태를 아주 혹독하게 다뤘고 그러면서 그쪽이 무력화하는 결과를 이 사건은 가져왔다는 점이다. 이 사건 자체가 어떻다고 이야기하는 걸 떠나서 그 점만은 분명하다고 볼 수 있다. 그런 점에서 분명히 정치적 사건이었다.

김종필, 모든 공직 사퇴하고 탈당계 내며 반발
박정희, 후임에 '단군 이래 아첨꾼' 윤치영 임명

— 이 사건이 일어났을 때 김종필은 어떤 반응을 보였나.

김종필은 아주 세게 반발했다. 조작된 일이 아니라면 김종필이 그처럼 강한 반발을 했다는 건 이해하기가 어렵다. 김용태, 최영두 같은 사람들이 제명되고 나서 일주일도 안 지난 5월 30일 김종필 당 의장은 중앙당사에서 열린 당무 회의에서 "일생에서 가장 중요한 결단을 내려야 할 때가 왔다"고 말하고 당 의장직, 국회의원직을 포함한 모든 공직에서 물러날 뿐만 아니라 공화당 당적까지 버리겠다고 선언했다.

당 의장만이라면 몰라도 국회의원을 그만둔다는 것도 그런데, 공화당마저 떠나겠다고 한 것이다. 공화당은 김종필이 중앙정보부장을 할 때 중앙정보부 밀실에서 4대 의혹 사건 같은 걸 일으키면서 사전 조직을 해서 만들어낸 당 아닌가. 그런 면에서 심하게 이야기하면 '김종필당'이라고까지 일부에서 한때 이야기했었는데, 그런 당에서 떠나겠다고 말했다는 것은 김종필이 어떤 심정이었는가를 잘 보여준다. 자기 쪽 세력이 너무나 부당하게 당하고 있다는 강한 울분으로 '이젠 더 이상 아무것도 하고 싶지 않다', 이렇게 나온 게 아니겠는가. 그리고 나서 김종필은 부산으로 내려갔는데 72시간 동안 무언가를 간절히 기다렸다고 돼 있다.

— 박정희는 어떤 조치를 취했나.

1968년 5월 31일 자 동아일
보. 김종필이 공화당에서 탈
당하고 의원직을 포함해 모든
공직에서 물러난다는 소식을
전하고 있다.

　물론 박정희 대통령이나 4인들이 잇따라 만류한 것으로는 돼
있다. 그런데 아주 요상한 것은 6월 2일, 그러니까 탈당을 선언하고
나서 불과 3일 후인 이날 김종필이 자신의 출신 지역인 부여 지구
당에 1일 낸 탈당계가 정식으로 접수·처리됐다고 발표됐다는 것이
다. 누구 지시에 의해 이렇게 됐겠나. 이걸 지시할 수 있던 사람은
딱 한 명밖에 없다. 이렇게 정식 접수됨으로써 탈당이 확정되는 동
시에 당 의장직과 국회의원직도 한꺼번에 자동적으로 상실하게 돼
서 김종필은 정계를, 이것도 '자의 반 타의 반'인지는 몰라도 은퇴
할 수밖에 없게 돼버렸다. 이 사건은 3선 개헌에 대한 박정희의 의
지가 얼마나 강고한가를 잘 보여준다. 그것은 3선 개헌 반대 세력
에 대한 박정희의 강력한 으름장이었다.

　이틀 후인 6월 4일, 박정희 공화당 총재는 김종필의 후임으로
윤치영을 당 의장 서리로 임명했다. 윤치영은 이승만 비서를 오랫
동안 했고 초대 내무부 장관을 한 사람으로 극우 정객으로 알려져

있다. 1968년 "단군 할아버지 이래 위대한 지도자이신 박정희 대통령"이라고 치켜세워 야권으로부터 윤치영이야말로 단군 이래 아첨꾼이라는 조롱을 당하기도 하는데, 하여튼 이승만 집권기에도, 박정희 집권기에도 자기가 모시는 사람에게 과잉 충성을 한 인물로 얘기된다.

이러한 윤치영을 김종필 후임으로 임명하면서, 공화당에서 3선 개헌을 추진하는 핵심 세력이 이승만 때 자유당계 아니냐는 이야기를 많이 들었다. 김성곤, 김진만이 자유당 사람이었는데 윤치영까지 이렇게 당 의장 서리가 됐기 때문이다. 엄밀히 말하면 윤치영은 자유당은 아니었지만 이승만을 적극적으로 모신 충성파여서 사람들이 그렇게 말했다. 어떤 면에서 3선 개헌이 옛날 사사오입 개헌(1954년) 때와 비슷한 인적 맥락을 보여주는 것 아니냐는 이야기가 나오고 그랬다.

— 김종필이 탈당을 선언하고 부산에 내려갔을 때 박정희가 만류한 것으로 돼 있다고 이야기했다. 이 부분과 관련해 김형욱은 회고록에서, 이때 김종필은 박정희가 자신의 사퇴를 만류하는 전화를 직접 해주기를 바라며 기다린 것으로 알려졌지만 끝내 그런 전화는 오지 않았다고 밝혔다. 이 시기에 박정희는 만류하는 뜻으로 어떤 조치를 취했나.

비서실장 이후락을 부산으로 보냈다. 당시 신문을 보면, 박 대통령을 만나 단독 면담을 하면 모든 것이 원만하게 처리될 것이라고 이후락이 얘기했는데 김종필이 그걸 거부한 것으로 나와 있다. 김종필은 6월 3일 서울에 올라오는데, 귀경하자마자 박정희 조카인 부인 박영옥과 함께 청와대로 직행해 박 대통령과 만찬을 하고 요 담을 나눴다고 신문에 보도됐다.

그렇지만 이미 6월 2일에 김종필의 탈당계가 정식으로 접 수·처리됐다고 발표되고 그로부터 이틀 후에는 윤치영이 당 의장 서리로 임명되지 않나. 박 대통령의 참뜻이 무엇인가, 어떤 식으로 3선 개헌을 밀어붙일 것인가를 이런 것에서 알 수 있다. 국민복지 회 사건을 통해 박 대통령 측은 김종필계의 중요한 부분에 타격을 가했다.

박정희에게 그렇게 당하고도
김종필은 왜 그 굴레에서 못 벗어날까

— 박정희와 김종필의 관계를 살펴보면 흥미로운 대목이 많다. 박 정희가 권력의 정점에 오르는 과정에서 김종필이 상당한 역할 을 했는데도, 박정희가 김종필을 대한 태도에서는 뭔가 다른 기류를 느낄 수 있다. 두 사람의 관계, 어떻게 보나.

5·16쿠데타를 추진할 때 김종필이 중심 역할을 했다고 다들 보고 있고, 5·16쿠데타 이후에도 장도영 등을 '반혁명 사건'으로 처 단하고 박정희 중심으로 권력을 집중하게 한다든가 공화당을 만든 다든가 하는 모든 면에서 김종필의 역할은 그야말로 지대하다고 할 까, 절대적이었다고 말할 수 있다. 박정희 군사 정권에서도 그렇고 민정 이양기에도 그렇고 민정 이양 후 초기에 박정희의 권력을 다 지는 데에도 김종필이 한 역할이라는 건 굉장히 크다. 그렇기 때문

에 최고회의 내 비주류라든가 5·16쿠데타 세력 가운데 반김종필계가 주로 김종필을 치고 내몰고 하는 식으로 싸움을 해왔던 것이다. 박정희를 직접 치고 때릴 수는 없으니까 김종필에게 그렇게 한 점도 있었다.

그러나 사실 박정희는 박정희대로 김종필을 굉장히 견제했다. 1964년 굴욕적 한일 회담을 규탄하는 데모가 치열하게 일어났을 때 그런 면을 여러 가지로 보였고 1964년에서 1967년, 1968년에 오는 과정에서도 김종필을 많이 견제하는 모습을 보였다. 그러면서 국민복지회 사건이 일어나고 김종필이 당적까지 내놓는 사태까지 가는 걸 볼 수 있다.

—— 박정희는 어떤 방식으로 김종필을 견제했나.

김충식이 쓴 책에는 박정희가 어떤 식으로 김종필을 견제하고 있었는지가 재미나게 묘사돼 있다. 윤필용은 1965년부터 1968년 1·21사건으로 물러날 때까지 육군 방첩부대장이었다. 그런데 중앙정보부장 김형욱이 김재춘 전 중앙정보부장을 해치려고 한 것을 넘어 김종필한테도 위해를 가하려고 했다. 이 사실을 안 윤필용이 박 대통령한테 보고했다. 김형욱이 이렇게까지 하고 있다고.

그런데 놀랍게도 박 대통령은 윤필용에게 "종필이가 너를 그렇게 미워한다면 넌들 가만있겠느냐"고 말하면서 오히려 김형욱 편을 들었다고 한다. 윤필용은 나중에 기자와 한 인터뷰에서 김형욱이 김종필을 해치려고 한 사건과 관련해 "박 대통령의 재가 없이 김형욱이 그런 짓을 할 리 있겠느냐"고 이야기했다.

다른 일화도 있다. 1967년 대선을 앞둔 1966년 말 공화당 의장 김종필이 육사 8기 동기인 방첩부대장 윤필용을 집으로 불렀다. 김종필은 윤필용한테 "나 그만두겠소. 당 의장인 내가 김형욱이한테 도청당하고 우리 집 출입자가 체크되는가 하면 가택 수색까지 받았소. 국회의원도 우리 집을 드나들면 공천에서 떨어진다고 해요", 이렇게 얘기했다. 윤필용이 아무리 말려도 김종필은 말을 듣지 않았다. 그래서 윤필용은 청와대로 올라가서 '김종필하고 김형욱이 이렇게 서로 안 좋다'고 보고했다.

그러자 박 대통령은 비슷한 투로 이야기를 했다고 그런다. "종필이는 옹졸해. 남을 포용할 줄 모르고 심지어 윤 장군 자네도 자르라고 해." 또 이런 이야기도 했다고 한다. "이후락이는 종필이 칭찬도 하는데 종필이는 이후락이 욕만 해." 이후락이 김종필을 얼마나 심하게 견제했는가는 세상이 다 아는 이야기인데, 박 대통령은 그렇게 이야기하면서 김종필을 미워하는 기색을 윤필용한테 보였다고 그런다.

어쨌건 이렇게 김종필이 윤필용을 불러서 '당 의장을 그만두겠다'고 말했는데도, 박 대통령은 한동안 김종필을 안 만나다가 나중에야 그만두겠다는 뜻을 번복하도록 이야기했다. 그래서 김종필은 그대로 당 의장을 맡고 있었는데, 그러다가 국민복지회 사건을 만나게 된 것이다.

— 바깥에 드러낼 수는 없었겠지만 김종필이 인간적인 배신감을 많이 느꼈을 것 같다.

재미난 것은 1979년 10·26 이후 1980년대 전두환·신군부 시기에 한때 김종필이 박정희나 유신 체제에 대해 조금 비판하는 게

1972년 국무총리 시절의 김종필. 김종필은 박정희가 권력의 정점에 오르는 데 아주 큰 역할을 했지만 박정희는 내내 김종필을 견제했다. 김종필은 고인이 된 이후락과 더불어 박정희 집권 18년의 비밀을 제일 많이 아는 사람일 것이다. 사진 출처: e영상역사관

있긴 했지만, 그래서 박근혜 전 대통령이 그걸 상당히 안 좋게 봤던 것 같은데, 그런 것 정도를 빼놓고는 대체로 박정희 대통령을 감싸는 게 많다는 점이다. 박정희한테 당한 걸 생각하면 김종필이 할 말이 정말 많을 텐데, 중앙일보와 인터뷰한 것이라든가 여러 글을 보면 박정희 대통령을 감싸고 옹호하는 게 아주 많다.°

박정희에 대한 충성이라고 할 수 있는 것을 계속 이야기하고 있는 셈인데, 김종필이 그 시절에도 결국 홀로 서지 못하더니만 지금도 홀로 서서 우리 역사에서 자신의 역할을 돌아보며 제대로 평가하는 것이 아니라 1960년대 하반기, 그리고 1970년대 박정희의 큰 굴레라고 할까, 자신이 활용당한 범위에서 끝내 벗어나지 못하

는 것 같은 감을 상당히 준다. 1970년대 초에 국무총리가 되고 얼마 안 있어 유신 쿠데타가 일어난 후 김종필은 백두진 못지않게 유신 체제를 옹호했다. 그러니 유신 체제를 비판하기도 쉽지 않게 됐는데, 다른 부분도 그러한 경우가 꽤 있다. 그렇다고 하더라도 김종필은 고인이 된 이후락과 더불어 박정희 집권 18년의 비밀을 제일 많이 아는 사람일 것이다. 진솔한 얘기를 좀 더 많이 털어놨으면 좋겠는데 그렇지 않아 역사 하는 사람들은 많이 아쉽다.••

── 1980년 2월 27일 공화당 총재 김종필은 관훈클럽 주최 모임에
　　서 연설한 후 참석자들과 질의응답을 했다. 한 참석자가 "3선

• 중앙일보 연재 인터뷰를 모아 2016년 초 출간한 《김종필 증언록》(2권)에서도 이 점은 잘 드러난다. 김종필 본인이 박정희에 대한 자신의 증언이 진실성, 객관성 면에서 문제가 많음을 분명하게 인정했다. 박근혜·최순실 게이트가 한창이던 2016년 11월 《시사저널》과 한 인터뷰에서 김종필은 이 책에 실린 증언에 대해 이렇게 말했다. "거기서 박정희 대통령에 대해서 (나쁜 소리는) 한마디도 안 했어. 나오면 인식이 달라질 정도여. 뭐 다 아는 한 가지 사례만 보더라도 그렇지. 계집애 데려다 술 마시다가 제일 믿는 부하한테 총 맞았잖아. 그걸 뭐라고들 해석하느냐고. 그런 불행은 있을 수 없는 일이야. 당하게끔 했다고. …… 국민들이 통 크고 이해력이 많고, 자기를 희생시키면서 나라 구한 분으로 기억하는 게 나을 거야. 그런 분을 제일 측근이 좋지 않은 말을 남겨 놓으면 안 좋다는 생각에서 박 대통령 (나쁜) 얘기는 일절 안 했어."

•• 10·26 이후 한동안 침묵을 지키던 '큰영애' 박근혜는 6월항쟁을 거쳐 노태우 정권이 출범한 후 언론 인터뷰, 출간 등을 통해 다시 목소리를 내기 시작했다. 핵심 주장은 5·16쿠데타와 유신 쿠데타는 정당했다, 아버지인 박정희 전 대통령을 "매도"해서는 안 된다는 것 등이었다. "지도자를 국장으로 장사 지내고서 매도해온 10년의 세월. 어이가 없을 지경이었다" 같은 이야기는 '큰영애'의 본뜻이 무엇이었는지를 잘 보여준다.
10·26 후 유신 체제에 부정적인 태도를 취한 이들에 대해서도 강도 높은 비판을 여러 차례 했다. 예컨대 《여성 동아》 1989년 1월호에 실린 인터뷰에서는 이렇게 이야기했다. "유신 시절에 책임이 막중한 자리에 앉았던 정치인들 중에는 유신을 죄악시하는 요즘의 풍토 때문인지는 몰라도 '나는 그때 반대를 했다. 내가 그때 무슨 힘이 있어 반대를 할 수 있었겠느냐'고 발뺌을 하는 경우가 쉽게 목격되고 있습니다. …… 그렇게 판단력이 시대에 따라 변질되고 흐린 사람은 앞으로 다시는 공직을 맡으면 안 될 것입니다." 2015년 박근혜 대통령이 세간에 유행시킨 '배신의 정치'라는 무시무시한 낙인을 떠올리게 하는 대목이다.

개헌, 10월 유신 때 소신은 아니지만 박 대통령의 결정에 따랐다면 앞으로도 소신 없이, 인간관계에 따라 소신을 버릴 것인가"라고 물었다. 그러자 김종필은 "나라를 위해 그 어른(박정희)이 선택한 길이라면 따르겠다는 것이 생활 철학이었다"고 말한 후 "그러나 이제는 공당인 공화당의 총재로서 새 시대에 적응하며 나 자신의 철학과 소신을 굳게 지켜나가겠다"고 답했다. 이상우 기자의 책《박정희 시대 : 민주화 운동과 정치 주역들》에 따르면, 이날 김종필은 박정희가 살아 있을 때 자신의 처지를 "바람이 세게 불면 따라서 흔들리는 종이 팔랑개비"에 비유한 후 앞으로는 그와 다른 모습을 보일 것임을 분명히 했다. 그렇지만 그 후 김종필이 보인 모습을 보면, 박정희를 감싸는 김종필의 태도는 지금까지도 크게 바뀌지 않은 것 같다.

대체로 그렇게 보이더라. 어떤 책에서는 임금과 신하의 관계, 그러니까 박정희를 임금으로, 김종필을 신하로 표현했던데 자기 스스로 정말 그 관계로 생각하고 있는 것인지……. 도무지 이해가 안 간다.

공화당 4인 체제와 박정희 측근
중심으로 개헌 추진

── 1960년대 상황으로 돌아오면, 국민복지회 사건 후 3선 개헌을 향한 움직임은 어떤 식으로 이뤄졌나.

6·8 부정 선거에 이어 김종필계의 중간 보스를 쳐내고 김종필까지 은퇴할 수밖에 없게 만든 상황이 초래된 속에서 3선 개헌을 향한 움직임은 더 구체적으로 이뤄졌다. 3선 개헌을 구체화하는 작업은 두 갈래에서 추진됐다. 하나는 공화당이었다. 어쨌든 3선 개헌을 하려면 개헌안이 국회를 통과해야 하는 것 아닌가. 그게 국회를 통과하도록 하는 일을 직접 맡은 담당 세력은 김성곤을 중심으로 한 4인 체제였다. 그렇지만 이 4인으로는 추진하는 데 한계가 많았고, 또 전반적으로 3선 개헌 쪽으로 일이 잘되도록 만들어가야 할 일이 많이 있었다. 그런 일들을 권력 쪽에서 한 대표적인 인물로 비서실장 이후락, 중앙정보부장 김형욱, 그리고 내무부 장관이자 박정희의 대구사범 동창인 엄민영 같은 사람을 꼽고 있다.

재미난 것은 이후락이나 김형욱이나 엄민영은 박정희에 대한 절대적인 충성에서 그야말로 순수하게, 순수라는 표현이 우습긴 하지만, 박정희의 3선 개헌을 밀고 나가는 쪽이었다고 한다면, 김성곤 쪽은 생각이 좀 달랐다는 것이다. 공화당 원로인 정구영에 따르면 4인 체제 사람들이 개헌을 구상한 건 1964년 6·3사태 때라고 한다. 물론 이 사람들은 박정희의 장기 집권보다는 내각 책임제 쪽에 더 무게를 뒀다고 그런다. 김성곤은 1968년 봄부터는 이원 집정제, 그러니까 대통령은 외교와 국방을 맡고 일반 행정은 총리가 이끄는 내각이 해나가는, 핀란드가 제일 대표적이라고 이야기되는 이원 집정제를 목표로 내각 책임제 얘기를 많이 하고 다녔다고 그런다. 어쨌건 이런 두 개의 큰 라인을 중심으로 3선 개헌이 추진된다.

── 3선 개헌 문제는 언제 정국의 주요 현안으로 떠오르나.

이게 일반인들이 인지할 수 있도록 표면화되는 건 1969년에 들어와서다. 1969년 1월 7일 윤치당 당 의장 서리가 기자 회견에서 "강력한 리더십이 있어야 조국 근대화와 조국 중흥이라는 민족적 과업을 완수할 수 있다", "이러한 기본 입장에서 현행 헌법상에 문제점이 있다면 앞으로 검토·연구될 수 있다"는 발언을 했다. 이에 앞서 공화당 사무총장 길재호도 다른 각도에서 '개헌을 검토해야 한다'는 이야기를 한 바 있다. 사람들은 이제 박정희 입만 쳐다보게 됐다.

그러면 박정희는 어떻게 나왔느냐. 1월 10일, 기다리던 연두 기자 회견이 열렸다. 그런데 이날 얘기는 맹탕 비슷했다. 일반 사람이 보기에는 하겠다는 건지, 안 하겠다는 건지가 분명치 않았다. 뭐냐 하면 "특별한 사유가 없는 한 내 임기 중에 헌법을 고치지 않았으면 하는 것이 나의 심경이다", 이렇게 말했다. 그러면 '고치지 말아라', 이렇게 딱 나오면 좋은데 그렇게 하지 않고, 그다음에 "꼭 헌법을 개정할 필요가 있다면 금년 말이나 내년 초에 가서 얘기해도 늦지 않다", 이렇게 나왔다.

박 대통령의 솔직한 심정은 앞부분에도 은근히 걸쳐 있지만, 뒷부분에 담겨 있었다. '연말쯤 가서 공화당에서 개헌 문제를 구체화해 꺼내라', 이런 발언이었지만, 시기는 중요하지 않았다. "임기 중에 헌법을 고치지 않았으면 하는 것이 나의 심경이다", "꼭 헌법을 개정할 필요가 있다면 금년 말이나 내년 초에 가서 얘기해도 늦지 않다", 이렇게 말을 뱅뱅 돌리고 있지만, 개헌하겠다는 의사가 분명했다.

— 박정희의 연두 기자 회견 후 정국은 어떠했나.

유신 쿠데타의 배경

2월 3일 재야인사들이 개헌 반대 투쟁을 위한 기구 구성을 선언하는데, 이날 공화당에서는 의원 총회가 열렸다. 이 의원 총회는 1967년 6·8선거의 여러 문제점으로 인해 재선거를 해야 할 지역의 공화당 후보를 지원하는 문제로 열렸다. 그러나 실제로 이 의원 총회에 온 공화당 의원들의 가장 큰 관심사는 개헌 문제였다. 그래서 여러 사람이 개헌에 대한 의견을 내놨는데, 반대 의견이 많았다.

그중 박종태 의원의 얘기를 한 번 들어보자. "여기 있는 김진만 원내총무, 윤치영 당 의장, 당신들이 10(여)년 전에 3선 개헌을 해서 나라와 자유당을 망쳐먹더니 공화당에 들어와서 또 개헌을 해서 공화당까지 말아먹을 작정이오? 절대 권력은 절대로 부패한다는 것은 역사의 가르침이오." 이렇게 3선 개헌 문제가 여야를 막론하고 초미의 관심사가 되고 여당에서도 개헌 반대파와 찬성파 사이에 신경전이 벌어졌다. 그런 와중에 큰 사건이 터진다.

4·8 항명 파동 계기로
박정희, 개헌 공작 진두지휘

— 어떤 사건인가.

항명이라는 말이 민주주의 사회에서 가당하냐는 반문도 있지만, 공화당 정권 때는 '항명' 사건이 항상 큰 사건이 됐다. 1969년 4월 8일에는 또 하나의 항명 사건이 일어났다. 전에 얘기한 것처럼, 공화당은 1965년 12월에 있었던 항명 파동으로 김종필계 주류가 상당히 약화된 상태였다. 그때는 김종필계에서 박 대통령 뜻과 달리 정구영을 국회의장으로 세우려다가 실패로 끝나고 말았고 그러면서 이효상이 두 번째로, 다시 국회의장을 맡게 됐다. 1969년에는 권오병 문교부 장관 해임 건의안을 신민당이 낸 것을 계기로 항명 사건이 일어났다.

— 권오병은 어떤 사람이었나.

권오병은 박정희 대통령에 대한 무조건적인 충성파로서 법무부 차관 때 학생 운동 문제에서 너무나도 지나친, 그야말로 과잉 충성을 했다. 그래서 법무부 차관 때부터 많은 사람이 권오병을 안 좋게 봤다. 이 사람은 1960년대 장관들 중에서 노골적인 충성파, 그러니까 학생 처벌 같은 문제에서 대통령이 하라는 대로 움직인 대표적인 인물로 알려져 있다.

1965년 학생 운동 참여자를 엄벌하라고 대통령이 지시했는데 윤천주 문교부 장관이 그걸 제대로 못하자, 박 대통령은 검사 출신인 권오병을 법무부 차관에서 문교부 장관으로 발탁해 강경 조치를 하도록 했다. 그 후 법무부 장관을 시켰다가, 3선 개헌 반대 운동이 일어나는 것을 앞두고 다시 문교부 장관을 시킨 것이다. 그런데 이때 권오병은 전해에 국회에서 국정 감사를 할 때 제대로 감사도 받지 않은 데다, 국회의원들을 상대로 한 폭언 논란도 일으키고 해서 여당한테도 밉보였다. '이 사람은 너무 심하다. 한 사람만 절대적으로 알고, 나머지 사람들의 말은 잘 안 듣고 깔보는 것 아니냐', 이런 얘기를 듣고 그랬다. 야당은 권오병을 아주 나쁜 사람으로 생각했고, 공화당에서도 이 사람을 싫어했다. 그러한 권오병 문교부 장관 해임 건의안이 1969년 4월 8일 국회에서 가결됐다.

1969년 4월 11일 자 동아일보. 기사에 의하면 박정희는 "공화당의 유일한 가치는 …… 민족 중흥의 거창한 사업을 결속해서 일치단결, 밀고 나가는 데 있다. …… 딩기 위원장은 1주일 안에 이번 사건을 주동한 반당 분자를 철저히 규명하여 그 숫자가 몇 십 명이 되더라도 가차 없이 처단하라"라고 지시를 내렸다.

── 야당이 낸 해임 건의안이 어떻게 해서 가결된 것인가.

그건 권오병이 국회의원들에게 밉보였기 때문만이 아니라, 사실 공화당 내부에서 '3선 개헌에 반대하는 우리 세력이 만만치 않다'는 것을 권오병 장관 해임 건의안 표결을 통해 보여주려 하면서 일어난 일이었다. 재석 152명 중에서 가 89, 부 57, 기권 3, 무효 3으로 해임안이 가결됐다. 이때 공화당 의원 중 상당수가 찬성표를 던졌다. 표결에 참여한 신민당 의원이 41명밖에 안됐다는 걸 생각하면, 해임 건의안 찬성표 중 적어도 48표는 공화당을 비롯한 여권에서 나왔다고 볼 수 있다.● 부결시키라는 지시를 대통령이 내렸는데도, 공화당에서 상당히 많은 사람이 권오병 해임안 가결에 가담한 것이다. 이걸 4·8 항명 파동이라고 한다.

—— 박정희는 어떤 반응을 보였나.

김종필계, 즉 옛 주류계가 이런 상태로 계속 존재하는 한 3선 개헌은 안 된다는 걸 4·8 항명 파동이 본보기로 보여줬다. 그리고 4인 체제나 이후락, 김형욱의 힘만으로는 이 사람들을 어떻게 하기가 어렵다고 보고 이 항명 파동을 계기로 박 대통령이 직접 나섰다.

이틀 후인 4월 10일 박 대통령은 당의 중요 간부 약 40명을 청와대로 불러서 '반당분자를 철저히 규명하라. 그 숫자가 몇 십 명이 되더라도 가차 없이 처단하라'는 지시를 내렸다. 4월 15일 공화당은 양순직, 예춘호, 박종태, 정태성, 김달수, 이 다섯 의원을 4·8 항명 파동 주동자로 보고 제명 처분을 했다. 이때 김종필은 일본에서 돌아와서 "박 대통령의 강력한 영도가 절대로 필요하다"고 얘기해서 '김종필이 어떻게 저런 발언을 하느냐'는 이야기를 들었다.

그 후 다시 당 간부들을 구성하는데 박정희 총재는 김택수를 원내총무로 앉혔다. 이게 또 사람들을 놀라게 했다. 어떻게 김종필계를 원내총무에 앉히느냐는 것이었다. 그 깊은 뜻을 얼마 후 알게 된다. 김종필 세력이 김종필 세력을 치도록 또는 설득하도록 하는 역할을 하게 한 것이다. 일종의 이이제이 수법이라고 할까. 김택수는 이제 주류계 인사들에게 사정사정하면서 '3선 개헌에 협조하자'

● 표결 참여 의원 중 11명은 정우회 소속이었다. 6·8선거 후 공화당의 단독 국회가 아닌 것처럼 모양새를 갖추기 위해 만들어진 10·5구락부가 무소속 의원 등을 더 받아들여 1968년 12월 25일 발족한 것이 정우회다. 친여 성향의 원내 교섭 단체였던 정우회는 권오병 장관 해임 건의안 표결 전에 이미 반대표를 던지기로 방침을 굳힌 상태였다. 당시 언론은 표결에 참여한 신민당 의원이 모두 반대표를 던졌을 경우 남는 48표 중 거의 대부분이 공화당 의원들의 표일 것이라고 봤다. 참고로 정우회는 유신 쿠데타 이후 등장하는 유신정우회(유정회)와는 다른 단체다.

유신 쿠데타의 배경

는 쪽으로 갈 수밖에 없게 됐다. 원내총무라는 게 그런 일을 하는 자리였다. 그러면서 박 대통령, 김택수 원내총무, 이후락 비서실장, 김형욱 중앙정보부장 이런 사람들이 의원들에게 통사정도 하고, 애원이나 부탁도 하고, 협박도 하면서 3선 개헌에서 다수표를 만들려고 무척 노력한다.

권력욕에 눈먼 3선 개헌 세력, 당 원로의 아픈 가족사에까지 칼을 들이대다

— 4·8 항명 파동 후 공화당 내에서 3선 개헌 반대 운동은 어떻게 전개됐나.

공화당 옛 주류계의 핵심으로 꼽히던 양순직 등 5명이 제명 처분을 당하자, 이때부터 공화당 최고 원로인 정구영이 중심이 돼서 3선 개헌에 적극 반대하는 활동을 전개했다. 이미 정구영의 집 주변을 3곳의 기관원들이 지키면서 집 출입자를 일일이 점검하고 있었다.

정구영은 공화당 초대 총재이자 당 의장을 지냈고, 당 총재의 상의역, 그러니까 고문보다는 높은 자리 아니냐는 생각을 갖게 하는 자리인 상의역도 맡고 1963년 총선 때에도, 1967년 총선 때에도 공화당 전국구 의원 1번을 받은 사람이다. 공화당의 최고 원로라는 건 누가 봐도 뚜렷하게 알 수 있었다. 그런 정구영의 반대에 따라 3선 개헌의 귀추가 어떤 변화를 보이는지 살펴보자.

정구영은 3선 개헌에 반대할 수 있는 공화당 의원들로부터 계속 서명을 받았다. 처음에 41명의 서명을 받았는데, 탈락자가 있을 것 같고 해서 나중에 다시 서명을 받았더니 그때는 31명으로 줄어들었다고 한다. 이후락, 김형욱도 그렇고 대통령까지 직접 나서서 수단과 방법을 가리지 않고 주류계, 그러니까 반대 서명을 한 41명, 31명 이 사람들의 사생활을 들추고 호소 작전과 강압 작전을 펴고 다른 한편으로는 막대한 돈을 풀면서 회유해 이탈자가 계속 나왔다고 한다. 그런 속에서도 정구영은 3선 개헌 반대 세력을 계속 단속하면서 그 숫자가 너무 줄어들지 않도록 노력했다. 그러던 6월 중순, 3선 개헌 반대 시위가 한창 벌어지고 있던 그때 정구영 집에 '정구영의 부인은 수사 기관에 오전 10시에 출두하라'는 통지가 왔다.

── 여당 최고 원로의 집에 왜 그런 통지가 갑자기 온 것인가.

이 부분은 3선 개헌을 이해하는 데도 도움을 주지만, 특히 1950~1960년대에는 정구영과 같은 일을 겪은 집안이 적지 않았고 남북 관계, 분단 때문에 많은 사람이 피눈물을 흘리는 일이 곳곳에서 벌어졌다는 걸 이해하는 데도 도움이 된다.

내 친구 유인태가 민청학련 사건으로 고생하기 전에 재야에 묻혀 있던 정구영을 만났는데 그때 그 노인네가 세 아들 얘기를 하면서 눈물을 흘렸다는 얘기를 들은 적이 있다. 첫째 아들은 일제 때 사상 관계로 주목을 받았는데, 해방 후에는 농림부에서 최규하와 같이 과장으로 근무했다고 한다. 그런데 결혼한 지 1년 만에 한국전쟁이 나면서 납북됐다. 딸이 100일 되던 날에 애비가 없어져버린 것이다. 둘째 아들은 경성제대를 나왔는데 이 사람도 북쪽으로 가게 됐다. 셋째 아들이 경성제대에 다니다가 해방 후 서울대 사학과

유신 쿠데타의 배경

에 들어온 정찬영이라는 사람이다. 정찬영이라는 이름은 나도 들었다.

서울대 사학과 역사도 기구했는데, 사학과 제1기는 경성제대, 교토제대, 도쿄제대 같은 데를 다니다가 전쟁 때문에 공부를 마저 끝내지 못하고 해방을 맞아 다시 서울대 사학과 제1기를 구성한 사람들이다. 그래서 사학과 제1기는 나이 차이가 많았다고 한다. 도쿄제대에 다니다 징병 같은 것에 끌려갔다가 해방 후 서울대 사학과에 들어온 한우근, 고병익 선생처럼 나이가 많은 사람이 상당히 많지 않았나. 그런데 한우근 교수 등 몇 분은 남한에 남아 있게 되지만, 1기생 중 상당수가 자진 월북을 했다. 역사학 쪽에서 특히 사학과 제1기는 아주 심한 분단의 고초를 역사학자 스스로 맛보게 됐다. 사학과 1기생인 정구영의 셋째 아들이 바로 좌익으로 월북했다. 넷째 아들은 전쟁 때 행방불명이 됐고 다섯째 아들만 아버지를 모셨던 것 같다.

1964년 3월 정구영은 일본 중의원 의장 초청으로 국회 사절단 대표로 사절단을 이끌고 일본에 갔다. 오사카에 머물고 있는데 어떤 사람이 찾아왔다. 그러면서 편지 하나를 건넸다. 겉봉에 부주전 상서父主前上書, 그러니까 '아버지께 올립니다'라고 돼 있었는데 큰 아들이 보낸 편지였다. 두 아우 다 북한에서 잘 지내고 있다고 쓰여 있었다고 한다. 그리고 그 편지에 사진을 한 장 동봉했다고 한다. 셋째 아들이 아들 둘을 낳았는데 그 아이들을 찍은 사진이었다. 셋째 아들도 사진에 보이고 손자 녀석들 얼굴도 보이고 하니까 이 노인의 눈시울이 뜨거워졌고 반가움 속에서 뭐라 말할 수 없는 감회에 젖었다.

그렇지만 이 사람은 정치인인데다, 예전에 변협 회장도 한 법

조인이었다. 현실을 잘 알고 있었다. 자기한테 그걸 가져온 사람이 어떤 사람이라는 것을, 평양에서 뭔가 활동을 한 사람과 연결돼 있으니까 이걸 전달한 것이라는 걸 알고 있었다. 그런데 편지를 가져온 사람이 '편지를 잘 받았다'는 답장을 써달라고 했다.

—— 정구영은 어떻게 대응했나.

정구영은 '그건 안 된다. 최근 사진이 여기 있는데 이걸 그 애한테 전해달라'고 했다. 쩝쩝대면서 그 사람이 갔다. 그러고 나서 정구영은 이 사실을 중앙정보부에 알려야겠다고 생각했다. 아무리 공화당 원로라고 하더라도 나중에 어떻게 될지 알 수 없었기 때문이다. 한국은 항상 그랬다. 그때 정구영은 도쿄에서 김종필을 만났다. 김종필한테 이 이야기를 사실대로 다 했더니만 김종필은 '다 알아서 관계 기관에 얘기를 해둘 테니까 편지를 불태우세요'라고 말했다고 한다. 그래서 정구영은 그 편지를 연탄아궁이에 넣어서 태웠다고 한다. 그 시절, 이런 이야기가 많다.

그런데 5년이나 지난 1969년 6월 중순에 '정구영의 부인은 출두하라'는 통지를 받은 것이다. 이게 무엇 때문이겠나. 이 무렵 정구영은 3선 개헌 반대 세력을 단속하고 있었는데, 정구영 쪽으로 사람들이 더 넘어가지 않도록 그렇게 한 것이다.

—— 그런 문제를 끄집어내 소환한 것은 분단과 전쟁에서 비롯된 아픈 가족사, 쓰라린 상처를 어루만지기는커녕 정치적 목적으로 그 상처를 더 아리게 한 조치라고 볼 수밖에 없다. 더욱이 좌익 활동을 하다 죽은 형 때문에 적잖게 마음고생을 했을 박

정희가 최고 권력자이던 때, 박정희의 집권 연장을 위해 그런 식의 소환이 이뤄졌다는 것도 여러모로 씁쓸한 일이다. 출두하라는 통지를 받은 후 어떻게 됐나.

정구영의 부인은 수사 기관에 가서 한 10시간 정도 취조를 받고 왔다. 그런데 부인만 취조를 받은 게 아니었다. 장남의 처인 큰 며느리도 가서 10시간 이상 조사를 받았고, 차남의 부인인 둘째 며느리도 또 10시간 조사를 받았다. 그뿐 아니라 다섯째 아들도 불려가서 10시간 조사를 받았다. 이렇게 되자 주변에서는 정구영에게 '김형욱한테 부탁하라'고 말했지만 그럴 수도 없었다. 이유는 뻔한 것 아닌가. 3선 개헌에 찬성하기만 하면 모든 문제가 풀리는 건데, 그럴 수 없으니 부탁하러 갈 수도 없었다. 7월 초순에는 수사 기관 간부가 정구영을 신문하러 왔다. 그런데 일단 그걸로 끝났다.

이 이야기를 한 건 우리 역사의 한 단면이기 때문만이 아니다. 뒤에 다시 다른 문제가 발생하기 때문에 이 이야기도 한 번 할 필요가 있다고 봤다. 이런 경우가 단지 정구영 이 양반 한 사람한테만 있는 가족사가 아니었다. 1950년대, 1960년대에는 유명 인사나 학자 같은 사람들이 간첩으로 많이 내려왔다. 북한에서 별 쓸모는 없고 그러니 남한에 보내면 뭐라도 건져볼 수 있지 않을까 해서 내려보낸 건데, 그것 때문에 얼마나 많은 가정에서 마음고생을 하고 간첩으로 몰려 풍비박산이 나고 하면서 참혹한 풍파를 겪었겠나. 김종필 장인이자 박정희 형인 박상희와 절친한 친구이자 동지였던 황태성 사건도 얼마나 많은 것을 생각하게 하나.

장기 집권 반대는 정부 불신임?
박정희의 기묘한 7·25 특별 담화

유신 쿠데타의 배경, 일곱 번째 마당

김덕련 이승만과 마찬가지로 박정희가 장기 집권을 위해 추진한 3선 개헌은 거센 반발을 부를 수밖에 없었다. 3선 개헌 반대 시위, 어떻게 전개됐나.

서중석 개헌 반대 시위로 넘어가기 전에 먼저 잠시 살펴보면, 이 당시에는 야당도 그랬고 재야 쪽에서도 활력 있는 반대 움직임이 별로 없었다. 그래서 개헌 반대 시위가 그쪽도 미지근한 셈이었고, 그렇게 잘하지 못하고 있었다.

그렇다면 언론이라도 개헌 문제에 대해 할 이야기는 하고 쓸 건 써야 하는 건데, 1967년에 이미 언론들이 제대로 말을 못하는 상황이었으니 1969년엔 오죽했겠나. 3선 개헌 문제를 제대로 보도하지도 않았지만, 특히 3선 개헌 반대 운동 같은 경우 보도한다고 하더라도 선언문이나 결의 내용은 잘 보도하지 않았다. 그 당시 언론이 어떤 상황이었는가에 대해 언론인 송건호가 쓴 글이 있다.

— 송건호는 당시 언론 상황을 어떻게 봤나.

그 글에 따르면, 1969년 3선 개헌 정국에서 동아일보만 후일의 기록을 위해 단 한 번, 개헌을 반대한다는 약한 논조의 사설을 겨우 내보냈을 뿐이라고 한다. 그 밖의 신문은 끝내 그런 태도를 밝힐 수 없었고 언론은 그때 죽어 있었다고 이분은 썼다.

그런데 개헌을 반대한다는 약한 논조의 사설을 언제 내보낸 것인지는 송건호 글에 안 나온다. 박정희 대통령의 7월 25일 특별 담화에 대해 조금 있다가 이야기할 텐데, 그 특별 담화가 나왔을 때 동아일보가 긴 사설을 내보내긴 했다. 그런데 아무리 읽어봐도 이게 찬성인지 반대인지 잘 알 수가 없게끔 돼 있다. 동아일보조차, 그리고 〈박 대통령의 개헌 문제 담화〉라는 제목을 붙여 길게 쓴 사설인데도 그렇게 쓸 수밖에 없는 상황이었다. 3선 개헌에 찬성한다는 말은 이 사설에 없으니 그러면 반대한 것 아니냐고 할 수도 있겠지만, 그만큼 딱한 사정이었던 것 같다.

상황이 이러했기 때문에, 그러면 남은 건 학생들 아니냐는 이야기가 나올 수 있었다. 우리 역사를 보면 이러한 상황에서 목소리를 내는 건 학생밖에 없을 때가 많지 않았나. 1960년 3·15 부정 선거 때에도 사실 앞장서서 반대한 건 학생이었다. 그때 민주당은 활동을 조금밖에 못했다.

초산 테러 사건을 계기로
규모가 커진 3선 개헌 반대 운동

— 학생과 야권 등에서는 3선 개헌 반대 운동을 어떻게 펼쳤나.

재야하고 야당이 여러 차례 투쟁 기구를 발족하려 노력하다가 1969년 4월 초에 가서야 신민당과 재야인사들이 '개헌 저지 국민 투쟁 준비위원회'라는 걸 만든다. 이게 바로 범국민 투쟁 위원회라고 불리는 건데, 이름을 나중에 그렇게 바꾼다.

그런데 박정희가 4월 25일 "(헌법을) 꼭 고칠 필요가 있다면 합법적 절차를 밟아 국민의 의사를 물어 결정할 것이지만, 내 임기 중에는 개헌을 하지 않았으면 하는 것이 솔직한 심경"이라며 당이 바쁜 이때 낭비하면 안 되니 개헌 문제를 공식 거론치 말라고 말했다.

1월 10일 연두 기자 회견 때와 같은 말투였는데, 이것이 국민을 몹시 아리송하게 했고 반대 세력이 투쟁 대열을 갖추는 데에도 어려움을 줬다. 그렇지만 윤치영 공화당 의장 서리는 계속 개헌 불가피론을 펴면서, 사견으로 말하는 것이라는 주장도 했다. 김재순 공화당 대변인도 개헌을 촉구하는 발언을 했다.

그러면서 6월 5일에야 '3선 개헌 반대 범국민 투쟁 준비위원회'가 결성되는데, 김재준 목사가 위원장을 맡았다. 기독교장로회 원로인 이분이 위원장을 맡아 애를 참 많이 썼지만, 위원회 차원에서 무슨 활동이라고 할 만한 게 초기에는 별반 없었다.

그런 가운데 6월 12일 서울대 법대생들이 먼저 '헌정 수호 법대 학생 총회'를 열고 개헌을 반대한다고 천명했다. 서울대 법대에서는 그다음 날 교수 회의를 열고 학생회장 등 5명을 징계 처분했지만, 16일 다시 법대에서 학생 총회를 연 후 철야 농성에 들어가면서 3선 개헌 반대 투쟁이 구체화된다. 17일에는 서울대 문리대에서도 3선 개헌 반대 집회가 열렸다. 19일에는 고려대와 서울대 공대에서 개헌 반대 성토대회가 열렸다. 그렇지만 6월 20일까지는 반대 운동이 크게 일어났다고 보기가 어려웠다.

── 그렇게 된 이유는 무엇인가.

그건 정치권이 애매한 태도를 계속 취했기 때문인데, 박정희의 작전이 그런 점에서는 어느 정도 성공한 셈이다. 개헌하겠다고 딱 부러지게 하는 것도 아니면서 분명히 개헌 쪽으로 가고는 있는 상황에서, 3선 개헌을 저지하기 위해 언제 어떻게 치고 나가야 할지가 애매하다고 봤던 것도 작용했다.

1969년 6월 21일 자 경향신문. 6월 20일 밤 신민당 원내총무 김영삼의 차에 괴한들이 초산을 퍼부은 초산 테러 사건이 발생했다. 사건 다음 날 김영삼은 국회에서 자신에 대한 테러는 '보복을 목적으로 한 살인적인 정치 테러'라고 규정했다.

그리고 1968년은 한일 회담 반대 데모 이후 유일하게 학생 시위가 없던 해였다. 1968년에는 1·21 청와대 습격 시도 사건, 푸에블로호 사건, 울진·삼척 게릴라 사건 등 굵직굵직한 사건이 많았고, 향토 예비군 같은 것이 설치됐으며, 통혁당 사건에 학생 서클들이 연루돼 체포되고 하면서 대학 사회가 위축돼 있었다. 이것도 영향을 끼치지 않았나 싶다. 그런데 이때 사건이 하나 일어났다.

── 어떤 사건이었나.

유신 쿠데타의 배경

연세대에서 개헌 반대 성토대회가 열렸던 6월 20일 밤 신민당 원내총무 김영삼의 차에 괴한들이 초산을 퍼부은 유명한 초산 테러 사건이 발생했다. 사건이 나기 1주일 전인 6월 13일 김영삼은 국회에서 "3선 개헌은 제2의 쿠데타"이며 개헌 음모의 총본부가 우리나라의 암적 존재인 중앙정보부라고 주장하면서 김형욱 중앙정보부장 파면을 요구했다. 중앙정보부장을 직접 거론하며 비판하는 건 드문 일이었는데, 김영삼다운 강성 발언이었다.

　　그러고 나서 초산 테러 사건이 벌어지니까, 사건 다음 날 김영삼은 국회에서 자신에 대한 테러는 '보복을 목적으로 한 살인적인 정치 테러'라고 규정하고 "이 독재 국가를 끌고 나가는 원부怨府가 바로 중앙정보부요, 그 책임자인 김형욱은 (3·15 부정 선거 당시 내무부 장관이던) 최인규와 같은 민족 반역자다"라고 하면서 중앙정보부를 또 공격했다. 그러면서 사회적 분위기가 3선 개헌 반대 쪽으로 강하게 잡혀나갔다.

── 초산 테러 사건 후 3선 개헌 반대 운동은 어떻게 전개됐나.

　　6월 23일 서울대 문리대 학생 총회에서 3선 개헌 반대 선언문이 낭독됐고 경희대, 경북대에서도 3선 개헌 반대 성토대회가 열렸다. 다음 날에는 경기대에서 열렸다. 6월 25일에는 경북대에서 다시 개헌 반대 성토대회가 열렸다. 27일에는 고려대생들이 가두로 진출해 시위를 벌였다. 고려대생들은 그다음 날에도 시위를 했다. 고려대생이 시위를 벌인 27일에는 대구 계명대에서도 성토대회가 열렸고 그다음 날에는 대구사회사업대에서도 열렸다.

　　이 시기에 대구에서도 3선 개헌 반대 데모가 많았다. 1967년

1969년 7월 1일 자 동아일보는 페퍼포그 라는 시위 진압용 가스 분사기가 고려대 생 시위 현장에서 처음 사용됐다고 보도 하고 있다. 기사에는 "페퍼포그는 화염방 사기처럼 생긴 것으로 요란한 소리를 내 면서 최루가스와 회색빛 연기를 동시에 뿜어내 심한 냄새로 눈물과 재채기가 나 며 얼굴까지 따가와 행인들이 지나다닐 수 없을 정도며 낮에 뿜은 것이 밤늦게까 지도 번지는 대단한 성능을 발휘했다"고 나와 있다.

대선 당시 경상도 쪽에서 박정희 후보 표가 많이 나오기는 했지만, 그 이후 시기에 비하면 이때는 지역감정이 그렇게까지 강하지 않았 고 또한 민주화 운동 세력은 지역감정 같은 것과 상관없이 올바른 걸 밀고 나가는 쪽이었기 때문에 그랬다고도 볼 수 있다. 하여튼 대 구 쪽에서 이때 시위를 많이 했다.

6월 29일 무렵부터 대학생들은 매일같이 시위를 했다. 경북대 생들은 이날부터 7월 1일까지 계속 성토대회와 가두시위를 했다. 6월 30일 연세대 학생 1,300여 명이 이화여대 앞까지 진출해 가두 시위를 했고, 고려대 학생들은 경찰의 최루탄에 맞서 투석전을 벌 였다. 경희대, 홍익대, 광주사대에서도 시위를 했다. 서울대 공대와 같은 캠퍼스에 있는 교양 과정부 학생들은 성토대회를 열었다.

민주화운동기념사업회 연구소에서 엮은《한국민주화운동사》 에 당시 시위 상황이 잘 정리돼 있는데, 6월 30일 이날 페퍼포그라 는 시위 진압용 가스 분사기가 고려대생 시위 현장에서 처음 사용

유신 쿠데타의 배경

됐다고 한다. 최루가스를 뿜어내는 것으로 유명한 페퍼포그라는 것이 이때 등장한 것이다.

— 7월에 들어선 후 시위 상황은 어떠했나.

7월 1일에는 연세대, 서울대 공대, 경북대, 공주사대, 홍익대, 외국어대 학생들이 시위를 했다. 고려대 학생들은 명동, 을지로 입구, 종로 2가에 나가 도심지에서 데모를 감행했다. 그다음 날에는 시위 규모가 더 커졌는데, 1일에 시위를 한 대학들 중 일부뿐만 아니라 중앙대, 동국대, 서울대 법대 같은 데서도 시위를 했다. 서울대 문리대에서는 '독재 체제를 획책하는 황소 제국 화형식'을 거행했다.

이날 고등학생들도 시위에 나섰다. 3선 개헌 반대 때에는 고등학생들이 시위를 꽤 많이 했다. 고등학생 시위가 1970년대 이후에는 아주 드문 현상 아닌가. 평준화 이후 고교생 시위가 없어졌다는 말이 돌 정도로 고교생 시위가 사라진다. 그러나 이때는 상당히 있었다. 중앙고 학생들이 7월 1일에 시위를 했는데, 다음 날 이 학교는 바로 휴교에 들어간다.

7월 2일 서울대 법대 학생들이 정보과 경찰을 시위 현장에서 억류하는 사태가 일어나면서 학생과 경찰이 당시로서는 극렬 대치라고 할 수 있는 상태에 놓이기도 했다. 물론 1987년 6월항쟁 때에는 곳곳에서 일어나는 일이지만, 1969년 당시에는 아주 드문 일이었다. 긴장과 두려움이 캠퍼스에 감돌았는데, 3일 새벽으로 접어들면서 대치 상태가 풀렸다.

시위가 이어지자 아니나 다를까 서울에 있는 대학들이 휴교에

1969년 7월 3일 자 동아일보. 서울대 법대 학생들이 정보과 경찰을 시위 현장에서 억류하는 사태가 일어나면서 학생과 경찰이 극렬 대치한 사건을 보도하고 있다.

들어갔다. 7월 2일 서울대, 4일에는 고려대 등 다른 대학이 휴교에 들어갔다. 그러나 시위는 계속됐다. 7월 3일 전북대, 성균관대, 건국대, 외국어대, 동국대, 숭실대, 중앙대, 우석대에서 시위가 계속 벌어졌다. 고려대 학생들은 부근의 서울대 사범대 학생들과 합세해 가두데모를 했다. 서울대 상대·사범대·약대에서도 각각의 캠퍼스에서 성토대회를 열었다. 강릉 관동대에서도 성토대회가 열렸다. 경찰 집계에 의하면 6월 27일부터 7월 3일 사이에 12개 대학에서 3만 3,200여 명이 시위에 참가했고 학생 541명, 시민 35명이 연행됐다.

7월 4일에도 고려대, 경북대, 우석대, 건국대, 한양대, 광운전자공대, 숭실대, 서울대 공대와 교양 과정부, 서울교대, 연세대와 연세대 의대, 서울대 상대·치대·의대에서 시위가 벌어졌다. 고려대 학생들은 연 7일째 성토대회를 열고 교문 밖으로 뛰쳐나갔는데 이날은 홍릉, 미아리, 마장동, 신설동, 종로 5가 등 곳곳에서 경찰과 충돌했다. 5일에도 몇몇 대학에서 시위가 있었고 7일에도 전국 각지

유신 쿠데타의 배경

1969년 7월 7일 자 동아일보에 실린 서울대 정문을 지키는 경찰들의 모습. 전국의 주요 대학교, 고등학교가 문을 닫고 조기 방학에 들어가면서 시위를 더 이상 하기 어려운 상태가 되었다.

의 여러 대학에서 성토대회나 시위를 했다.

그렇지만 이때쯤 되면 많은 대학이 조기 방학에 들어갔고 고등학교도 조기 방학에 들어간 학교가 많았다. 이날 광주고, 광주일고, 광주공고, 광주농고 학생들은 기말 시험을 치르게 돼 있었는데 교사들이 교문 밖에서 "방학했으니 집에 돌아가라"고 말해 집으로 돌아갔다. 박정희는 이날도 개헌이 합법적 절차에 따라 이뤄지게 하는 것이 정부의 의무라고 말하면서도, 개헌에 대한 '소신'을 아직 밝힐 때가 아니라고 밝혔다.

── 휴교, 조기 방학 후 분위기에 변화가 있었나.

휴교에 들어가거나 방학을 했는데도 7월 8일 연세대, 부산대, 부산수산대, 대구 영남대, 계명대에서 성토대회가 열렸고 가톨릭의대 학생들은 개헌 반대 단식에 돌입했다. 7월 9일 대구 경북고 학생들이 2·28기념탑 앞에서 연좌데모를 했다. 그것에 이어 그다음 날에는 대구의 대구고, 대륜고 학생들이 성토대회와 개헌 반대 시위를 했다. 11일에는 안동고와 안동교육대, 대구 계성고에서 시위를 했다. 미국 워싱턴 지구 유학생 약 150명도 개헌 반대 결의문을 채택했다. 12일에는 성토대회가 김천중·고등학교에서 열렸다. 이처럼 경상도 쪽에서 고등학생뿐만 아니라 중학생까지 가담해 시위를 크게 했다.

그렇지만 7월 12일 이후에는 시위를 더 이상 하기가 어렵게 된다. 전국의 주요 대학교, 고등학교가 문을 닫고 조기 방학에 들어가면서 그렇게 된 건데, 시위를 더 이어가기 어려운 상황에 접어든다. 그러면서 박정희 정권은 3선 개헌을 방학 동안 강하게 추진하게 된다. 우리나라에선 한일협정 비준처럼 학생들의 반대를 피하기 위해 방학 동안에 중요한 뭔가를 하는 경우가 많았는데, 3선 개헌도 그 기간 동안 그렇게 추진됐다.

시위 움직임만 나타나면
멋대로 학교 문을 닫아버린 정권

— 걸핏하면 휴교를 하거나 조기 방학에 들어가던 때였다. 대학에서 차분히 수업을 들으며 공부하기 어려웠을 것 같다.

지금 생각해봐도 신기하지만 그 시절 대학생들이 어떻게 공부할 수 있었는지 모르겠다. 내가 대학에 들어간 1967년만 해도 6·8 부정 선거 항의 시위가 시작되면서 학교 문이 닫혔다. 박정희 정권은 학생들이 시위에 나서거나 나서려 하면 대학뿐만 아니라 고등학교도 바로 문을 닫아버렸다. 이름도 그때그때 달랐다. 휴강이라고도 했고 휴학이라고도 했고 휴교라고도 불렀다. 지금은 각각 어느 것이 휴학, 휴강, 휴교였는지 기억도 안 나지만 그러한 이름으로 박정희 정권은 대학의 문을 닫아버렸다. 또 조기 방학도 있었다. 1969년에도 6월 중순에 들어가면서 문을 닫았다. 그러니까 3월부터 5월까지 석 달이 대학에서 공부할 수 있는 시기였다.

그런데 그때는 3월 말이나 4월 초가 돼야 교수가 강의를 시작하는 경우가 많았다. 그때는 대부분이 한 강좌 3시간을 이어서 하게 했는데, 3시간 강의를 다 하는 교수는 드물었다. 대개는 연속 강의로 100분을 넘지 않았다. 그뿐 아니라 4월, 5월이라고 하더라도 결강하는 교수들이 많았다. 주어진 강의 시간에 강의를 다 하는 교수가 그때는 몇 분밖에 안되지 않았나 싶다. 어떤 교수는 한 학기에 두세 번 강의실에 나오고 항상 휴강을 했다. 나는 교양 과목으로 중급 독일어를 들은 적이 있는데 1년에, 그러니까 두 학기에 해당하는데, 프록코트인가 바바리인가를 입은 선생님을 두세 번 봤지 않았나 싶다. 그분은 비 오는 날에 교실에 들어왔다. 이렇게 한 학기에 한두 번만 강의실에 들어오는 교수가 몇 분 더 있었다.

그렇게 그 당시는 결강이 많았는데 학생도, 교수도 별로 문제시하지 않았다. 대학은 의례히 그런 곳이고 '대학생은 자신이 알아서 공부하는 것이다'가 상아탑의 좌우명처럼 여겨졌다. 그런 것을 적극 조장한 것이 문교부의 휴강, 휴학, 휴교, 조기 방학 조치였다.

이런 상태에서 공부를 했으니 얼마나 신기한가. 나는 현대사의 한 단면으로 이 부분을 현대사 강의 시간에 얘기한다. 그런 시대가 있었다.

박정희가 3선 개헌 문제에 대해 애매한 태도를 취한 까닭

— 시위가 잦아들면서 박정희 정권은 3선 개헌을 어떤 식으로 밀어붙였나.

이 시기 국회 상황을 잠시 살펴보면, 7월 9일 국회의장 선거가 또 치러진다. 그런데 1차 투표에서 이효상이 재석 163명 중에서 80표밖에 못 얻으면서 국회의장이 되지 못했다. 2차 투표에서 이효상은 재석 165명 중에서 92표를 얻어 재적 과반수인 88표를 간신히 넘기며 국회의장이 다시 되긴 했다. 그렇지만 1·2차 투표에 참여한 야당 의원 수를 감안하면, 공화당과 친여 성향인 정우회를 더한 여당권에서 1차 투표 때는 35명, 2차 투표 때는 24명의 반란이 있었다고 보고 있다.

이러한 상황에서 추진된 3선 개헌은 다른 사람이 아닌 박 대통령의 3선 문제였다. 핵 중의 핵은 박 대통령이었다. 그러면 박 대통령이 개헌 문제를 분명하게 이끌고 나간다든가 어떤 태도를 뚜렷하게 취해야 하는 것인데, 3선 개헌을 하기 위해 6·8 부정 선거를 저질렀고 김종필계를 거세게 압박했으면서도 겉으로 박정희는 3선 개헌에 초연한 것처럼 행동했다..

1969년 7월 25일 박정희가 기자 회견을 열고 특별 담화를 발표하고 있다. 박정희는 이날 "임기 중에 헌법을 고치지 않았으면 하는 것이 나의 심경이다"라고 말했다. 사진 출처: e영상역사관

그러다가 7월 25일, 유일하게 이 개헌에 대해 직접적으로 이야기하는 특별 담화라는 걸 발표한다. 이 특별 담화는 여러 가지 점에서 논란이 됐다. 예컨대 이렇게 이야기했다. "임기 중에 헌법을 고치지 않았으면 하는 것이 나의 심경이다"라고 마치 개헌을 원하지 않는 것처럼 1월에 이야기하고 그랬지만, 이 특별 담화에서도 "내 개인이 개헌을 원하지 않고 있다"고 또 이야기했다. 그뿐 아니라 "대통령으로서 개헌을 하겠다, 안 하겠다 할 권한은 없다"고 주장했다.

개헌이 자기하고는 마치 상관이 없다는 식으로 이야기한 건데, 이걸 납득할 수 있는 건가. 이건 국민을 우롱하는 것 아니냐고 볼 수 있다. 그다음 날 동아일보 사설에도 나와 있는 것처럼, 개헌 문

제의 직접적인 당사자는 바로 박 대통령이고 따라서 당사자인 박 대통령 자신의 태도가 주목받을 수밖에 없었다. 그리고 박 대통령은 대통령일 뿐만 아니라 공화당 총재이기도 하지 않나. 그렇다면 공화당 총재로서 '3선 개헌에 대해 공화당은 어떤 태도를 취해야 한다'는 것을 뚜렷하게 얘기할 수 있는 건데, 자신은 마치 오불관언吾不關焉, 즉 3선 개헌 문제와 거리가 있는 것처럼 이야기하는 건 일부 국민들에게 '대통령이 개헌을 원치 않나 보네', 이런 생각을 갖게 했을지는 몰라도 많은 국민들한테 이건 너무 심한 우롱 아니냐는 이야기를 들을 수 있었다.

— 박정희 대통령은 왜 그런 태도를 취한 것인가.

대통령이 왜 이런 애매한 태도를 계속 취했는지를 생각해보면, 거기엔 충분한 이유가 있다고 난 본다. 뭐냐 하면, 3선 개헌을 하려면 그걸 해야만 하는 확고한 이유를 제시해야 하는 것 아닌가. 이런 이유 때문에 3선 개헌을 안 하면 안 된다고 뚜렷하게 제시해야 했다. 그런데 그런 게 있었나?

예컨대 3선 개헌을 추진할 때 4인 체제에서 주장한 것처럼 '김종필은 후계자감이 못 된다', 이런 이야기를 한다든가 '경제 발전을 위해서' 또는 '안보를 위해 3선 개헌이 필요하다', 이런 식으로 3선 개헌을 하지 않으면 안 될 이유를 제시했어야 했다. 그렇지만 박정희가 예컨대 '김종필은 내 후계자감이 못 된다', 이렇게 얘기할 수도 없었고 거기다가 '나 아니면 경제나 안보가 안 된다', 이런 주장이 먹혀들기도 어려운 상황이었다. '박 대통령 없으면 경제가 안 되겠다', 이런 생각을 하는 사람들이 많지 않았다. 이건 1971년 선거

유신 쿠데타의 배경

에서도 비슷하게 나타나는데, 박 대통령이 경제에 아주 유능하다고 생각하는 국민들이 이 시점에 많았다고 보기가 어렵다. 그렇기 때문에 '경제 발전을 위해 3선 개헌을 해야 한다', 이걸로 설득하기도 어려웠다. 그게 아니라 안보를 이유로 제시할 경우, '그럼 안보 때문에 다른 사람은 대통령을 하지 말라는 뜻이냐'라고 야당이나 여당 내 반대 세력이 비판하고 나서면 그것에 답변할 수도 없었다.

그런데도 박정희로서는 왜 3선 개헌을 하지 않으면 안 됐는가. 이유는 아주 간단했다. 이승만과 똑같은 이유 때문이었다. '내가 계속 집권해야겠다', 이건데 그렇다고 그렇게 이야기할 수도 없는 것 아닌가. 그러니까 국민을 상대로 또는 정치인을 상대로 '이러이러한 이유 때문에 3선 개헌을 꼭 해야 한다'고 마땅하게 이야기할 게 없었고, 그렇다고 본심을 그대로 밝힐 수도 없어서 그런 애매한 태도를 취한 것 아니냐고 볼 수 있다.

3선 개헌과 자신에 대한 신임을 연계해 국민 압박한 박정희

── 7·25 특별 담화에는 그 밖에 어떤 내용이 담겨 있었나.

박 대통령은 이 특별 담화에서 야당에 대해 강한 비판, 비난, 비방을 퍼부었다. "수차에 걸친 주요 도시에서의 (야당의) 유세는 그 도를 넘어 반정부 선동에까지 나오고 있습니다", "전국적 유세를 펴 있는 말, 없는 말로 마치 적국 정부라도 규탄하듯 온갖 욕설을 나와 이 정부에 퍼붓고 국민을 선동하고 있습니다", 이렇게 주장하면서 그것에 대한 구체적인 예까지 들었다. 박 대통령은 "야당의 유세는 한갓 개헌 반대의 한계를 넘어서 반정부 선동의 양상을 띠고 있으며 그 도는 날이 갈수록 더 극심해질 것이 예상됩니다"라고 말하고는 "박 대통령은 이(승만) 박사보다 더 지독한 독재자다, 이 정부는 민주주의를 완전히 짓밟고 민주주의를 파괴하는 독재 정치를 하고 있다, 박 정권의 경제 시책은 완전히 실패했고 며칠 안 가서 파탄이 된다, 부정부패가 극도에 달해 이대로 가다가는 머지않아 김일성에게 먹히고 만다, 민심은 정부와 완전히 이탈되고 있는데 대통령 혼자 독주를 하고 있다 등등 헤아릴 수 없는 욕설을 퍼붓고 있습니다"라고 하면서 야당이 욕설을 퍼붓고 있다는 주장을 많이 했다.

이 중 상당 부분은 야당이 이야기한 것에 대한 박정희 자신의 평가라고 볼 수 있고, 어떤 것은 야당 중에서도 일부가 이야기한 것을 야당 전체의 얘기인 것처럼 주장한 면도 있다. 또 3선 개헌을 반대하는 쪽에서 보면, 박정희를 독재자라고 하면서 반대하는 것은 당연한 일 아닌가. 그런 점도 생각할 수 있다.

그러나 야당이나 재야, 학생들이 특별히 많이 언급한 한 가지는 말하지 않았다. 이승만처럼 장기 집권하려고 3선 개헌을 하는 것 아니냐는 바로 그것이었다.

— 야당에 대한 강도 높은 비난은 박정희 집권 18년 동안 거듭 나타난 모습 아닌가.

사실 이 특별 담화뿐만 아니라 박정희의 5·16쿠데타 직후 발표문, 논설, 저서, 담화문, 연설문 같은 걸 쭉 보면 야당에 대해, 그중에서도 특히 장면 정권에 대해 아주 강한 공격과 비난을 한 것을 알 수 있다. 나는 그게 너무 심하지 않느냐, 또 상당 부분은 근거가 약하거나 없는 것 아니냐, 야당을 공격함으로써 쿠데타를 합리화하려는 의도를 너무 심하게 노출한 것 아니냐는 느낌을 굉장히 많이 받았다.

또 1960년대나 1970년대나 박정희 쪽에서 야당을 비판한 내용을 보면, 야당의 존립 자체를 인정하지 않으려는 태도로 그런 비판을 한 것 아니냐는 생각이 들게 하는 경우가 아주 많다. 야당의 임무라는 건 말할 것도 없이 정부를 비판하고 견제하는 것이라고 볼 수 있다. 그러면서 정권을 잡으려고 하는 것 아닌가. 그런데 정권을 잡으려고 하는 것 자체를 '야당이 정권이나 잡으려고 하고', 이런 식으로 문제 삼는 것을 아주 많이 볼 수 있다. 이승만 대통령도 야당이 정권을 잡으려 한다고 하면서 아주 심하게 비난했는데, 그것과 꼭 닮은꼴이다.

정당 정치라는 걸 잘 이해하지 못했기 때문에 그런 주장을 한 게 아닌가 싶기도 하고 그것이 먹혀든다고 생각했기 때문이기도 할 터인데, 박정희의 7·25 특별 담화에서 제일 큰 비중을 차지한 부분이 바로 이 야당 비난이었다. 3선 개헌에 대한 자기 의견을 뚜렷하게 이야기할 수 없으니까 결국 야당을 비난하는 것으로 3선 개헌 명분을 세우려 한 것 아니냐는 느낌을 준다.

그러고 나서 박 대통령은 공화당에 대해 요구했다. 공화당에서 3선 개헌안을 발의하라는 이야기였다. 이 부분도 조금은 논란이 된다.

─── 어떤 점에서 그러한가.

공화당이 아무리 박 대통령 명령일하에 움직이는 당이라고 하더라도 순서나 과정이라는 게 있는 것 아닌가. 3선 개헌에 찬성하는지 반대하는지, 공화당 내에서 3선 개헌에 관한 논의를 먼저 해야 할 것 아닌가. 그걸 거친 다음에 그 의견을 모아 '공화당 의원의 3분의 2 이상이 3선 개헌에 찬성하니 그걸 당론으로 결정하겠다', 이런 식으로 해서 발의를 해야 하는 것 아닌가.

그렇지만 이때까지 형태상으로만 보면 공화당에서 3선 개헌을 논의하기 위해 의원 총회를 열었다거나 하는 게 없었다. 그런데 7·25 특별 담화에서 대통령이 '공화당에서 3선 개헌안을 발의하라'고 주문한 것이다. 여러 항명 파동이 잘 보여주듯이 박 대통령은 자신의 지시를 따르지 않으면 해당자들을 공화당에서 쫓아내거나 의원직에서 제명하는 방식으로 강하게 처벌하지 않았다. 그런 대통령이 '내겐 개헌을 하겠다, 하지 않겠다고 할 권한이 없다'고 하면서도 '공화당에서 3선 개헌안을 발의하라', 이렇게 지시한 것이다. 개헌 문제와 관련해 권한이 없다고 하면서도, 또 이 특별 담화가 나오기 전까지 개헌에 대한 자신의 의사를 명백히 밝히지 않았으면서 돌연히 공화당에 그런 주문을 하는 건 앞뒤가 안 맞는 것 아닌가.

그런데 사실 이 7·25 특별 담화가 주목받은 건 앞에서 말한 이 세 가지 때문이 아니다. 박 대통령은 여기서 중대한 하나의 선언을 했다.

—— 그게 무엇인가.

박 대통령은 야당이 이렇게 욕설을 퍼붓고 있는데 그러면 국민에게 신임을 물어 진퇴를 결정해야겠다면서 "다음과 같이 여야 정치인들에게 제의하는 바입니다. 일, 기왕에 거론되고 있는 개헌 문제를 통해서 나와 이 정부에 대한 신임을 묻는다", 이렇게 이야기 했다. 그리고 나서 세 번째에 가서 "개헌안이 국민 투표에서 부결될 때에는 나와 이 정부는 야당이 주장하듯이 국민으로부터 불신임을 받고 있는 것으로 간주하고 나와 이 정부는 즉각 물러선다", 이렇게 천명했다.

왜 격렬히 야당을 비난했는지 알게 하지만, 이 부분은 해석하기에 따라서는 국민이나 야당에 대한 협박 아니냐고 볼 수도 있다. 당시 야당에서는 그렇게 받아들이고 강하게 반발했다. 개헌에 찬성하느냐 반대하느냐를 묻는 국민 투표를 하면 되는 것이지, 어떻게 거기서 신임까지 묻느냐는 것이었다. '그건 헌법에 없는 사항 아니냐. 만약 국민 투표에서 부결돼 정부가 물러난다면, 그럼 어떻게 하라는 말이냐. 무정부 상태로 가자는 것인가? 그 문제에 대한 해결책을 제시한 게 없지 않나. 이건 3선 개헌안을 꼭 통과시켜달라고 국민 또는 야당을 압박하는 주장으로 해석될 수 있는 것 아니냐'고 해서 특별 담화의 그 부분이 초헌법적 발상이라고 야당과 재야, 학생들은 강하게 반발했다.

김정열 "들어보세요, 자유당 시절하고 똑같습니다" 박정희 "그만둬, 그만둬"

—— 특별 담화 후 상황은 어떠했나.

7월 25일 이날 박정희 대통령은 당 총재 상의역으로 있던 정구영, 최희송, 김정열, 윤치영 같은 사람을 불러들였다. 간부들을 불러 개헌에 대한 의견을 묻는 것이 이때 와서야 처음으로 이뤄진 것이다.

이에 앞서, 이 담화가 나온 날 정구영 집에 신윤창, 박종태, 양순직, 예춘호 같은 사람들이 찾아왔다. '어떻게 하면 되느냐', 서로 입을 쳐다보고 있었다. '3선 개헌을 해서는 안 됩니다, 총재 각하'라는 주장을 담은 건의문을 7월 1일 자로 작성해 40명이 서명한 상황이었는데 7월 25일 이런 담화가 나오자 정구영과 이 사람들은 '한 10명은 꼭 확보하자'는 이야기를 했다. 그런데 총재인 박 대통령이 정구영 등을 부른 것이다.

— 어떤 이야기가 오갔나.

정구영이 먼저 얘기를 꺼냈다. 대통령 특별 담화 발표에 대한 얘기를 여러 가지로 하면서 '담화문에 정말 놀랐다. 우리는 건의문을 전달하려 하고 있었다'고 직설적으로 말했다. 그러자 '담화가 법적으로 잘못된 게 있느냐'는 답이 돌아왔다. 정구영은 "어디에 근거를 두어 총재께서 개헌을 발의하라고 당원들에게 종용하시는 것입니까?"라고 물으면서 "당론으로 결정된 다음에 그런 말씀을 하셔야지 이렇게 하면 어떻게 합니까", 이렇게 말했다. 그러면서 "당론으로 결정된 바 없는 것을 발의하라고 한 것은 비민주적입니다"라고 총재를 직접 비판했다. 그러자 대통령은 얼굴을 붉히고 대답을 하지 않았다.

그러고 나서 김정열이 나섰다. 김정열은 이승만 정권 말기에 국방부 장관을 했는데, 이승만 대통령이 1960년 4월 26일 하야를

　　　　　　　　　　　　　　유신 쿠데타의 배경

발표하는 데 역할을 했다. 하야하라고 종용했다. 국방부 장관이었으니 미군과 잘 알고 있었고 군을 대표하는 위치에 있지 않았나. 외무부 장관으로 수석 국무위원인 허정하고 김정열, 이 두 사람이 이승만에게 하야하라고 한 게 당시 큰 역할을 했다. 그런 김정열이 옛날 이야기를 꺼냈다.

— 옛날이야기라면 언제 적 이야기를 말하는 것인가.

김정열이 "개헌이 부당하다는 말을 몇 차례 드린 적이 있었고"라고 말을 꺼내면서 자유당 때 국회 속기록을 보여줬다고 한다. 이때는 김정열도 대단하더라. 그런데 나중에 신군부 정권 가면 또 좀 그렇기는 하다.°

"여기 국회 속기록을 가져왔습니다. 자유당 시대에 3선 개헌을 할 적에, 그게 사사오입 개헌이죠, 그 당시 제안 이유를 설명한 기록이 여기 있습니다. 이승만 박사가 장기 집권해야 옳다고 하는 점에 대해서 '북괴의 남침 위협이 있다', '조국의 경제 발전을 이룩해야겠다', 즉 조국의 근대화, 셋째로는 '적당한 후임자가 없다', 이 세 가지를 들어서 말했습니다. 그런데 이번에 자유당 시절의 개헌 이유를 재판再版하는 경향이 있습니다. 그때 속기록을 제가 읽겠습니다."

이러니까 대통령이 자유당 시대의 것을 왜 여기서 이야기하느냐며 화를 냈다. 김정열이 "글쎄요. 그래도 좀 들어보세요"라고 하자, 대통령은 "그만둬, 그만둬"라고 했다. 김정열은 "이거하고 똑같

* 김정열은 전두환·신군부 정권 초기에 국정자문위원 등을 맡으며 신군부에 힘을 실어줬고, 전두환 정권 말기에는 국무총리를 맡는다.

습니다. 들어보세요"라고 했다. 이렇게 두 사람이 언쟁하는 것을 볼 수 있다.

이때 공화당 상의역 가운데 3선 개헌에 찬성한 것은 윤치영 한 명이었다. 정구영은 청와대에서 나오면서 '개헌 반대 의원을 10명 정도는 확고히 결속해야겠다'고 생각했다. 그런 가운데, 3선 개헌과 관련해 제일 유명한 회의가 드디어 열리게 된다.

이만섭의 기묘한 발언 후 분위기 바뀐 공화당, 이후락·김형욱 퇴진 조건부로 3선 개헌안 발의

— 어떤 회의인가.

7월 29일에 열린 공화당 의원 총회였다. 여기서 3선 개헌에 대해 의견을 모으려고 한 것이다. 반대가 많이 나왔지만 윤치영, 백남억, 김성곤, 백두진 같은 사람들은 찬성하는 발언을 했다. 그런데 느닷없이 이만섭 의원이 발언을 신청했는데 찬반 토론이 아닌 진행 발언권을 신청했다. 이 이만섭 의원 발언이 3선 개헌과 관련해 많이 이야기되는 유명한 발언인데, 논리가 아주 특이하다고 할까, 이상했고 그러면서 공화당 분위기를 싹 다른 방향으로 바꿔버렸다.

— 어떤 면에서 특이했나.

뭐라고 이야기했느냐 하면 "설사 개헌을 한다고 합시다", 이렇게 말했다. 이때까지 이만섭은 개헌을 반대했다. 그런데 '개헌을 한다고 하면', 이런 식으로 얘기를 꺼내버린 것이다. 그러고 나서 "그러면 국민이 납득할 수 있는 선행 조치를 취해야 하는 것 아니냐", 이렇게 나왔다. 다시 말해 '개헌하자. 다만 조건을 내세우자', 이렇게 나온 것이다. "첫째, 이후락 청와대 비서실장과 김형욱 중앙정보 부장을 부정부패에 대한 책임을 물어 퇴진케 해야 합니다. 이들이 있는 한 공화당이 무슨 짓을 해도 납득하지 않아요. 둘째, 중앙정보 부는 지금과 같이 정치에 간여할 것이 아니라 대공 사찰에만 전념 해야 합니다. 정치 사찰은 즉시 중지해야 합니다. 그리고 차제에 말단 단속에 그치고 있는 부정부패를 발본색원하는 조치를 단행해야 합니다." 이만섭이 이렇게 발언하자 이상한 흥분 같은 걸로 장내 분위기가 들떴다.

─ 왜 그런 분위기가 조성됐나.

김종필계는 이후락, 김형욱을 아주 미워하고 있었다. 자기들이 계속 당했기 때문이다. 그렇지만 무서운 실력자들 아닌가. 야당에서도 김영삼 같은 사람이나 공격했지, 이 사람들의 이름을 직접 거론하면서 공격하는 경우는 아주 드물었다. 더군다나 공화당 소속 국회의원이 공개적으로 '이 두 사람을 물러나게 해야 한다. 특히 김형욱 중앙정보부장을 물러나게 하자', 이렇게 얘기한다는 건 생각하기 어려웠다. 다들 맘속에서는 '그랬으면 좋겠다'고 생각하고 있어도 입을 열 수 없는 분위기가 당시에 있었다. 그런데 이만섭이 딱 그렇게 이야기하니까 곳곳에서 "옳소!", "옳소!" 소리가 터져나온 것이다.

그러자 4인 체제의 한 사람인 백남억 정책위원회 의장이 일어났다. 백남억은 "공화당은 여당이면서도 여당 구실을 못하고 권력의 중심부에서 소외당해왔다"고 말하면서 이만섭 발언에 동조했다. 회의를 중단하고 의견을 모았는데 '그럼 의원 총회 결의로 하자', 이렇게 됐다. 개헌 찬반 토론에서 분위기가 이렇게 확 바뀌어 버린 것이다. 이후락, 김형욱 이 두 사람을 축출하자는 쪽으로 가면서 '그러면 개헌할 수 있다', 분위기가 이렇게 돼버렸다. 이 의원의 건의 사항을 정리해 김성곤과 장경순 국회 부의장이 청와대에 가서 전달하기로 했다. 이게 29일 밤 11시경이었다.

— 청와대와 중앙정보부에서는 어떤 반응을 보였나.

김형욱이 이걸 모를 리가 없었다. 이런 발언이 있었다는 걸 알자마자 김형욱은 청와대로 달려가 이후락 비서실장 방에 들어가서 "이만섭 이놈 죽인다", "김성곤도 잡아넣을 걸 그랬어"라고 해가면서 막 소리를 질러댔다. 이후락이 대책을 협의하자고 했고, 어떻게 할 것인가를 이야기한 후 대통령에게 갔다고 한다. 대통령이 이때 어떤 반응을 보였는지는 알 수 없다고 돼 있다.

국회의원들의 의견을 청와대에 전달하기로 한 사람들 중에서 김성곤은 진짜 갔는지 안 갔는지도 모른다고 돼 있는데, 장경순 국회 부의장은 확실히 갔다. 장경순이 의원 총회 분위기를 설명하면서 선행조건 이야기를 했다. 그랬더니 박정희 대통령이 "선행조건은 무슨 놈의 선행조건이야", 이러면서 소리를 질렀다고 한다. 장경순은 더 말을 못하고 나왔다.

— 청와대의 반응을 접한 후 공화당 의원 총회 분위기는 어떠했나.

공화당 의원들은 '이거 어떻게 되는 거야' 하면서 서로 눈치를 보고 있었는데 그때 김성곤이 나섰다. "김형욱이 날 잡아넣겠다고 한다." 어디서 들었는지 몰라도 이 이야기를 하면서 "물러설 수 없다"고 말했다. 그러면서 분위기를 띄웠다. 그러자 풀이 죽어 있던 의원들의 흥분이 되살아났다. 두 사람의 사표를 받아야 한다는 쪽으로 분위기가 형성됐다.

그래서 다시 장경순이 청와대에 갔다. 대통령한테 무슨 얘기를 들었는지 몰라도 장경순은 "나를 믿고 묻지 말아달라"고 이야기했다. 그러니까 김택수 원내총무가 "자, 이제 개헌 결의문을 채택하자", 이렇게 나왔다. "만장일치로 결의문을 채택하기 위해서 여러분, 손뼉을 쳐봐라"라고 하니 다 손뼉을 칠 수밖에 없는 것 아닌가. 물론 안 친 사람도 있겠지만 누가 안 쳤는지까지는 알 수 없다. 하여튼 이렇게 만장일치로 손뼉 치는 쪽으로 분위기를 끌어간 것이다. 서명을 받기 시작했고, 당시 그 자리에 있던 사람은 모두 서명했다고 그런다. 98명이었다. 중간에 퇴장한 정구영, 현정주, 이동영이 세 의원은 서명하지 않았다.

일주일이 지나서 대통령은 "국민 투표가 끝나면 이 실장, 김 부장을 그만두게 하겠다"고 이야기했다. 하여튼 공화당에서는 이 두 사람을 쫓아내는 걸로 의견을 모아가는 방식이 돼버렸다.

정구영은 이날의 상황을 상세히 회고하면서 이 이만섭 발언이 요지경이라고 평가했다.

── 그렇게 평가한 근거는 무엇인가.

어째서 특이한 형태로 문제를 제기했느냐고 하면서, 이건 짜고서 한 것 아니겠느냐는 주장을 정구영은 언론인 이영석이 펴낸 자신의 회고를 담은 책에서 폈다. "대통령한테 사전에 양해 받은 쇼일 수도 있어. '개헌에 반대하는 의견이 많다. 분위기를 돌려놓지 않으면 개헌안 발의를 하기가 어렵다.' 그래서 미리 짠 각본 같아. 그게 보여." 회고록에서 이렇게 얘기했다. 그럼 핵심이 누구인가에 대해서는 김성곤, 백남어이 이만섭과 함께 이렇게 만들어놓은 것 아니겠느냐고 정구영은 이야기했다.

일요일 새벽 3선 개헌안 전격 날치기, 장기 집권의 문 열어젖힌 박정희

유신 쿠데타의 배경, 여덟 번째 마당

김 덕 련 공화당 원로 정구영은 3선 개헌에 반대하는 활동을 전개했다. 그런데 공화당은 1969년 7월 29일에 시작돼 30일 새벽에 끝난 의원 총회를 통해 3선 개헌안 발의를 결의했다. 그 후 정구영에겐 어떤 일이 일어났나.

서 중 석 정구영은 공화당 내 개헌 반대파를 어떻게든 추슬러서 저쪽으로 넘어가지 않도록, 그래서 13명 선만은 지켜보려고 노력하고 있었다. 그런 중에 8월 10일 충북 옥천 집에 갔다. 이때는 주로 라디오로 뉴스를 들었는데, 정구영은 라디오에서 자신에 관한 이야기를 들었다. '개헌하기로 당론이 확정됐으니까 정구영 의원은 탈당하든지 개헌에 찬성하든지 양자택일을 할 필요가 있지 않느냐', 공화당 의원들이 청와대에 가서 칵테일파티를 할 때 대통령이 이렇게 얘기했다고 뉴스 첫 소식으로 나오는 걸 집에서 들은 것이다. 공화당 원로가 결국 공화당 총재의 뜻에 반하는 처지가 된 것이다.

그러면서 차지철이 특사로 내려왔다. 정구영은 회고록에서 "정말이지 대통령의 의도를 헤아릴 수 있는 기막힌 특사 선택이었다. 부연해서 말하면 이론 같은 건 필요 없이 그저 밀어붙이고 부딪치는 역할이 필요한 일에 어울리는 차지철을 골라 쓴 셈이었다", 이렇게 평했다. 차지철은 그냥 막 밀어붙이는 사람 아니었나. 우격다짐으로 일을 해치우는 사람이었다. 박정희가 특별히 이런 사람을 선택해서 보낸 것이다. 그런데 차지철이 결혼할 때 주례를 선 사람이 바로 정구영이었다.

유신 쿠데타의 배경

김재규·차지철을 특사로 보낸 박정희,
끝까지 버틴 정구영

— 차지철은 정구영에게 어떤 내용을 전했나.

차지철은 대통령 서한을 정구영에게 전했다. "1969년 8월 5일 공화당 총재 박정희 올림", 라디오 뉴스를 들은 건 10일인데 이 서한은 그보다 닷새 전인 8월 5일 자로 돼 있었다. 내용은 뉴스에 나온 그대로였다. 정구영이 "알았다"고 하는데 차지철은 "양자택일을 하십시오", 이렇게 나왔다. 두 시간 동안 노인네하고 싸웠다. 다음 날 정구영은 기차 편으로 서울에 올라왔는데, 차지철이 '청와대로 직행하자'고 하는 것을 간신히 떼어버렸다. 오후 4시에 다시 차지철이 와서 양자택일을 요구했다. 노인네가 버티고 있는데, 이번엔 김재규 보안사령관이 왔다.

내가 이 부분이 재미있다고 생각할 뿐만 아니라 역사적 의미가 있다고 보는 건 박정희가 차지철과 김재규, 두 사람을 보냈다는 점 때문이다. 이때는 김재규나 차지철이 특사를 맡을 위치에 있지 않았다. 그런 점에서 어색한 특사였다. 박정희가 두 사람을 각별히 신임했기 때문에 이 일을 맡겼다고 볼 수밖에 없다.

— 10년 후 유신 정권이 무너질 때 박정희, 김재규, 차지철의 관계를 생각해보면 1969년 박정희가 3선 개헌을 위한 특사로 김재규와 차지철을 보낸 건 여러모로 흥미로운 대목이다.

아무튼 김재규 보안사령관이 와서 대통령의 뜻에 따라야 한다고 정구영한테 이야기했다. 그런데 정구영은 그전에, 그러니까 6월에 이미 김재규가 집으로 찾아와 '개헌에 찬성해달라'고 얘기하는 것을 들은 바가 있었다. 6월에 김재규가 왔을 때 정구영은 5시간이나 이야기했다. 이때는 주로 정구영이 많이 이야기했다. "권력이 1인 체제가 되고 장기화되면 부패가 생겨나고 그리되면 바로 부정부패 때문에 권력을 내놓지 못하게 된다. 지금 부정부패가 만연해 있다. 부정부패를 일소하지 못한 점에 있어서는 그분(대통령)이 응분의 책임을 져야 한다"고 해가면서 장기 집권해서는 안 된다고 오히려 김재규를 설득하려 한 것이다. 그때 김재규가 이렇게 말했다. "다 선생님 말씀에 동의하지만 개헌이 안 되면 무슨 일이 일어날지 모릅니다. 비상사태와 위기가 닥칠 수 있습니다."

3선 개헌에 부정적이던 김종필이 끝까지 버티지 못한 이유로 '박 대통령은 우리 주류계에서 반대한다고 개헌을 그만둘 사람이 아니다. 그러면 다른 방법을 구사하려고 할 텐데 그건 아주 불행한 일 아니겠느냐', 이런 얘기를 한 적이 있다. 김재규 보안사령관도 그 이야기를 한 것이다. 개헌이 안 되면 비상사태가 일어날 수 있다는 이야기, 이게 뭐겠나. 10·17쿠데타처럼 군이 출동한다는 것 아니겠나. 그러니까 개헌에 찬성할 수밖에 없다는 논리였다.

그러자 정구영은 이렇게 답했다. "어차피 정권을 한 번 잡은 후에는 정권을 내놓지 않겠다고 하고 비상한 방법으로 정권을 연장하겠다고 이야기한다면, 그것이 운명이라면 그건 어쩔 수 없지 않느냐. 그런데 그것은 나라를 최악의 상태로 만들어놓는 것이다. 그건 결국 파국적 비극을 겪게 되는 것이다. 이건 다른 나라 역사가 다 이야기하는 것 아니냐." 정구영이 이렇게 이야기하니까 김재규가 더 대답을 못하고 돌아갔다. 그것에 대해 정구영 이 양반이 평한

유신 쿠데타의 배경

것을 주목하고 싶다.

— 정구영은 어떻게 평했나.

정구영은 중앙일보 이영석 기자한테 이렇게 얘기했다. "나는 참 김(재규) 장군을 애국자라고 봐요. 생각이 단순하거나 천박하지 않아. 아주 깊고 넓게 보는 눈을 가졌어. 그래서 내가 그 사람 얘기도 귀담아듣고 나도 성의를 다해 얘기를 했어. 무려 5시간을 얘기했었어. 대통령도 그가 단순히 동향이라거나 해서가 아니라 그의 심성을 취해 측근으로 픽업할 수 있었겠다는 생각도 했어. 덮어놓고 맹종만 하는 그런 사람은 아닌 듯해."

이 얘기가 왜 중요하다고 보느냐 하면 정구영은 1978년에 죽었다. 김재규가 1979년 10월 26일 박정희한테 총을 쏘는 걸 못 본 사람이다. 그리고 이 이야기는 1972년에 한 것이다. 그러니까 김재규와 차지철이 나중에 박정희와 어떤 관계를 맺게 될지 그 역사를 전혀 모른 채, 1969년 박정희 대통령의 특별 사절 비슷하게 온 이 두 사람에 대해 용케도 그런 이야기를 한 것이다. 이 평가는 상당히 의미가 있지 않은가 하는 생각이 든다. 정구영이란 사람은 딸깍발이 선비 기질 같은 것을 갖고 있었다.

— 다시 찾아온 김재규와 정구영 사이에 어떤 이야기가 오갔나.

6월에 왔던 그 김 장군이 8월에 또 왔다. 차지철이 와 있는데 이날 5시쯤 김재규가 다시 정구영을 찾아온 것이다. 정구영은 차지철을 간신히 돌려보내고 김재규와 이야기했다. 제발 찬성해달라며 김재규는 침통한 표정으로 정구영을 쳐다봤다. 정구영은 김재규한테 3선 개헌을 하면 안 된다는 것을 다시 자세하게 설명하기 시작했다. "3선 개헌 문제, 헌법 정신을 위배한 장기 집권이 기도되고 있는 이 마당에 내가 탈당을 해?" 3선 개헌에 찬성하지 않을 거면 탈당하라는 것 아니었나. "그래서 대통령이 절 보냈습니다"라고 김재규가 말하자 이 양반은 "국민에 대한 나 자연인의 약속을 무시하고 탈당을 해? 그건 안 되지. 최후의 한 사람이 남을 때까지 나는 이걸 저지하는 데 전력을 다할 것이다", 이렇게 얘기했다. 김재규가 보기에 이건 안 되는 것이었다. 아무 말도 하지 않고 돌아갔다고 한다. 아주 침통한, 무거운 얼굴이었다고 한다.

김재규가 그날 저녁 7시경 다시 왔다. "대통령한테 대충 선생님의 생각을 말씀드렸습니다"라고 하면서 "각하께서 더는 선생님을 괴롭히지 않겠다고 하셨습니다. 그런 줄 알고 계세요"라고 말하고 김재규는 돌아갔다. 나는 1979년 부마항쟁이 일어났을 때 김재규가 그 상황을 대통령한테 충직하게 사실 그대로 이야기했듯이, 이때도 사실 그대로 얘기했을 것이라고 본다. '그 양반은 안 됩니다. 절대 설득이 안 되는 분입니다. 탈당도 안 할 사람입니다'라고 말하면서 '이 양반을 가지고 더 뭔가를 할 필요는 없어 보입니다. 놔두는 게 좋지 않겠습니까', 이렇게 이야기하지 않았을까 싶다.

김재규 같은 사람을 측근으로 계속 두고 있었다는 건 그래도 박정희 대통령이 인물을 쓰는 점에서 잘한 점이 일정하게 있었다는 걸 보여준다. 물론 자신이 제일 믿을 만한 사람이니까, 그런 충직한 말을 하는 김재규를 곁에 두긴 했을 것이다. 김재규는 박정희가 굉장히 믿었던 사람 아닌가. 육사 2기 동기이기도 하고 고향 사람이기도 하지만, 또 이 사람 하는 것을 보고 그렇게 여기지 않았겠나.

1964년 6·3 계엄 때에도, 그다음 해 위수령 때에도 6사단장이던 김재규에게 그 군대를 이끌고 오도록 하지 않았나. 김재규를 옆에 두고 있었다는 점에서 박정희 대통령도 좀 평가할 만한 게 있다는 생각이 든다.

— 김재규가 다녀간 후 정구영은 어떤 모습을 보였나.

정구영 이분은 집념이 참 강한 분이었다. 옳다고 여기는 일을 하기 위해서는 어떤 어려움이라도 견뎌야 한다는 생각이 있는 분이었다. 그래서 청구동 김종필 집을 찾아갔다. 어떻게든 3선 개헌을 막아야겠다는 일념으로 간 것이다. 김종필은 3선 개헌을 반대했다가는 최악의 사태가 올 수 있다고 이야기하지 않았겠나. 그러자 정구영은 "형은 혁명(5·16쿠데타)도 결행했던 몸 아니오. 형의 일신이 죽어 이 나라 건국을 10년 앞당긴다는 결론에 도달한다면 의미 있는 죽음 아니오", 이렇게 얘기했다. 반대하면 자신이 죽을 수도 있다고 김종필이 이야기한 모양이다. 이어서 정구영은 "그러니 최악의 결론까지도 각오하고 결심을 하시오", 이랬는데 김종필은 아무 말도 안 하고 아주 애매한 태도만 취했다고 한다.

노인네는 섭섭해서 돌아갔지만, 김종필은 바로 다음 날 개헌 반대파 의원 30명을 모아놓고 설득하기 시작했다. 대통령이 결심했으니까 따르자는 쪽으로 몰고 간 것이다. 그런데도 9월 6일, 그러니까 국회에서 3선 개헌안을 표결에 부치기 8일 전인 이때 정구영은 다시 청구동에 갔다. 김종필은 다시 미지근한 대답만 했다고 한다. 지금까지 살펴본 것처럼 정구영은 끝까지 3선 개헌을 반대했는데, 그것은 역사적으로 의미가 있는 행위라고 볼 수 있다.

3선 개헌 앞두고 미국 간 박정희,
사사오입 개헌 전 방미한 이승만과 닮은꼴

— 정구영은 박정희가 공화당에 입당할 때 신원을 보증한 사람이
다. 1963년 8월 30일 박정희는 전역식을 하고 공화당에 들어오
는데, 그 풍경을 전한 동아일보 기사(1963년 8월 31일 자)에 흥미
로운 장면이 나온다.

"국민학교에 들어갈 때처럼 제가 보증을 섭니다"라고 정구영
이 말하자 박정희는 "원래 무슨 사고가 나면 보증인이 책임지
는 건데……"라고 답했다. 그러자 정구영은 이렇게 얘기했다.
"사고가 나도 충분한 각오가 돼 있습니다." 정구영은 3선 개헌
을 마지막까지 반대하고 유신 쿠데타 이후에는 공화당에서 탈
당(1974년 1월)하는데, 여기에는 자신이 보증을 선 인물이 친 대
형 사고에 나름대로 책임을 지려 한 뜻이 담긴 것 아닌가 하는
생각이 든다.

5·16쿠데타 후 쿠데타 세력과 손잡은 부분 등은 그것대로 비
판적으로 평가해야 할 대목이지만, 3선 개헌 정국에서 정구영
이 보인 모습은 오늘날 보수를 자임하는 이들에게 여러 가지
생각할 거리를 던져준다. 입으로는 보수를 자칭하며 자유민주
주의를 운운하면서도 실제로는 보수라는 이름도, 자유민주주
의의 가치도 욕되게 하는 이들이 적지 않다는 점에서 더욱 그
러하다. 아울러 신원 보증인마저 핍박하는 박정희의 모습은 위
기 상황에서 여러 차례 자신을 구해준 은인 장도영을 5·16쿠
데타 직후 내쫓고 이른바 '혁명 동지'들 중 상당수를 반혁명 사
건으로 엮어 밀어낸 것 등을 떠오르게 만든다. 이래저래 씁쓸

1969년 8월 22일 박정희와 미국 닉슨 대통령. 이날 발표된 박정희-닉슨 공동 성명에 "닉슨 대통령은 대한민국이 최근 몇 년 동안 박 대통령의 영도 아래 경제, 사회 및 기타 제 분야에 있어서 성취한 급속도의 눈부신 업적을 찬양하였다"는 문구가 포함됐다. 사진 출처: e영상역사관

한 풍경이다. 다시 돌아오면, 7월 30일 공화당에서 개헌안 발의를 결의한 후 3선 개헌의 다음 수순은 무엇이었나.

8월 7일, 윤치영 의원 외 121명 의원의 이름으로 3선 개헌안이 제출됐다. 개헌안의 핵심은 대통령의 계속 재임은 3기에 한한다고 하여 3선을 가능하게 만든 것이다. 이 '계속 재임'이라는 게 문제가 된다.˚ 그리고 대통령 임기는 4년으로 했다. 이경재 기자의 취재에 따르면 3선 개헌안이 여권 내에서 거론될 때 박정희 대통령은 임기를 통일 시까지 또는 6년으로 해야 한다고 주장했다고 전에 이야기했는데, 개헌안에서는 4년만 더 하도록 확정됐다.

국회의원 122명이면 이건 통과된 것이나 마찬가지였다. 여기에는 신민당 의원도 3명 포함돼 있었다. 성낙현, 조흥만 의원이 표변해 7월 29일 개헌 찬성을 선언했고 그다음 날 신민당 전국구 의원인 연주흠도 돌아섰다. 성낙현은 유진산의 조카사위인데, 1970년대 말에 여고생들과 성 추문을 일으켜 크게 구설에 오르기도 한다. 하여튼 1969년 이때는 이런 짓을 했다.°°

8월 20일 박정희 대통령은 미국을 방문했다. 사사오입 개헌으로 나중에 알려진 이승만 대통령의 영구 집권을 위한 개헌이 1954년 5·20선거 이후 추진될 때, 이승만 대통령이 대통령 된 후 처음이자 대통령으로서 가는 것으로는 마지막으로 미국을 방문하지 않았나. 그것과 마찬가지로 박 대통령도 3선 개헌을 앞두고 미국에 갔다.

물론 이 대통령도, 박 대통령도 미국에 가서 장기 집권 이야기를 한 적은 없다. 그러나 미국의 지지를 확고하게 받고 있다는 걸 국민들한테 과시하는 면은 분명히 있었다. 8월 22일(현지 시각) 발표된 박정희-닉슨 공동 성명에 "닉슨 대통령은 대한민국이 최근 몇

• 1969년 9월 11일 국회 본회의에서 야당의 박한상 의원이 '3기 재임'의 뜻을 물었다. 이에 공화당 백남억 의원이 "만일 대통령께서 (19)71년에 입후보하셔가지고 당선되신다면 그 때부터 3기가 시작되는 것이다"라고 답해 논란을 불러일으켰다. 야당 의원들 사이에서는 '1975년까지 대통령을 하면 박정희 대통령이 더는 못한다는 뜻 아니었느냐'는 등의 반발이 터져 나왔다. 1971년부터 새롭게 3번 더 대통령을 할 수 있다는 규정인지, 이미 2번 당선된 박정희 대통령은 최대 1번만 더 할 수 있다는 규정인지를 놓고 벌어진 논란이었다. 후자로 정리되긴 하지만, 논란을 불러일으키기에 충분한 발언이었다. 백남억 발언 다음 날 야당 의원 김응주는 "이번 개헌은 3선 개헌을 하는 것이 아니라 종신제 개헌을 한다고 하는 것이 드러났다"고 비판했다.

•• 성낙현은 3선 개헌 찬성 후 공화당으로 옮겨 다시 국회의원이 되지만, 여고생들을 상대로 한 성 추문으로 1978년 국회의원 자리를 내놓게 된다. 그리고 연주흠의 아들이 바로 박근혜 정부에서 청와대 국방비서관을 맡았던 연제욱 전 사이버사령부 사령관이다. 연제욱은 2012년 대선 당시 사이버사령부의 정치 관여 문제로 재판을 받고 군복을 벗었다.

유신 쿠데타의 배경

신민당의 해산 소식을 전하고 있
는 1969년 9월 8일 자 동아일보.

년 동안 박 대통령의 영도 아래 경제, 사회 및 기타 제 분야에 있어
서 성취한 급속도의 눈부신 업적을 찬양하였다"는 문구가 포함됐
다. 이 부분은 미국 관리들의 반대를 무릅쓰고 한국 관리들의 주장
에 의해 삽입된 것으로 보도됐다. 그런 가운데, 9월 7일 신민당은
전당 대회를 열고 해산을 결의했다.

— 3선 개헌안 통과가 코앞이던 이때 신민당은 왜 그런 결의를 한
   것인가.

극약 처방을 한 것이다. 중앙정보부의 공작에 넘어가 3선 개
헌 지지로 돌아선 세 국회의원의 의원직을 박탈하려면 당시 정당법
으로는 이 방법밖에 없었다. 그래서 할 수 없이 이 방법을 썼던 것
이다.

대학가를 중심으로 다시 불붙은
3선 개헌 반대 운동

── 3선 개헌 반대 운동도 다시 불붙지 않았나.

3선 개헌안이 국회에 제출되고 방학이 끝나가면서 대학가 곳곳에서 다시 시위가 벌어졌다. 8월 하순 대학들이 문을 열게 되는데, 8월 21일 고려대생들이 학생 총회를 열고 개헌 반대를 외쳤다. 이날 연세대에서도 그런 활동이 벌어졌고, 다음 날 경북대에서는 3선 개헌 결사반대 집회가 열렸다. 25일 고려대생들은 다시 교문 밖으로 진출해 경찰과 충돌했다. 고려대생들은 26일에는 황소 파시즘 화형식을 거행하고, 세 차례에 걸쳐 학교 밖으로 진출해 격렬한 시위를 벌였다. 고려대생들은 27일에도 성토대회를 열었다. 8월 28일과 29일에는 경북대생들이 개헌 반대 시위를 가졌다. 고려대생들이 성토대회와 가두시위를 한 30일, '3선 개헌 반대 투쟁 위원회'는 대구에서 시국 강연회를 마친 뒤 폭우 속에서 "3선 개헌 반대" 구호를 외치며 데모를 전개했다.

9월 들어 개강한 학교들이 늘어나면서 개헌 반대 투쟁 규모도 커졌다. 새 학기 첫날인 9월 1일 서울대 상대와 문리대 학생들이 개헌 음모 규탄 학생 총회를 열고 데모를 벌였으며, 법대에서는 단식 농성에 들어갔다. 영남대, 경북대에서도 성토대회와 시위가 있었다. 이날 서울대 문리대, 상대에서는 무기 휴강에 돌입했다. 그러나 상대 학생들은 철야 농성에 이어 2일에도 시위를 전개했고 서울대 공대와 교양 과정부에서도 시위가 벌어졌다. 영남대, 경북대에서도 계속 시위가 벌어졌다. 외국어대 학생들은 성토대회를 열었다. 3일

유신 쿠데타의 배경

1969년 9월 2일 자 동아일보. 서울대 문리대, 상대에서는 무기 휴강에 돌입했다. 그러나 상대 학생들은 철야 농성에 이어 2일에도 시위를 전개했고 서울대 공대와 교양 과정부에서도 시위가 벌어졌다.

에는 연세대, 고려대 학생들이 폭우 속에서 시위를 벌였고 대전대, 영남대에서도 시위가 벌어졌다. 서울대 법대생들은 3일째 농성을 계속했다. 4일에는 서울대 공대 캠퍼스에 있던 교양 과정부 학생들과 공대생들이 크게 시위를 벌였다. 성균관대, 부산대 학생들도 이날 시위를 했는데, 성균관대에서는 임시 휴강 조치를 취했다.

5일에는 연세대, 계명대, 부산대, 전남대 의대 등에서 시위와 성토대회가 이어졌고 서울대 공대생들은 기숙사에서 농성을 벌였다. 6일에는 서울대 미대 학생들이 성토대회를 열었고, 계명대 학생들이 단식 농성에 돌입했다. 대한예수교장로회 등 18개 교파로 구성된 한국기독교연합회에서 개헌 반대 성명을 발표한 8일 서울대 농대와 의대, 가톨릭의대, 충북대, 연세대, 고려대, 경희대, 숭실대, 부산수산대 등 여러 대학에서 시위가 벌어졌고, 성균관대생들은 단식 농성에 들어갔다. 9일에도, 10일에도 이전보다 많은 서울과 지방의 대학에서 학생들이 계속 시위를 벌였다. 10일 이화여대생 4,000 여 명은 성토대회를 열고 3선 개헌 반대 결의를 상징하는 의미로 검정 스커트와 흰 블라우스를 입기로 했다. 다음 날 신문은 이화여 대생 대부분이 검정과 감색의 스커트와 흰 블라우스를 입고 있었다 고 보도했다.

— 정부는 어떻게 대응했나.

당국은 전가의 보도를 빼들었다. 9월 11일까지 전국 38개 대학 이 무기 휴교에 들어갔다. 11일 고려대, 서울대, 숭실대, 영남대 학 생들이 단식 농성을 벌였고 숙명여대생 1,000여 명은 성토대회를 열었다.

개헌안 통과가 임박했다 싶었던 9월 10일 밤 서울대 문리 대·법대·상대·사범대 학생들 100여 명이 법대 도서관을 기습 점 거했다. 학교 당국은 수도와 전기조차 끊었다. 학생들은 도서관에 서 외부와 단절된 채, 외부 소식도 제대로 알지 못하는 속에서 75시 간 동안이나 단식 농성을 했다. 굉장히 힘든 단식 농성이었고, 외부 와 절연된 속에서 두려움도 생겼다.

이런 단식 농성은 전두환 정권 때인 1986년 10월 건국대 사태 가 벌어졌을 때에도 있게 된다. 그때는 학생들이 그렇게 하고 싶어 서 한 게 아니라 경찰이 학생들을 대거 그쪽으로 몰아넣어서 규모 가 큰 단식 아닌 단식 농성이 있었던 것인데, 그와 달리 1969년 이 때 이렇게 외부와 단절된 채 75시간 동안 단식 농성을 했다는 건 당시 학생 운동에서는 아주 보기 드문 일이었다.

12일 고려대생들은 두 차례나 가두시위를 벌였고, 부산대 공대생들도 가두시위를 전개했다. 국회 표결을 앞둔 13일 서울 시내 대학은 거의 대부분 임시 휴강 조치로 교문이 굳게 닫혀 있었고, 일부 대학에서 학생들이 단식 농성을 이어가고 있었다.

── 재야 등 다른 쪽 상황은 어떠했나.

학생들뿐만 아니라 범국민 투쟁 위원회에서도 9월 7일 인천, 광주, 청주에서 3선 개헌에 반대하는 큰 규모의 유세를 가졌다. 내한변협의 일부 변호사들도 9월 12일, 3선 개헌 반대 선언문을 발표했다.

그런데 야당이나 재야, 종교계의 3선 개헌 반대 운동은 1965년 한일협정 비준 반대 운동에 비하면 상당히 약화된 느낌을 줬다. 그때와 달리 1969년은 침체된 분위기였고, 좌절감 같은 것도 깔려 있었던 것 같다. 한국에서는 언론이 사회 분위기를 이끌어가고 특히 야당의 선명성이나 투쟁력에 영향을 많이 주는데, 그해에는 언론이 무척이나 무기력했다. 그렇지만 당시의 침체나 무기력함의 책임을 언론에 다 떠넘기는 것도 맞지 않을 것이다.

비밀 군사 작전 하듯
일요일 새벽 별관에서 전격 날치기

── 3선 개헌안, 어떻게 통과됐나.

9월 14일 일요일, 거꾸로 읽으면 4·19가 된다고 그때 이야기했

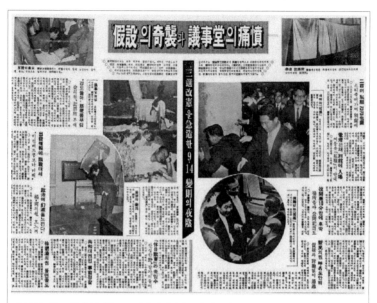

1969년 9월 15일 자 동아일보는 당시 신민당과 공화당 의원들의 상반된 모습을 전하고 있다. 김상현 의원이 울분을 터뜨리며 명패함을 부수고 있는 장면도 눈에 띈다.

는데, 새벽 2시 50분 국회 본회의장이 아닌 제3별관에서 개헌안이 날치기로 변칙 통과됐다. 헌정사상 유례가 없는 국회 본회의장 변경은 본회의장에서 야당 의원들이 13일 오후부터 농성을 하고 있었기 때문이기도 했지만, 그것 때문만은 아니었다. 본회의장에서 개헌안 통과를 시도할 경우 이탈 표가 나올 것을 두려워해 제3별관에 집결시킨 것이다.

3선 개헌에 찬성한 의원들은 쓰레기를 버리는 뒷문을 통해 제3별관으로 조용히 들어가 일렬로 서서 차례로 투표를 했다. 새벽 2시 50분, 이효상 국회의장이 떨리는 목소리로 개헌안 통과를 선포했다. 개헌안에 이어 국민 투표 법안까지 통과를 시키고, 죄를 지은 사람처럼 많은 사람이 고개를 숙이고 새벽 2시 54분 기자들이 막

1969년 9월 15일 자 동아일보에 묘사된 '극한의 정쟁 현장'. 국회 본회의장에서 농성 중인 야당 의원들 몰래 변칙적으로 개헌안을 통과시킨 국회 제3별관의 모습과 날치기를 하고 뒷문으로 달아나려는 국회의원들, 김상현 의원이 집어던진 명패함, 격분한 야당 의원들이 뒤집어놓은 국회 의장석 등이 보인다.

플래시를 터트릴 때 종종걸음으로 별관을 빠져나왔다. 뒤늦게 알고 달려온 김상현 의원은 이들을 향해 "이 강도들아, 강도들" 하고 고함치다가 3층 회의실에 뛰어들어 기표소와 명패함을 부쉈다.

공화당에서 축출돼 무소속으로 돼 있던 예춘호, 양순직, 김달수는 3선 개헌에 끝까지 반대했다. 정구영도 물론 반대했고 서민호 의원도 반대했다. 신민당을 해산하고 신민회라는 교섭 단체를 만든 야권에서도 반대하자, 공화당 쪽에서 이런 식으로 변칙 처리를 한 것이다. 이 변칙 처리는 논란을 자초했다. 법을 어긴 것이라는 주장도 있다.

── 그러한 주장의 근거는 무엇인가.

1969년 9월 15일 자 경향신문은 개헌안 날치기를 '새벽에 치른 번개 작전'으로 불렀다.

국회가 본회의 장소를 옮겨 투표를 할 때는 본회의 장소를 옮겼다는 것을 야당 의원들한테 통고해줘야 하는데 그렇게 하지 않고, 표결 과정에서 이들을 아예 호명하지도 않았다. 이건 회의법을 어긴 것이다. 그리고 14일이 공휴일 아니었나. 공휴일에 국회 본회의를 열려면 반드시 결의를 하도록 돼 있었다고 하는데, 그런 결의 없이 회의가 열렸다. 이 두 가지 점에서 불법이라고 이야기하고 있다.

변칙 처리에 대해 김형욱 중앙정보부장은 신문에 '날치기로 처리됐다'는 식으로 보도되지 않도록, '개헌안 통과'로만 나가도록 압력을 가하라고 각 신문사에 파견된 요원들에게 지시했다고 한다. 김충식 기자의 취재에 의하면 동아일보에도 담당 중앙정보부 요원이 '처리가 아니라 통과로 제목을 달라'고 압력을 넣었지만, 울분에

유신 쿠데타의 배경

차 있던 편집국 기자들은 굴복하지 않고 '개헌안 전격 변칙 처리'라는 제목으로 기사를 내보냈다. 그랬더니만 그다음 날 동아일보 담당 중앙정보부 요원이 얼굴에 여기저기 멍이 든 채 나타났다고 한다. 김형욱 중앙정보부장한테 직접 얻어맞아서 그렇게 됐다고 그런다.

국민 투표와 대통령 신임 연계하고 총력 홍보, 그런데도 65.1퍼센트에 그친 3선 개헌 찬성률

— 비밀 군사 작전을 하듯 은밀히 이동해 전격 처리하고, 그 과정에서 이효상 국회의장은 의사봉 대신 주전자 뚜껑으로 개헌안을 통과시키고, 부끄러운 짓이라는 것을 그래도 모르지는 않았는지 상당수가 고개를 숙이고 나오는 모습 등은 3선 개헌안 통과의 실상을 단적으로 보여준다. 3선 개헌안 통과 후 각계 상황은 어떠했나.

9월 14일 개헌안이 통과되자 다시 대학에서 들고일어났다. 15일 중앙대, 건국대, 한양대, 연세대 의대와 간호대, 수도공대에서 성토대회와 시위가 벌어졌다. 경기고 등 일부 고등학교 학생들도 시위를 했다. 강릉 관동대와 춘천농대 학생들은 단식 농성에 들어갔고, 춘천 성심여대 학생들은 검은 리본을 달고 농성을 했다. 16일에는 다시 연세대 의대생이 시위를 벌였다. 이 연세대 의대생들은 1960년 4·19 때에도 시위를 잘했다. 이날 중앙대생 등도 시위를 벌였는데 중앙대생 일부는 삭발도 했다. 부산상고 학생들도 시내에 나와 시위를 했다. 서울고 학생들도 반대 집회를 열었다. 16일 현재 전국의 종합 대학 21개 교 중 우석대 등 6개 교만이 수업을 했고 15개 교는 무기 휴강에 들어갔다.

17일에는 장로회신학대생이 성토대회를 가졌고 성심여대 학생들은 구국 기도회를 열었다. 우석대, 홍익대, 대전대, 영남대 등에서도 성토대회와 시위가 벌어졌다. 그리고 4·19 때 역시 열심히 싸웠던 대광고에서 1,000여 명이 가두시위를 했다. 18일에는 국민대, 동성고, 건국고 학생들이 3선 개헌 반대 집회를 열었는데 동성고는 대광고와 더불어 4·19 때 큰 역할을 했던 고교다. 19일에는 감리교신학대, 한국신학대에서 구국 기도회가 열렸고 계명대, 서울사대부고, 휘문고, 동국고 등에서 개헌 반대 농성이나 집회가 열렸다.

이렇게 고등학생들까지 시위를 하자 정부는 고교생에 대한 처벌을 강화하고 경기고처럼 시위가 격렬했던 학교의 교장, 교감을 해임하기도 했다. 그러면서 휴교에 들어가는 학교가 늘어나는데, 9월 19일까지 전국 38개 대학과 9개 고등학교가 휴교에 들어갔다. 그와 동시에 개헌 반대 시위를 한 학생들을 국민 투표법 위반 혐의로 구속하는 일이 연달아 일어났다.

— 개헌 반대 시위를 국민 투표법 위반으로 몰아가는 건 이상한 일 아닌가.

개헌에 대한 찬성 또는 반대 운동은 선관위에 신고한 연설회만 허용하는 것으로 법 조항을 만들어놨기 때문이다. 그러니까 정당 같은 데서 신고한 연설회만 합법적으로 할 수 있다는 얘기였다. 연설회가 아닌 옥외 집회에서는 찬성 또는 반대를 하지 못하도록 법에 규정돼 있었다. 물론 선전 벽보도, 현수막도 못 붙이게 했다.

교회나 학교 등을 이용한 찬성이나 반대 운동도 금지했다.

박정희 정권이 고약한 악법을 제조해낸 것으로, 이러한 국민 투표법은 유신 체제로 넘어가면서 더욱더 나쁘게 개악된다. 박정희 정권이 악법을 가지고 국민 투표법 위반이라고까지 하면서 탄압했기 때문에 학생들이 3선 개헌 반대 투쟁을 하기가 아주 어렵게 되는 사태를 맞이했다.

9월 20일에는 신민회가 신민당으로 다시 창당하는, 한국 정당사에서 웃지 못할 일이 일어났다. 그런 속에서 국민 투표가 10월 17일 실시됐다. 투표율 77.1퍼센트, 찬성률 65.1퍼센트로 3선 개헌안이 통과됐다. 개표할 때 곳곳에서 무더기 표가 나왔고, 그러면서 일부 지역에서 개표가 중단되기도 했다.

— 3선 개헌을 우격다짐으로 밀어붙인 쪽에서 흡족히 여길 만한 찬성률은 아닌 것 같다.

박정희 대통령이 7·25 특별 담화를 통해 3선 개헌안 국민 투표와 자신에 대한 신임 문제를 연계하고, 정부가 다양한 홍보, 선전 매체를 통해 3선 개헌안 통과 쪽으로 분위기를 몰아가지 않았나. 또 이상한 국민 투표법 때문에 반대 운동도 펴기가 어려웠다. 그러한 것들을 생각하면 찬성률 65.1퍼센트는 너무 약하지 않느냐, 승리라 해도 대단히 빈약한 승리라는 이야기를 들었다. 지역별로 분석해봐도 박정희 쪽에 켕기는 것이 있었다. 투표율의 경우 서울이 60.7퍼센트로 아주 낮았고 경북이 85퍼센트로 가장 높았다. 서울에서는 반대표가 찬성표보다 더 많이 나왔는데, 경상남북도와 전남에서 찬성표가 압도적으로 많았다. 박 대통령은 10월 18일 국민이 "다시 전폭적으로 이 정부를 신임해주신 데 대해 감사"를 드린다는 담화를 발표했다.

　박정희가 개정 헌법을 공포한 10월 21일 중앙정보부장과 비서실장이 드디어 바뀌었다. 청와대 비서실장에 김정렴, 중앙정보부장에 김계원이 임명됐다. 김정렴은 최장기 비서실장이 되는 사람이다. 그리고 재무부 장관에 남덕우기 임명되면서 이른바 서강대팀이 등장하게 된다. 그런 가운데 3선 개헌 반대 시위로 굳게 닫혔던 대학이 10월 20일부터 부분적으로 문을 열었다. 서울대는 10월 23일 개강했다. 3선 개헌 국면은 이렇게 마무리된다.

유신 쿠데타의 뿌리

《우리 민족의 나갈 길》에서 역설한 박정희의 식민 사관

유신 쿠데타의 뿌리, 첫 번째 마당

김 덕 련　그동안 유신 쿠데타의 그날, 유신 쿠데타의 원인에 대한 여러 시각, 그리고 1965년 한일협정 체결 이후 1972년 유신 쿠데타에 이르기까지 정치 상황 등을 하나하나 살폈다. 이제 유신 체제라는 기이한 체제가 어디서 비롯됐는지를 살폈으면 한다. 유신 체제의 기원 문제, 어떻게 보나.

서 중 석　10·17 유신 쿠데타가 일어나게 되는 뿌리라고 할까, 밑바탕 또는 근원을 이해하려면 우선 5·16쿠데타 초기로 돌아가서 살펴볼 것들이 있다. 박정희는 쿠데타로 잡은 권력을 절대 내놓으려 하지 않았다. '혁명 공약'을 온 국민한테 외우게 할 정도로 주지를 시켰고 그 6항에서 '군으로 돌아가겠다'고 약속했는데도 그걸 지키지 않은 것, 민정 이양 시기를 1961년 8월 발표해 국내외에 약속을 해놓고 그 순간부터 중앙정보부 밀실에서 다른 정치 세력은 다 묶어놓은 채 공화당이라고 나중에 알려지는, 자신이 이끌 새로운 거대 정당을 사전 조직한 것, 민정 이양 과정에서 1963년 2월 27일 군 본연의 임무에 충실하겠다고 하면서 민정에 참여하지 않고 군에 돌아가겠다고 국민 앞에 엄숙히 선서해놓고 불과 얼마 지나지 않아 친위 군인 데모를 통해 뒤집은 것 등에서 그 점을 명확히 알 수 있다.

　　박정희 유신 체제의 핵심은 자신이 계속 권력을, 그것도 1인 체제로 움켜쥐겠다는 것과 '생산적 정치'로 능률을 극대화하겠다는 것인데, 후자는 박정희의 표현을 빌리면 한국적 민주주의라는 것이다. 한국적 민주주의는 서구적 민주주의에 대한 반감에서 나온 것이지만, 서구적 민주주의가 한국인에게 적합치 않다는 논리와 연결되어 있다. 그리고 그러한 논리에는 일제가 주장한 식민주의 사관이 깔려 있다. 박정희는 일제 식민 사관의 영향을 크게 받았다.

《우리 민족의 나갈 길》과 《국가와 혁명과 나》. 박정희는 이 두 책에서 민주주의가 한국에 부적합하다고 얘기했을 뿐만 아니라 일제의 식민 사관에 대해서도 자신의 역사관이자 철학으로 굉장히 중요하게 역설했다.

그러면 박정희가 한국적 민주주의를 언제부터 구상했느냐. 그 최초의 시점을 명확하게 알 수는 없다. 그러나 5·16쿠데타 직후에 나온 〈지도자 도道〉 등 논설, 특히 1962년 2월에 인쇄한 것으로 돼 있는 《우리 민족의 나갈 길》, 1963년 8월에 인쇄한 것으로 돼 있는 《국가와 혁명과 나》, 이 두 권의 저서에서 유신 체제의 기원이라고 볼 수 있는 정치 이념 또는 유신 체제와 유사한 정치 이념을 표명한 것을 볼 수 있다.

박정희의 한국적 민주주의는 1936년 일본에서 일어난 2·26 군부 쿠데타와 같은 쇼와 유신으로부터도 영향을 받았다. 쇼와 유신에는 군국주의 파시즘이 잘 녹아 있다.

전두환·신군부 체제도 그렇지만, 그것의 모태인 유신 체제는 군을 기반으로 하고 있고 군국주의 냄새를 물씬 풍기고 있다는 점에서 군국주의 파시즘의 한국적 변형이라고 볼 수 있다. 그것에는 일제, 특히 군국주의 파시즘이 위세를 떨친 1930년대의 일제나 만주국에서 있었던 현상과 흡사한 점이 많다. 그래서 군국주의 파시즘의 한국적 변형으로서 반공, 반자유주의, 반개인주의 성향을 보이고 서구식 민주주의, 곧 의회주의와 정당 정치에 대한 부정적 태도를 특징으로 하는 박정희의 정치 이념이 나타나게 된다. 그게 5·16쿠데타 후 민정 이양 초기에는 행정적 민주주의, 민족적 민주주의로도 이야기됐지만 유신 체제에 들어와서는 한국적 민주주의로 정착하게 된다. 이 문제를 살필 때 빼놓지 말아야 할 중요한 사항이 하나 더 있다.

유신 체제 이해의 바이블, 《우리 민족의 나갈 길》과 《국가와 혁명과 나》

── 그게 무엇인가.

바로 식민주의 사관이다. 앞에서 말한 두 저서, 《우리 민족의 나갈 길》하고 《국가와 혁명과 나》에서 박정희는 서구 민주주의가 한국에 부적합하다고 얘기했을 뿐만 아니라 일제의 식민 사관에 대해서도 자신의 역사관이자 철학으로 굉장히 중요하게 역설했다. 박정희에게 한국적 민주주의를 뒷받침해주고 그 바탕이 된 것이 한국사와 한국 민족을 부정적으로 사고하는 식민 사관이었다. 다시 말해 왜 민주주의가 한국에는 맞지 않고 한국적 민주주의를 해야 하느냐에 대해 박정희의 두 저서에 담긴 내용을 살펴보면, 거기에 식민 사관이 짙게 깔려 있는 것을 볼 수 있다.

문 모 총리 후보자가 식민 사관에 젖은 발언을 했다고 해서, 박정희와는 비교도 안 되게 약한 것이었는데도, 2014년에 순식간에 낙마하는 일도 있지 않았나. 도대체가 21세기에 살고 있는데도 그렇게 식민 사관을 펴고 있다는 것이 요즘 한국인들로서는 이해하기가 어렵겠지만, 5·16쿠데타를 전후한 시기에는 일반 대중한테 비록 수동적인 형태로나마 받아들여지는 면이 있었다. 당시에는 지식인의 대다수도 식민 사관을 제대로 비판하지 못했다. 상당 부분 마음속으로 지니고 있었는데 다만 박정희처럼 그렇게 식민 사관을 당당히, 노골적으로, 마치 굉장히 자랑할 만한 정치 이념이나 역사관인 것처럼 얘기하지 않았다는 것이 차이가 나는 점이다.

박정희의 '서구 민주주의가 한국에 부적합하다'는 주장과 식민 사관을 아주 잘 보여주는 것이 이 두 저서다. 유신 체제를 이해하는 데 보물단지, 유신 체제 이해의 바이블이라고도 할 수 있다. 다시 말해 《우리 민족의 나갈 길》, 《국가와 혁명과 나》에서 박정희가 역설하고 강조한 바를 제대로 이해하지 못하면 유신 체제를 충실히, 전체적으로 이해했다고 말하기가 쉽지 않을 것이다.

── 예전에 5·16쿠데타를 다룰 때 개략적으로 살펴본 적이 있긴 하지만, 유신 쿠데타를 깊이 있게 이해하기 위해 두 저서를 다시 꼼꼼히 짚어볼 필요가 있어 보인다. 두 저서에서 박정희는 어떤 이야기를 했나.

이 두 책에서 박정희 최고회의 의장이 어떤 주장을 했는지를 거친 형태로나마 살펴보자. 아예 《우리 민족의 나갈 길》 머리말에서 박정희 의장은 식민 사관에 근거한 개조론을 주장했다. 머리말에서 박정희 의장은 우리가 당면한 첫 번째 문제에 대해 이렇게 이야기했다. "첫째로 지난날 우리 민족사상의 악惡유산을 반성하고", 그러니까 우리 민족사에는 악유산이 많다는 것이다. "이조 당쟁사, 일제 식민지 노예근성 등을 깨끗이 청산하여", 이렇게 얘기했는데 일제 식민지 노예근성이라고 한 것에는 '우리가 나쁜 노예근성을 갖고 있기 때문에 일제 식민지가 된 것이다', '그러니까 한국인은 일제한테 당해도 싸다'는 논리가 깔려 있다고 볼 수 있다. 그러면서 셋째로 "우리는 건전한 민주주의를 재건해야 한다"고 주장했다. 재건해야 한다고 하는 걸 보면, 과거에 그런 "건전한 민주주의"가 있었다고 본 모양이다.

— "건전한 민주주의"라는 얘기를 어떤 맥락에서 꺼낸 것인가.

박정희는 "직수입된 민주주의가 한국 현실 속 깊이 뿌리박지 못하고 실패한" 것이 해방 후의 우리 역사라는 주장을 폈다. 대의제 민주주의, 의회 민주주의를 "직수입된 민주주의"라고 표현했는데, 인류 보편의 민주주의는 아직까지 이것밖에 없다고 볼 수밖에 없지 않나. 현재까지 그와 다른 민주주의로 제시된 건 공산주의에서 주장한 것 말고는 찾기가 어렵다는 점에서도 그렇다. 그러니까 해방 후 우리가 그런 민주주의를 직수입했지만 그게 실패했으니 우리한테 맞는 민주주의를 해야 한다는 이야기다.

그러면서 박정희는 "민정 복구를 하더라도 이 조국이 다시금 부패·부정에 물든 구정치인 손에 들어가는 것을 원치 않는다"는 주장을 폈다. 자신이 '혁명 공약'을 어긴 것, 민정 이양 공약을 저버린 것이나 2·27 선서를 어긴 것을 바로 이런 것을 근거로 합리화하고 있다고 볼 수 있다. 1960년대건 1970년대건, 대선이건 총선이건 선거 때마다 박정희 정권은 부정부패로 몹시 비판을 받았는데, 여기에서는 야당 정치인을 전부 부정부패에 물든 구정치인으로 싸잡아 비난했다. 남이 잘못한 것에 대해서는 몹시 과장해서 혹독하게 비판하지만 자신의 잘못은 합리화할 수 있다는 태도를 취한 것으로 이해할 수 있다.

1장 제목은 〈인간 개조의 민족적 과제〉인데, 인간 개조라는 말이 당시 일각에서 주목을 받은 바 있다. 1장에서 박정희는 "파당 의식의 지양"을 주장했다. 과거 당파 싸움과 정부 수립 이후 정당 활동을 파당으로 보고 그런 파당 의식을 지양해야 한다는 논리를 편 것이다. 그러면서 중앙정보부 밀실에서 사전 조직된 정당이야말로 제대로 된 정당, 파당 의식이 없는 정당이라는 주장을 여기서 은근히 펴고 있지 않나 하는 생각이 든다. 그건 명령일하에 잘 움직이는 정당을 가리킨 것이라고 볼 수도 있다. 그러면서 민족적 자아 확립의 필요성을 강조하는데, 거기에는 이광수가 3·1운동 직후 조선총독부와 모종의 관계를 맺고 상해(상하이)에서 돌아와 주장한 민족 개조론을 연상케 하는 주장이 반복해서 나오고 있다.

**박정희와 식민 사관과
이광수 '민족 개조론', 그 특별한 관계**

── 어떤 대목이 그러한가.

예컨대 우리 민족성의 문제로 박정희는 "악질적인 민족의 근성"을 제시했다. 우리 민족성을 아주 악질적인 것으로 본 것인데, 이광수도 민족 개조론에서 조선 민족의 민족성이 근본적으로 열악하고 저능하다고 단정하고 이러한 민족의 장래는 오직 쇠퇴를 거듭하다가 마침내 멸망에 빠지게 될 것이라고 역설했다. 또한 민족 개조론에서 이광수는 독립 운동 같은 것을 한다는 허황된 생각을 버리고, 철저히 비정치적인 수양에 힘써야 한다고 역설했다. 열악성을 이렇게 강조한 건 한국인들로 하여금 일제의 노예 상태를 감수하게 하는 논리로 연결될 수 있었다. 조선총독부가 이광수의 논리에 관심을 가진 것도 그러한 논리 때문이었다.

다시 《우리 민족의 나갈 길》을 살펴보면, 박정희는 "악질적인 민족의 근성은 사대주의, 반상적서班常嫡庶(양반과 상놈, 적자와 서자)의 계급관, 사색四色 당쟁 등과 결코 무관한 것이라고 할 수 없다. 의존사상이나 아부 근성, 지배자에 대한 맹종 등도 이조 500년의 역사에 그 근원이 있다. 파당 의식도 이조사李朝史에 뿌리박고 있다. 이 당쟁은 순전 관직 쟁탈을 위한 대립, 반목에서 발생했다", 이렇게 얘기하고 있다. 이런 것들이 구한말의 비극, 한일 합병을 가져왔다는 것이다. 그렇기 때문에 이런 "악질적인 민족의 근성"을 개조해야 한다면서 그걸 인간 개조로 제시했다. 이 점에서 이광수의 민족 개조론과 상당히 닮은 동시에 다른 한편으로는 일제 관학자들이 주장하고 조선총독부와 일본 제국주의자들이 선전, 홍보했던 식민 사관이 여기에 잘 담겨 있는 것을 볼 수 있다.

"파당 의식도 이조사에 뿌리박고 있다"는 이야기도 뭐냐 하면 해방에서 5·16쿠데타가 날 때까지 우리나라 정치는 전부 파당 정치라는 것이다. 그게 "이조사에 뿌리박고 있다"고 이야기한 것이다.

아주 중요한 주장인데, 그러니까 해방 후 나빴던 것이 다 우리의 과거 역사에 들어 있다는 것이다. 전근대 사회에 대한 인식도 지극히 편파적이고 잘못돼 있으며 해방 후에 대한 인식도 몹시 치우쳐 있다. 어떻게 전근대 사회와 근대 사회, 현대 사회를 구별하지 못하고 이렇게 이야기할 수 있는 것인지 의문을 품게 하는 대목이다. 그것들은 진히 성격이 다른데도 이런 식으로 얘기할 수 있는 건가?

가장 놀랍고 관심을 끄는 것은 박정희가 일제 관학자들과 군국주의자들이 주장한 식민 사관을 해방 후 현대사에까지 연장해서 적용했다는 점이다. 일제는 자신들의 침략과 지배를 합리화하기 위해 한국인의 "악질적인 민족의 근성"을 강조했던 것인데, 박정희는 거기서 한 걸음 더 나아가 일제 시기 이후에도 그런 민족의 근성으로 파당 싸움만 했다고 주장한 것이다. 이렇게 일제 주장보다도 더 심한 주장을 하고 있으니 정말 놀라운 일 아닌가. 중요한 것은 박정희의 이런 주장은 한국인에게는 서구적 민주주의가 적합치 않고 한국적 민주주의가 맞다는 사고와 닿아 있다는 점이다.

── 〈인간 개조의 민족적 과제〉 이후에는 어떤 주장을 폈나.

2장 제목은 〈우리 민족의 과거를 반성한다〉, 이렇게 돼 있다. 이 책을 쭉 살펴보면, 많은 보조 전문가가 집필한 것으로 보이는 대목이 여러 군데 있지만 기본적인 입장, 가장 중요한 주장 즉 식민 사관과 '서구 민주주의가 한국에 적합하지 않다'는 양대 주장은 박정희 의장의 것이다.

2장에도 '전문가가 대부분 집필했겠구나' 하는 생각이 들게 하는 곳이 있지만, 그러니까 구체적인 역사적 사실을 묘사한 대목은 박정희가 썼다고 보기 어렵지만, 핵심 요지는 박 의장 주장으로 인정된다. 다시 말하면 박 의장 주장에 맞춰 전문가들이 난삽한 전문용어를 동원해 윤색했다고 볼 수 있다. 예컨대 "이조 전 시대가 명과 청에 대해서 사대 정책으로 일관했는데 여기에서 볼 수 있는 봉건적인 주종적 성격을 띤 외교 관계는 유학자 사이에서 사대사상을 더욱 고조화하도록 했다"고 설명하는 대목이 있다. 그 부분과 결부해 박정희는 2장 1절 〈이조 건국 이념의 형성〉의 결론을 이렇게 내리고 있다. "이조 건국 이념이 유교적, 봉건적 전제주의며 사대주의적 모화사상에 유림, 사림 등이 주자학 등 문약한 비실용적 사장학에만 흘러 형식적 의례만을 관심한 결과 후대 자손을 위한 정신적 유산도, 민족적 자주 이념도 남기지 못했으니 일제 식민지 종말 후 해방 한국 사회에는 민족의 앞길을 인도할 정신적 지배가 없는 니힐리즘 상태를 자아냈다."

난 "후대 자손을 위한 정신적 유산도, 민족적 자주 이념도 남기지 못했으니"와 "일제 식민지 종말 후 해방 한국 사회에는 민족의 앞길을 인도할 정신적 지배가 없는 니힐리즘 상태를 자아냈다", 여기서 가운데가 비어 있다고 본다.

—— 어떤 내용이 빠져 있다고 보나.

'후대 자손을 위한 정신적 유산도, 민족적 자주 이념도 남기지 못해 일제 식민지가 됐다'는 것이 빠져 있다고 본다. 그 말을 차마 넣을 수 없었던 것 아닌가 하는 생각이 든다.

박정희가 여러 곳에서 조선 시기와 해방 후에 대해서는 식민사관에 입각해 신랄히 비난하지만 일제 시기에 대해서만은 빈칸으로 남기고 언급을 하지 않는다는 것이 크게 주목할 만하다. 사실 해방 후 한국은 정치적, 사회적, 문화적 '혁명'을 겪으며 봉건적인 사고나 인습을 씻어내고 근대적인 새로운 사상, 사고를 펴나가기 위해 노력을 기울였다. 그런데 오히려 만주군관학교, 일본 육사를 우등생으로 나와 만주군 군인이었던 박정희가 그러한 노력도 니힐리즘 상태로 이해하는 정신 상태에서, 조선 시대의 나쁜 것들이 일제 식민지 종말 후 해방 한국 사회에 그대로 있어서 한국은 니힐리즘 상태에 빠져 있다고 비난한 것이다. '결국 한국이 이런 상태가 돼버렸다. 그러니까 한국에 새로운 조치를 취해야 한다. 그걸 바로 나 박정희의 정치 이념, 곧 통치 철학으로 치유해야 한다', 결론은 이것일 것이다.

2장 2절 제목은 〈이조의 사회 구조가 지닌 병리〉다. 아예 제목 자체에 '조선 사회는 병리적 현상을 갖고 있었다'는 이야기를 담은 것이다. 머리말에 나오는 이야기와 통하는 대목이 있는데 "빈곤이 고질화된 농촌 사회는 고리채 등의 이조적 악유산과 봉건적 요인이 그대로 남아 있는 형편이다", 이렇게 주장했다. 1950~1960년대 농촌 고리채 등이 다 "이조적 악유산"이라는 주장이다.

─── 이러한 주장, 어떻게 평가하나.

참으로 이해하기 힘든 역사관이다. 그렇다면 일제 시기에는 뭘 했기에, 다시 말해 20세기 전반기는 전 세계적으로 근대적인 변화를 이뤄간 시기인데 그와 겹치는 때에 한국이 지배를 받게 된 일제 시기에는 어떠했기에 "이조적 악유산과 봉건적 요인이 그대로 남아 있"게 됐느냐 하는 문제를 이해하기가 아주 어렵게 돼 있다.

박정희 의장의 주장에는 일제 시기가 쏙 빠져 있다. 이 점은 꽝장히 중요하다. 해방 후에는 친일파조차 공적인 자리나 위치에서는 일제 시기는 부정적으로 얘기하지 않을 수 없었다. 일제 시기를 찬양한다는 것은 있을 수 없었다. 일제 시기를 찬양하고 싶어도 그렇게 할 수 없다면 아예 일제 시기에 대해 언급을 하지 않는 방식으로 처리할 수는 있었을 것 같다. 박정희가 왜 일제 시기에 대해서는 언급을 하지 않았는지 이 저서에서는 밝히지 않았다. 하여튼 박정희는 일제 침략자들이 어떤 역할을 했는지, "이조적 악유산과 봉건적 요인"이라고 표현한 것을 온존시키려 한 것인지 아니면 없애려 한 것인지에 대해 어떤 이야기도 하지 않았다. 바로 이 점이 나는 대단히 중요하다고 거듭 강조하고자 한다. 왜 그랬을까. 어쨌건 이 당시에 있던 농촌 고리채 등의 문제는 "이조적 악유산과 봉건적 요인이 그대로 남아 있는" 것이라고 박정희는 이야기하는데, 정말 답답한 주장이다. 이 절의 결론에 해당하는 내용이 이렇게 돼 있다. 그 뒷부분인 2장 4절 제목도 무척 특이하다.

"이조사의 악유산"을 해방 후 이어받았다?
일제 강점기는 언급하지 않고 제외

── 어떤 점에서 그러한가.

　　뭐냐 하면 '이조 당쟁사의 반민주적 폐습'으로 돼 있다. 어떻게 전근대 사회에 대해 민주주의를 이야기할 수 있는 건지 모르겠는데, 제목이 그렇게 돼 있다. 4절에서는 제목부터 식민 사관 중 당쟁

만주군관학교와 일본 육사를 졸업한 직후의 박정희. 박정희의 정치·사회의식은 일제 시기에 보통학교, 대구사범학교, 그리고 만주군관학교와 일본 육사 및 만주군 정훈 교육 등을 통해 형성됐다.

사관이 많이 드러나 있다. 당쟁 사관은 식민 사관에서 제일 중시하는 것 중 하나다. '한국은 당쟁으로 시종일관하다가 결국 일제의 지배를 받게 됐다. 그만큼 잘못된 역사를 가졌으니까 지배당하는 건 어쩔 수 없는 일이다', 이런 논리와 연결되는 게 일제의 당쟁 사관 아닌가.

── 그러한 제목 아래 어떤 내용을 담았나.

4절 시작 부분은 이렇게 돼 있다. "이조 사회가 후대에 끼친 폐습 중에서 가장 큰 것이 사화와 당쟁"이라는 것이다. '조선 시대의 폐습이 사화와 당쟁이다'라고 해도 이건 한국인을 정신적으로 황폐화하기 위한 식민 사관 아니냐는 이야기를 들을 수 있는데, 그게 해방 후 지금도 남아 있다는 주장을 한 것이다. 그게 그대로 이어져 왔다는 것이다. 그래서 저렇게 파당 싸움이나 하고 있다는 주장이다. 박정희는 해방 이후 정치사를 파당 싸움으로 단정하고 있을 뿐만 아니라, 서구에서 받아들인 민주주의가 바로 이 파당 싸움으로 직결되는 것으로 인식했다. 그러니 서구식 민주주의를 실시해서는 안 된다는 논리로 이어지는 주장이다. 박정희는 조선 사회가 후대에 끼친 폐습 중 가장 큰 건 사화와 당쟁이라는 말로 요약할 수 있다고 이 4절에서 주장하고 있다.

이어서 "이것은 관인 지배층 내의 무자비한 권력 쟁탈을 위한 내분이다", 이렇게 이야기하는데 이것 또한 일제 관학자들의 당쟁 사관을 그대로 이야기한 것이다. "모략, 음모, 테러와 같은 음성적 잔학성을 가진 파쟁으로", 테러라는 말을 여기서 쓰는 것도 좀 그런데, "반대 당이나 정적에 대해서는 피도 눈물도 없는 관용성의 결여를 나타냈다는 점에서 민족 분열을 조장하고 평화로운 정치 세력의 교체 가능성을 제거하고 말았다는 점에서 후세 서구 민주 정치 수입에 임해 적지 않은 폐해가 됐다"고 주장했다. 한편으로는 박정희 정권, 특히 유신 체제의 어느 한 면을 상기시키기도 하지만, 조선 시대 붕당 간 갈등에 대해 일제 관학자들과 군국주의자들이 얘기한 것과 똑같은 주장을 펴고 있을 뿐만 아니라 한 걸음 더 나아가 해방 후에도 계속 그런 악습이 남아 있다고 주장한 것이다. 그런 주장을 4절 첫머리에서 폈다.

박정희는 "이런 이조 사화에서 반대파를 몰아내는 방법은 고자질, 음모, 사적 반감을 풀려는 복수 등이 있는데 서구 봉건 사회에서처럼 공개적이고 정정당당한 기사도적 경쟁이 아니라 비굴하고 음성적이요 그러므로 관용과 타협이 없는 잔인성을 내포하고 있었다"고 주장했다. 그런데 이렇게 잔인성을 강조한 사람이 누구냐, 이 말이다.

박정희의 정치·사회의식은 일제 시기에 보통학교, 대구사범학교, 그리고 만주군관학교와 일본 육사 및 만주군 정훈 교육 등을 통해 형성됐다. 일제 시기에 한정해서 본다면 당쟁이 아주 잔인했다고 강조하는 건 내가 읽은 것으로는 대개 일제 관학자들의 식민 사관, 그중에서도 주로 당쟁 사관에서 주장한 것이고 그것이 또 한국인, 특히 친일파에게 영향을 끼쳤다고 볼 수 있다. 그런 사람들의 주장에서 그 이야기가 강조되는 것인데, 그게 이 책에서 또 강조되고 있다. 박정희가 만주군관학교, 일본 육사 우등생이었다는 점도 이러한 강조와 연관이 있지 않을까.

박정희는 "결국 당쟁의 전통적 폐습은 후대에 정실 인사, 엽관 운동, 오직 야당에 대한 무자비한 탄압 등으로 계승된 셈이다", 이렇게 주장했다. 여기서 "후대"는 현대를 가리키는 것으로 보인다. 일제 시기는 이 책에서 사실상 빠져 있다는 점에서 그렇게 볼 수 있다. "정실 인사, 엽관 운동, 오직 야당에 대한 무자비한 탄압", 이건 이승만 자유당 정권이 한 짓을 가리키는 것으로 보이는데 사실은 박정희 정권에서도 나타난 현상이다.

문제는 당쟁의 전통적 폐습이 현대에 계승돼 계속 나타났다고 주장한 것에 있다. 내가 강조하고 싶은 건 이것이다. 정실 인사, 엽관 운동, 야당에 대한 무자비한 탄압은 당쟁의 전통적 폐습보다는 당대의 다른 여러 요소에서 그 원인을 찾을 수 있는데, 박정희는 식민 사학자들이 역설한 당쟁으로 거슬러 올라가 온통 그것으로 설명하고 있다는 점이다. 또 더 확장해서 보면 박정희 정권의 국민교육헌장이나 유신 체제가 강요한 충효 사상 등 복고주의나 그와 연결된 군사 문화는 조선 시대로 거슬러 올라가 설명할 수 있는 것이 아니고, 일제 강점기, 특히 군국주의 파시즘과 그 이후의 역사적 요

유신 쿠데타의 뿌리

인을 비롯한 여러 요소에서 그 원인을 찾을 수 있다는 것이다. 왜 내가 여기서 국민교육헌장이나 복고주의를 꺼내느냐 하면 그것이 야말로 과거 시대와 직결돼 있는 것으로, 우리 현대사의 대표적인 시대착오적 현상, 시대에 역행하는 퇴행적 현상이었기 때문이다.

── 조선과 달리 "서구 봉건 사회"에서는 "공개적이고 정정당당한 기사도적 경쟁"이 이뤄졌다는 주장도 사실과 거리가 멀지 않 나. 서구의 역사를 찬찬히 살펴보면 그것이 무리한 주장임을 어렵지 않게 알 수 있다.

5절 제목은 〈이조 사회의 악유산들〉이다. 머리말에서 이야기 한 "악유산"이 여기 또 나온다. 일제 관학자들의 식민 사관에 나오 는 주장들이 여기에 계속 나온다. 1에서 7까지 제시하는데, 다 그 이야기다. 사대주의-자주 정신의 결여, 게으름과 불로 소득 관념, 개척 정신의 결여, 기업심의 부족, 악성적 이기주의, 명예 관념의 결여, 건전한 비판 정신의 결여, 이렇게 7가지다.

앞에서도 약간 언급했지만 이광수는 조선 왕조의 당파에 눈먼 악정 때문에 조선 민족이 퇴폐했다고 인식하고, 한민족 쇠퇴의 근 본 원인이 타락한 민족성에 있다고 강조했다. 그러면서 게으름으로 실행 정신이 없고, 겁이 많아 용기가 없으며, 신의와 사회성이 결핍 돼 있고, 비사회적 이기심을 가지고 있다는 점을 그러한 타락한 민 족성으로 제시했다. 그리고 서로 속이고 시기하고 의심하고 모함한 역사를 가진 민족이라고 맹렬히 비난했다.

그런데 박정희는 "이조 사회의 악유산"을 7가지로 딱 정리하 고, 한국인이 공상과 공론의 민족이었으며 조선 500년의 이 7가지가 "이조사의 악유산"들로 지금까지도 남아 있다는 주장을 폈다. 예컨대 '일제 때도 그런 게 많이 보인다' 또는 '한말에 그런 게 보였다', 이렇게 지적했다면 그때는 조선 사회의 폐단이 제대로 청산되지 않았을 수도 있는 때니까 그런 주장을 할 수 있는 것 아니냐는 이야기를 할 수도 있겠지만, 현대에까지 그걸 전부 연결시킨다? 그건 정말 특이한 역사관이라는 생각을 갖게 한다.

"새로운 지도 세력의 대두와 육성"을 박정희가 강조한 속내

—— "악유산"으로 규정하고 강하게 몰아세우는 대신 한국 역사에 대해 좋게 평가한 대목은 없나.

6절에 〈전승해야 할 유산들〉이라고 해서 좋은 것도 담았다. 그런데 이 책 97쪽을 보면 "해방 17년사를 되돌아볼 때 우리 민족은 한때의 나이롱 선풍에도, 댄스 바람에도 그리고 외래품 범람에 휩쓸려 제 넋을 잃을 뻔했다. 외래 사조 소화 불량증에 걸렸다", 이렇게 쓰여 있다. 그냥 우국지사의 개탄이라고 볼 수도 있지만, 다르게 보면 민주주의와 함께 들어온 서구 문화와 물질문명에 대해 이렇게 이야기하는 것이 적절한가 하는 문제를 생각해볼 수 있다. 그런 것을 퇴폐주의로 규정하고 파시즘에서 볼 수 있는 방식으로 제재하는 단초를 여기서도 발견할 수 있다고 이야기할 수 있지 않을까 하는 생각이 든다.

1970년대의 장발 단속 같은 것을 연상할 수 있는데, 나는 "나이롱 선풍"이라고 지적한 것에 대해서도 그런 말까지 쓸 필요가 뭐가 있나 하는 생각이 든다. 어쨌든 나일론이 들어오면서 우리 의복계가 대대적으로 혁신되지 않았나. 서민들이 쉽게, 또 색을 들여서 입을 수 있는 복식 혁명이라고 할까, 커다란 복식 변화를 가져오지 않았나. 그러면서 '나이롱'이란 말이 유행해 참외에도 '나이롱 참외'가 생기고 선거에도 '나이롱 선거'가 있게 된다. 그렇게 별의별 군데에 사용됐기에 "나이롱 선풍"이라고 한 모양인데, 그런 식으로 꼭 부정적으로만 사용해서 되겠는가 하는 생각이 든다. 하여튼 박정희이 사람은 '이것저것 다 틀렸다. 다 썩었다. 다 잘못됐다', 이런 주장을 아주 강하게 폈는데 여기서도 그런 면을 찾아볼 수 있다.

7절 제목은 〈이조 망국사의 반성〉이다. 조선이 일제에 강점된 이유를 일제의 침략에서 찾지 않고 한민족의 잘못에서 찾고 있다. 박정희 논리대로 하면 여기에도 당연히 식민 사관이 나올 거라고 볼 수밖에 없는데, 실제로 그런 식민 사관적인 논리가 이 절에서 펼쳐진다. 2장의 끝 절인 9절 제목이 〈한국의 근대화를 위하여〉인데, 제목을 보면 지금까지의 논리로 볼 때 뭘 썼을까 하는 걸 궁금하게 여길 수 있다. 박정희는 여기서 다시 '이조의 사대주의'를 비판하고 해방 후 정치 세력을 다 파당 싸움만 한 것으로 싸잡아 매도한 뒤 은근히, 예컨대 "민주주의를 직수입한 의회 민주주의는 실패하고"라고 말하면서 '한국에서 그간 민주주의는 실패했으니까 이제 다른 정치를 해야 한다'는 뜻을 펴고 있다.

── 이 책에서 언급한 '다른 정치'란 무엇인가.

2장 마지막에 가면 "이제 늦게나마 민주주의의 한국화라는 과제를 자각케 된다"고 말했다. 그런 과제를 자각해야 한다는 뜻으로 쓴 건데, "민주주의에도 지도성이 도입되어야 한다"는 것이었다. 자각이라는 건 그걸 가리키는 것이다. 민주주의의 한국화, 다시 말해 행정적 민주주의로 표현되기도 하는 것인데 이건 인도네시아의 아흐메드 수카르노가 교도 민주주의guided democracy라고 말한 것을 가리키는 것으로 볼 수도 있다. 박정희는 "과거 반봉건적, 반식민지적 지도 세력"을 그대로 뒀다는 데 한국 민주주의의 실패 원인이 있다고 주장하는데, 자유당과 민주당이 다 "과거 반봉건적, 반식민지적 지도 세력"이라는 이야기다. 그러면서 "한국의 근대화를 위하여서는 근대적인 새로운 지도 세력의 대두와 육성을 기초로 하여야 한다"고 주장했다.

이광수의 민족 개조론에도 이와 비슷한 이야기가 있다. 독립운동을 하는 사람들, 뜻있다는 사람들, 곧 애국지사를 '떠드는 것과 감옥에 갔다 나온 것, 표박漂泊하면서 사기적으로 금품을 얻는 망명객 무리'로 매도했다. 그러면서 반일적인 성격이 배제된 순수한 수양 단체로서 수양동맹회 같은 걸 만들어서 '구제 불능의 열악한 민족성'을 가진 한국인을 거기서 벗어나게 해야 한다는 논리를 폈다.

그것이 《우리 민족의 나갈 길》에서는 "새로운 지도 세력의 대두와 육성"이라는 방식으로 나타났다. "새로운 지도 세력"이라는 건 한국적 민주주의를 주창하는 박정희 자신을 가리키기도 하고, 이 책이 1962년에 나온 것을 감안하면 그 자신 및 그와 함께 밀실에서 만들고 있던 신당(공화당)을 은근히 이야기하는 것 아니냐고 볼 수도 있다. 지금까지 모든 정치는 다 잘못됐다는 논리를 깔면서, 한국의 근대화를 위해 서구 민주주의를 지양하고 한국적 민주주의를 펼치려는 자신과 신당이 중심이 돼야 한다는 시사를 하고 있다.

유신 쿠데타 10년 전에 이미
유신 체제 본색을 드러낸 박정희

— 지금까지 살펴본 내용을 되짚어보면 자학 사관이라는 말이 떠오른다. 잘 알려진 것처럼, 자학 사관은 침략 전쟁을 일으켜 엄청난 인명을 살상한 일제의 역사와 전쟁 범죄를 비판·성찰하는 움직임을 매도하고자 일본 우익이 퍼뜨린 논리다. 아울러 제국주의, 분단, 독재에서 비롯된 문제를 정면으로 파헤친 한국 역사학자들을 시쳇말로 '좌빨'로 몰아세우며 극우 반공 세력이 공격할 때에도 자학 사관이라는 규정을 빌려 썼다.

이러한 점에서 자학 사관이라는 말 자체가 위험하고 의도가 불순한 용어임을 전제하고 말하면, 저들이 자학 사관이라는 말을 굳이 쓰겠다고 고집할 경우 그에 걸맞은 건 역사학자들의 비판적 연구 성과가 아니라 오히려 식민 사관과 상관관계를 맺으면서 한국사 전체를 지나치게 부정적으로 본《우리 민족의 나갈 길》같은 게 아닐까 하는 생각이 든다. 물론 박정희를 숭배하는 경향이 있는 극우 반공 세력이 그렇게 할 리는 없겠지만, 저들의 논리가 정합성을 조금이라도 가지려면 박정희와 식민 사관의 관계 같은 문제에 대해 먼저 자학 사관이라는 규정을 들이대야 하는 것 아닌가 싶다. 앞에서 지적한 문창극 총리 후보 낙마 사건에서도 잘 드러난 것처럼 식민 사관 문제를 오늘날과는 무관한 사안으로 치부할 수 없다는 점에서도 그러하다. 다시 돌아오면, 지금까지 모든 정치는 다 잘못됐다는 논리를 깔고 있는 박정희의 주장, 어떻게 보나.

1961년 5월 18일 육사 생도들의 쿠데타 지지 시가행진을 지켜보는 박정희. 박정희는 해방 후 활동한 모든 정치 세력을 싸잡아 매도하며 지금까지 모든 정치가 잘못됐다고 주장했다.

박정희 이 사람은 강력히 식민 사관을 펴면서 모든 정치가 잘못됐다는 주장을 계속해서 아주 강하게 폈다. 자유당과 민주당은 말할 나위도 없겠지만, 해방 후 활동한 모든 정치 세력을 싸잡아 모두 매도하는 그런 주장을 한두 번도 아니고 거듭해서, 계속 강조했다.

당시 사람들이 자유당을 많이 비판한 건 분명하다. 그렇지만 국내외에서 조국의 독립을 위해 헌신적으로 싸운 분들이 해방 후 통일 정부를 세우고 친일파를 처단하고 토지 개혁을 하고자 노력했던 건 당연히 평가를 해줘야 한다. 그리고 예컨대 보수 야당이긴 했지만 자유당 집권기에 고생을 많이 하면서 자유당과 싸우고 그래도 민주주의라든가 서민들을 위해 나름대로 뭔가를 해보겠다고 했던

1960년 10월 1일 서울운동장에서 열린 제2공화국 출범 경축식에서 3군 분열식을 받고 있는 윤보선 대통령(왼쪽) 내외와 장면 국무총리 내외(오른쪽). 박정희는 제2공화국, 즉 민주당 장면 정권 시기를 그야말로 혼돈, 혼란 상태로 규정하고 '병든 태아'라고 불렀다. 사진 출처: e영상역사관

민주당 같은 경우, 그리고 그보다 진보적이었던 진보당 같은 경우 그런 것들에 대해 잘 봐줄 수 있는, 이해할 수 있는 면이 있을 수 있는 것 아닌가. 물론 문제점은 비판해야 하지만 그런 게 충분히 있었는데, 《우리 민족의 나갈 길》에서는 어떤 정치 행위도 긍정적으로 보지 않고 있다.

앞에서 방금 언급한 대로 해방 후는 그야말로 우리 역사에서 굉장히 소중한 시기이고, 그때 있었던 정당이나 정치 세력 중에는 일제 지배와 같은 침략을 다시는 당하지 않고 우리 민족이 새로운 시대, 새로운 사회를 어떻게 만들어갈 것인가를 정말 진지하게 구상하고 그걸 위해 노력한 정당, 정치 세력이 적지 않은데, 그 어떤 것도 이 책에 나오지 않는다. 2장의 경우 구체적으로 현대사도 썼기 때문에 긍정적인 면도 얘기할 법한데, 어디에도 안 나온다. 긍정적인 게 없다. 박정희 자신을 빼놓고는 어디서도 긍정적인 게 안 나온다는 게 중요한 특징이다.

— 경제 문제에 대한 언급은 없나?

2장의 끝 절 제목이 〈한국의 근대화를 위하여〉인데, 이 절에서 경제 문제가 별로 중요한 의미를 갖지 못한다는 것도 눈여겨볼 필요가 있다. 나중에는 박정희에게 근대화가 거의 100퍼센트 경제 발전을 의미하는 말로 사용되지 않나. 박정희가 같은 단어를 쓰더라도 시기에 따라 그것이 의미하고 강조하는 바가 다를 수 있다는 점에서 그때그때 가리키는 것이 무엇인지를 잘 이해해야 한다는 것을 여기에서 보여주고 있다.

3장 제목은 〈한민족의 수난의 역정〉이다. 제목 자체가 우리가 얼마나 힘든 역사만 가졌는가, 이런 뜻을 품고 있다. 우리 역사를 이렇게 부정적으로 보게 된 데에는 식민 사관이 큰 역할을 했을 텐데, 박정희는 3장에서 다시 식민 사관을 역설했다. 3장에서 국제 관계 부분을 보면 한국은 당하기만 하는 나라, 수동적인 존재로 묘사돼 있다. 그렇게 묘사하는 건 식민 사관, 그중에서도 특히 타율 사관에 빠졌을 때 나타날 수밖에 없는 역사관이다.

4장 제목은 〈제2공화국의 카오스〉다. 제2공화국, 즉 민주당 장면 정권 시기는 그야말로 혼돈, 혼란 상태라고 규정하고 2절에 〈病태아 제2공화국〉, 그러니까 병든 태아라는 제목을 붙였다. 그간 내가 계속 이야기했던 바를 박정희는 여기서 아주 강렬한 어투, 자극적인 표현, 극단적인 언어 구사를 통해 이야기했다. 그러면 그것들이 사실에 근거를 둔 주장인가. 그런 것도 있지만, 도대체 제2공화국 시기와 장면 정부에 대해 그렇게까지 이야기할 근거가 없지 않느냐고 볼 부분이 아주 많다.

5장 제목은 〈후진 민주주의와 한국 혁명의 성격과 과제〉인데, 박정희는 이 장의 3절 제목을 〈혁명기에 있어서의 민주주의-행정적 민주주의〉라고 붙이고 한국에서는 행정적 민주주의를 펴야 한다는 이야기를 했다. 5장의 첫 번째 절 〈현대의 후진 민주주의 국가의 위기〉 첫머리에서는 "지난날의 우리늘은 말로만 민주 정치를 한다고 떠들어댔다. 그러나 그것은 민주 정치가 아니고 다른 사람이 하는 것을 빌려온 것이다. 서구 민주주의는 빌려온 것으로 민주 정치를 그 외양만 모방했던 것에 불과하다", 이렇게 단정했다.

— 박정희가 행정적 민주주의를 강조한 것, 어떻게 보나.

5장에서는 경제적인 기반이 있어야 민주주의를 한다는 논리를 많이 폈다. 선거권도 기아에 직면하고 있는 인간에게는 아무런 의미를 가지고 있지 않았다고 하면서 "민주주의라는 빛 좋은 개살구는 기아와 절망에 시달리는 국민 대중에게는 너무나 무의미한 것이다", 이렇게 주장했다. 표현이 매우 자극적이라고 할까, 극단적인 면이 있다. 민주주의를 "빛 좋은 개살구"로 규정한 것도 그런데, 이런 박정희의 주장이 많은 것을 함축하고 있다고 난 본다.

그렇게 민주주의를 "빛 좋은 개살구"로 규정한 후 3절에 가서 행정적 민주주의를 주장한다. "우리가 지향하는 민주주의는 서구적인 민주주의가 아닌, 즉 우리의 사회적, 정치적 현실에 알맞은 민주주의를 해나가야만 된다고 생각한다." 이게 유신 체제에서 그렇게 강조하는 주장이다. 그 주장이 바로 이 책에 이렇게 정확히 표현돼 있다. 내가 이걸 지적하려고, 조금 거친 방식으로나마 쭉 설명한 것이다. 그게 식민 사관하고 쭉 연결되면서 이 책에서 이야기가 전개되고 있다.

그런데 박정희는 위의 주장에 이어서 이런 주장을 했다. "바로 이러한 민주주의가 다름 아닌 행정적 민주주의라고 할 수 있다." 행정적 민주주의라는 이 말은 여기서 사용하고는 더 이상 사용하지 않는다. 박정희 통치를 그 당시에 사람들이 '정보 정치', '행정 독재'라고 많이 불렀다. 부정적으로 본 것이다. 그래서인지 '행정적 민주주의'라는 말을 계속 사용하는 것이 적절하지 않다고 생각한 모양이다. "민주주의를 정치적으로 당장 달성할 것이 아니라", 지금 민주주의를 할 때가 아니라는 말이다. "어디까지나 과도기적인 단계에 있어서는 행정적으로 구현해야 될 것이요", 이렇게 이야기하고 있는데 그렇기 때문에 지도를 받아야 한다는 논리가 책 전체의 맥락에 깔려 있다.

이 책 어디서나 느낄 수 있고 다른 책 또는 연설문이나 담화에서도 마찬가지인데, 일제 시기를 공공연히 찬양할 수 없었던 것처럼 '민주주의를 하지 않겠다', '파시스트가 좋다', '군국주의가 우리 체질에 맞다', 이렇게 공개적으로 표명하는 건 한국에서는 있을 수 없는 일이다. 해방 후 공산주의자건 친일파건 누구나 다 민주주의를 하겠다고 했다. 그래서 해방 직후에는 민주주의에 대한 극단적인 풍자까지도 많이 나오는 걸 볼 수 있다. 이런 분위기였기에 박정희 의장도 그런 말을 절대로 할 수가 없었다. 그렇기 때문에, 실제 내용을 보면 민주주의가 아니라 다른 표현이 더 적절한 것인데도 행정적 민주주의라는 식으로 꼭 민주주의라는 말을 붙여서 이야기하는 걸 볼 수 있다. 그러면서 서구적 민주주의에 대해서는 부정적인 측면만 주로 이야기하는 게 특색이다.

— 민주주의에 반하는 행태로 일관하면서도 민주주의자를 참칭하는 사례는 오늘날에도 어렵지 않게 찾아볼 수 있다. 다시 돌아오면, 행정적 민주주의 이외에 어떤 주장을 더 펼쳤나.

5장에서 행정적 민주주의를 이야기했다고 말했는데, 그것에 이어서 지방 자치 발전이 중요하다는 이야기도 했다. 좋은 말을 많이 집어넣었다. 4월혁명 이후 민주당도, 혁신 정당도 복지라는 말을 많이 썼는데 박정희도 복지 민주주의라는 말도 쓰고 지방 자치도 발전해야 한다는 이야기도 했다. 그런데 실제로는 박정희 군사 정권이 지방 자치를 소멸시켜버리지 않았나. 그래서 한국은 30년 동안 지방 자치가 없는, 세계에서 아주 희귀한 나라가 됐다. 지방 자치가 중요하다는 이야기, 이건 누가 써준 걸 그대로 받아서 넣은 건지, 아니면 이때까지는 지방 자치를 할지도 모른다는 생각을 해서 그렇게 한 것인지는 알 수가 없다. 이렇게 이 책에서 지방 자치를 강조하긴 했지만 실제로는 농협 조합장, 수리조합장, 심지어 시기에 따라서는 이장도 임명하면서 모든 것을 명령일하에 두려 했던 사람이 지방 자치를 강조했다는 것이 무척이나 낯선 느낌을 준다.

장면 정권 비난은 극렬,
일제 비판과 독립 운동 서술엔 인색

—— 《우리 민족의 나갈 길》의 핵심 주장을 압축한다면 어떻게 정리할 수 있을까.

박정희는 이 책에서 민주주의라는 말과 관련해 너무나 모순된 이야기를 많이 하는데 이 책을 통해 기본적으로 주장하려는 것은 '우리가 지향하는 민주주의는 서구적인 민주주의가 아닌, 현실에 맞는 민주주의여야 한다. 행정적 민주주의를 실시해야 한다. 지금까지 정치는 다 잘못됐다. 전부 파당 싸움이다. 현재 한국의 모든 문제점은 조선 시대의 악유산을 이어받았기 때문에 생겼다', 이것에 집중돼 있다고 볼 수 있다. 그걸 박정희가 강조한 식민 사관과 연관 지어 생각하면 '우리 민족성에 문제가 있다. 그러므로 한국적 민주주의를 해야 한다'는 논리가 포함돼 있다고 볼 수 있다. '우리 민족성에 문제가 있어 민주주의는 안 맞는다'고 지금도 목청을 높이는 사람이 있지만 박정희 집권기에, 특히 유신 체제 시기에 그런 사람이 꽤 있었다는 점도 떠오르게 한다.

이 책에서 박정희는 5·16쿠데타 때문에 불과 1년도 존재하지 못했던 장면 정권을 하나의 장으로까지 설정해서 다룬 반면 일제 침략기라든가 12년이나 존속한 이승만 정권, 정치적으로 굉장히 많은 운동과 사건이 일어났던 해방 3년기 등에 대해서는 자신의 생각을 그렇게 구체적으로 밝히지 않았다. 아무리 장면 정권이 밉다고 하더라도 일제 침략기, 이승만 집권기, 해방 3년기의 중요성 때문에도 그렇고 서술의 균형 문제를 고려해서라도 그런 부분에 대해 구체적으로 피력했더라면 좋지 않았을까 하는 생각이 든다. 일제 강점기와 관련해 친일파 문제는 자신과 관련된 문제이기 때문에 쓸 수 없었을 것이라는 점은 이해가 가지만, 그렇다 하더라도 독립 운동에 대해서는 지면을 할애했어야 하는 것 아닌가 하는 생각이 든다.

장면 정권에 대해 한 장을 할애한 것에 비해, 〈일본의 한국 침략〉이라는 것은 소절로 처리했는데 조선 시기나 해방 이후의 현대사에 비해 비판, 비난이 현저히 약하다. 그리고 그와 대조적으로 국제 관계에서 한국이 결국 식민지가 될 수밖에 없었다는 얘기를 많이 강조했다. 독립 운동이나 해방 직후, 이승만 정권과 관련해 예컨대 2장 6절 〈전승해야 할 유산들〉 같은 데에서 집필 조력자들의 도움을 받아서라도 좀 더 비중 있게 썼어야 하지 않았나 하는 생각이 거듭 든다. 그런데 그냥 간단히, 독립 운동을 몇 마디로 치켜세우는 것으로 끝내고 말았다.

유신 체제의 기본 골조,
5·16쿠데타 때 이미 세워져 있었다

유신 쿠데타의 뿌리, 두 번째 마당

김 덕 련 《우리 민족의 나갈 길》에 이어 《국가와 혁명과 나》를 살폈으면 한다. 《국가와 혁명과 나》, 어떤 책인가.

서 중 석 《국가와 혁명과 나》가 제목 때문인지 《우리 민족의 나갈 길》보다 연구자들 사이에서 인용은 더 많이 된다. 1963년 8월 25일 인쇄라고 돼 있으니, 그해 10월 15일 치러진 대선을 앞두고 나온 책이다. 자신의 경륜이라고 할까 이념을 정리해 대선용으로 내놓은 것이다. 그렇기 때문에도 구체적인 수치, 자료를 제시해가면서 5·16쿠데타를 합리화하고 군사 정권의 업적을 굉장히 높이 평가하는 대목이 많다. 그러면서도 이 책 역시 그 핵심에는 박정희 자신의 생각이 잘 드러나 있다.

서장에는 〈국가, 민족, 역사의 명제〉라는 거창한 제목이 붙어 있다. 앞머리 쪽에서 이렇게 얘기했다. "단군 성조 국기를 세운 지 5,000년, 이 민족은 겨우 3,000리의 좁은 변강 속에서 세계 최후의 순혈 동포이면서도 혹은 분방分邦 혹은 상잔을 거듭하면서 오랜 세월 동안 두터운 봉건 속에서 빈곤과 나락과 안일 무사주의의 악순환 속에서 분열, 파쟁만을 일삼아왔다." 5,000년 역사가 이런 "빈곤과 나락과 안일 무사주의의 악순환 속에서 분열, 파쟁만을 일삼은" 역사라는 것이다. 이것도 식민 사관과 이광수의 민족 개조론에서 귀가 아프게 많이 들었던 얘기다. 다만 일제는 우리 역사를 5,000년으로 인정하지 않았고 이광수는 주로 조선 500년을 문제 삼았다는 점에 차이가 있다.

앞의 주장에 이어 박정희는 "단 한 번 국가다운 국가를 세워보지 못하였음이 오늘까지 우리 역사이다"라고 단정했다. 이렇게까지 철저히 우리 역사를 부정적으로 보는 역사관은 일제 관학자나 군국주의자들이라면 몰라도 이광수에게서도 찾아보기 어렵다. 박정희는 그것에 이어서 "생각하면 참으로 곤욕과 혈로에 점철된 것이 우리의 역사였다"면서 우리 역사를 서장부터 지극히 부정적으로 봤다.

해방과 독립 운동에 대한
박정희의 편파적 시각

── 《우리 민족의 나갈 길》에서 박정희는 해방 공간, 독립 운동 등을 충실히 다루지 않았다고 지난번에 얘기했다. 《국가와 혁명과 나》에서는 어떠했나.

1945년 8월 15일 해방을 좋게 볼 수도 있고 경우에 따라 나쁘게 볼 수도 있다지만, 이 책에서는 우선 해방을 다룬 부분이 너무 짧다. 그리고 해방을 그냥 나쁜 것으로만 보는 것으로 일관하고 있다. "해방 풍조로부터 시작된 정신적 타락, 망국적 외래 풍조, 이에 깃든 부패, 허영, 사치, 나태를 능가할 수도 없으려니와", 이렇게 쓰면서 우리 해방이 이런 나쁜 것만 가져왔다고 역설했다. 그러고 나서 "요컨대 해방 후 19년간의 총결산, 그것은 얻은 것보다 잃은 것이 더 많은 반면에 단 하나의 소득이 있었다면 덮어놓고 흉내 내는 식의 절름발이 직수입 민주주의의 강제 이식이 있었을 뿐이다"라고 주장했다.

이처럼 해방 이후 우리 역사를 지극히 부정적으로만 봤다. 5,000년 역사도 그렇게 보더니만 해방 이후에 대해서도 그랬다. 또 민주주의가 강제로 이식됐다는 주장을 했다. 그러면서 우리 민주

한반도가 해방되자 만세를 부르며 환호하는 사람들. 박정희는 《국가와 혁명과 나》에서 민주주의가 강제로 이식되었다며 해방을 굉장히 나쁜 것으로 평가하고 있다.

주의를 "덮어놓고 흉내 내는 식의 절름발이 직수입", 이렇게 표현했다. 그러고는 "피곤한 5,000년의 역사, 절름발이의 왜곡된 민주주의, 텅 빈 폐허의 바탕 위에 서서 이제 우리는 과연 무엇을 어떻게 해야 할 것인가", 이렇게 썼다. 우리 역사가 피곤하기만 하다는 것이다. 박정희는 서장에서 이렇게 얘기하면서 자기가 그걸 해결할 방안을 주겠다는 태도를 취했다.

이처럼 이 책에서 박정희는 해방에 대해 짧지만 아주 나쁘게 서술했다. 흥미롭게도 근래 뉴라이트 논객들도 해방의 역사를 혼란, 혼돈의 부정적인 역사로 보고 이승만 정권이 들어섬으로써 제대로 된 좋은 역사가 펼쳐진다고 강조하지만, 박정희는 해방에 대

1961년 11월 일본을 방문한 박정희가 일본 총리 관저에서 열린 만찬회에서 이케다 하야토 수상 (왼쪽) 등과 이야기를 나누고 있다. 박정희는 이 만찬회에서 만주군관학교에 다닐 때 교장이던 나구모 신이치로를 모셔 오게 해 인사를 드리고 기시 노부스케 등 대륙을 침략한 만주 인맥을 만났는데, 그러한 '만남', '인사'야말로 박정희의 본마음이 그대로 드러난 것이었다. 사진 출처: 국가기록원

해 '무슨 의미가 있느냐. 뭐가 좋았느냐', 이런 태도를 보여주었다. 왜 그런 태도를 보였는지에 대해서 신용구의 책 《박정희 정신 분석, 신화는 없다》에도 시사돼 있고 다른 글에도 나온다. 뭐냐 하면 박정희는 대일본제국이 발전하는 속에서 만주군 군인으로서 큰 칼을 휘두르며 자신이 잘되는 것에 모든 명운을 걸었는데 일거에 일본이 패망함으로써 그런 기대가 날벼락을 맞게 됐고, 그렇기 때문에 해방을 다른 사람들처럼 맞을 분위기, 정신적 상태가 돼 있지 않았다는 것이다. 아주 침통하고 착잡한, 절망적이었을 수도 있는 심정으로 해방을 맞이한 것으로 쓴 글들이 나온다. 박정희는 만주군관학교 우등생, 일본 육사 우등생이었던 것에 자부심을 가졌다고 얘기하지 않나.

유신 쿠데타의 뿌리

— 박정희는 교사 자리를 박차고 나가 일본 천황에게 충성을 맹세하는 혈서까지 쓰고 만주군관학교에 들어갔고, 일본 육사를 거쳐 드디어 꿈꾸던 장교가 됐다. 그런데 해방으로 자신의 인생 계획을 밑바닥부터 다시 짜야 했다. 그러한 길을 걸은 사람이 만약 해방을 벅찬 감격으로 맞이했다고 한다면, 오히려 그게 더 이상한 일일 것이다.

독립 운동에 대한 시각도 그런 것과 연관돼 있다. 최고회의 의장이라면 아무리 쿠데타로 잡은 권력이고 친일파라고 하더라도 《우리 민족의 나갈 길》 같은 데서 독립 운동에 대해 충실히, 호의적으로 써주는 게 필요하지 않았느냐고 생각할 수 있는데, 그렇게 하지 않았다. 해방 못지않게 독립 운동에 대해서도 호의적 시선을 갖기가 어려웠던 것 같다.

소설가 이병주 글을 보면 그에 관한 내용이 나온다. 그 글에 따르면 5·16쿠데타 전에 국제신보 주필 이병주, 부산일보 주필로 박정희와 대구사범학교 동기 동창인 황용주와 만났을 때 박정희 소장은 이승만과 관련해 이런 비판을 한다. "미국에서 교포들 모아놓고 연설이나 하고 미국 대통령에게 진정서나 올리고 한 게 독립 운동이 되는 건가요? 똑바로 말해 그 사람들 독립 운동 때문에 우리가 독립된 거요? 독립 운동 했다는 거 말짱 엉터리요, 엉터리." 이승만 비판에서 독립 운동에 대한 비판으로까지 나아간 것이다. 그러자 황용주가 이렇게 얘기했다. "물론 엉터리 독립 운동가도 더러 있었겠지. 그러나 그렇게 말하면 안 된다. 진짜 독립 운동 한 사람도 많아. 그 사람들 덕분에 민족의 체면을 유지해온 것 아닌가?" 그러니까 박정희가 흥분했다. "해방 직후 우후죽순처럼 정당이 생겨갖고 나라 망신시킨 자들이 누군데. 독립 운동 했습네 하고 나선 자들이 아닌가." 황용주는 "그건 또 문제가 다르지 않느냐"라고 이야기했다. 그러자 박정희가 "무슨 문제가 다르다는 기고? 독립 운동을 합네 하고 모두들 당파 싸움만 하고 있었던 거여. 그 습성이 해방 직후의 혼란으로 이어진 기라 말이다. 그런데도 민족의 체면을 유지했다고?", 이렇게 얘기하는 걸 볼 수 있다. 우리 민족의 역사 못지 않게 독립 운동과 해방에 대해서도 얼마만큼 편파적인 시각을 갖고 있었는지를 보여주는 장면이다.

한마디 덧붙이면, 박정희가 두 권의 저서에서 언급한 '독립 운동'과 '일본의 한국 침략'에는 그의 본마음이 담겨 있지 않다. 박정희가 1961년 11월 미국에 가면서 일본에 들렀을 때 일부러 군사 정부 정보 계통을 통해 수소문해 자신이 다녔던 만주군관학교 교장 나구모 신이치로를 모셔 오게 해서 깍듯이 인사를 드리고 기시 노부스케 등 대륙을 침략한 만주 인맥을 만났는데, 그러한 '만남', '인사'야말로 박정희의 본마음이 그대로 드러난 것이었다. 구태여 이병주가 쓴 글에서 박정희가 일본의 국수주의자들, 천황 절대주의자들을 평가하는 장면을 되짚어보지 않더라도, 박정희의 정신적 고향이 어디일까를 생각해보게 하는 장면이기도 하다.

5·16쿠데타 이전
한국 역사와 사회는 파멸적?

—— 4월혁명에 대해서는 어떻게 다뤘나.

4월혁명에 대해서도 4·19의 의미를 거의 쓰지 않았다. 4·19 정신을 5·16쿠데타 정부에서 이어받지 않으면 안 된다고 하는 상황, 분위기가 한때 있지 않았나. 그것 때문인지는 몰라도 5·16쿠데타 세력이 4·19 정신을 한때는 평가를 해줬다.

그런데 이 두 저서를 보면 《우리 민족의 나갈 길》의 경우 두 군데에서 짧막하게 다뤘다. 앞부분에서는 이승만 정권이 잘못했다는 것을 지적하고 나서 콜론 보고서에서 "한국에는 민주주의가 부적당한 것 같다. 차라리 인자한 전제 정치가 타당할는지도 모른다"고 결론지었다고 하고는, 바로 이어서 "마침내는 4·19의 반독재 학생 혁명을 유발하고 말았다"라고만 썼을 뿐이다. 이 얘기만 했다. 이 글은 2장 8절 〈파멸에서 재건으로〉에 들어가 있는데, 이 절의 부제는 '이조 망국, 6·25, 4·19, 5·16' 이렇게 돼 있고 꽤 길다. 이렇게 부제에 4·19가 들어가 있는데도, 그리고 꽤 긴 절인데도 그렇게 쓰고 그만이다. 이건 너무 심하지 않나.

4·19는 제4장 〈제2공화국의 카오스〉에도 들어 있다. 1절 〈4·19혁명의 유산流産-장 정권의 흥망〉이 그것이다. 그러나 이 절에서도 4·19 관련 기술은 "4·19 학생 혁명은 결코 한국 민주주의의 완성이 아니었다", "학생들의 숭고한 염원과 고귀한 피의 대가로 이룩된 4월혁명은 민주당의 분당 소동과 장 정권의 무능 부패로 인해 마침내 '유산流産' 혁명으로 끝나고 말았다", 이 두 문장이 전부다. 4월혁명에 대한 설명이 없고 어째서 숭고하고 고귀한지에 대해서도 전혀 언급이 없다.

── 《국가와 혁명과 나》에는 어떻게 돼 있나.

1960년 4월 19일 3,000여 명의 서울대생이
경찰 저지선을 뚫고 국회 의사당 쪽으로 행진하는
모습이다. 박정희는 "4·19 학생 혁명은 결코
한국 민주주의의 완성이 아니었다"고 하면서
4월혁명을 크게 평가하지 않았다.
사진 출처: 4·19혁명기념도서관

유신 쿠데타의 뿌리

제1장 3절로 '4·19혁명의 유산과 민주당 정권'이 들어가 있다. 제목을 보면 4·19혁명을 비중 있게 다뤘을 것 같지 않나? 그러나 민주당 정권을 신랄히 비난하기 위해 '광명의 4·19혁명' 등 4·19를 찬양하는 몇 마디를 넣었을 뿐이다. 그것밖에 없다.

《우리 민족의 나갈 길》을 다룰 때에도 이야기하지 않았나. 예 컨대 '전승해야 할 유산들' 같은 데에서 4·19나 해방, 일제의 한국 지배의 문제점과 그에 맞선 독립 운동 같은 것들에 대해 비중을 두 고 썼으면 좋았을 텐데 그렇게 하지 않았다고. 조선사를 그토록 부 정적으로 보는 건 길게 썼으면서도 독립 운동이나 4월혁명에 대 해서는 그렇게 다뤘다. 그리고 존속 기간이 1년도 안 되는 장면 정 권에 대해서는 하나의 장을 만들어 썼으면서도, 12년간 계속된 이 승만 정권에 대해서는 너무 소략하게 썼다. 덧붙이면, 앞에서 말한 〈파멸에서 재건으로〉에서 '재건'은 5·16쿠데타를 가리킨다. 그 이전 한국 사회는 파멸적이었다는 뜻이다. 이 사람은 그렇게 봤다.

박정희는 5·16쿠데타를 혁명으로 규정하면서 굉장한 체질 개 선, 사회 정화, 각 요소의 개신改新을 통해 새로운 철학과 새로운 바 탕 위에 새로운 국가를 건설할 수 있게 만든 것이라고 치켜세웠다. 《국가와 혁명과 나》에서 박정희는 5·16쿠데타를 "민족 혁명"이라 고 부르면서 "이 혁명은 정신적으로 주체 의식의 확립 혁명이며 사 회적으로 근대화 혁명이요 경제적으로는 산업 혁명인 동시에 민족 의 중흥 창업 혁명이며 국가의 재건 혁명이자 인간 개조 즉 국민 개혁 혁명인 것이다", 이렇게 규정했다. 지금까지 우리 역사에 대해 서는 조금도 긍정적인 건 없다고 주장하면서 5·16쿠데타에 대해서 는 이렇게 찬양했다. 이 사람의 정신적 특징이라고 할까, 그것을 이 두 권의 책에서 잘 들여다볼 수 있다는 생각이 드는데 지금 이야기한 부분에서도 그런 것을 볼 수 있다. 그리고 여기서는 "사회적으로 근대화 혁명"이라고 하면서 근대화라는 말을 사회 혁명과 관련지어 사용했다. 그 이전에는 정치적 의미로 사용했고 나중에는 경제적 의미를 강조해 이 말을 쓰는데, 여기서는 또 다르게 사용한 것이다.

박정희는 제1장 〈혁명은 왜 필요한가〉에 〈4·19혁명의 유산과 민주당 정권〉이라는 단락을 넣고서 다시 민주당 정권에 대해 아주 혹독하게 비난했다. '이놈 저놈 다 틀렸다'는 비분강개를 도처에서 느낄 수 있다. 파시즘에서도 그런 비분강개, 과격하고 극단적인 언사를 볼 수 있는데 장면 정권을 비판하는 대목에서는 대단히 강한 비난조로 이야기했다. 그런데 장면 정권을 비난하는 대목을 보면 사실에 어긋나는 이야기를 꽤 했다.

— 어떤 대목에서 그러한가.

"민주당 정권에서 자유당 못지않은 의혹 사건이 속출하였고", 이건 너무나 극단적인 과장이다. 장면 정부에서는 중석 달러 사건이 의혹 사건으로 제기됐지만, 별 문제를 잡아내지 못했다. "7·29선거를 당하여는 벌써 부정 선거를 감행하였고 폭도적 선거 사범을 비호하였고", 이 역시 지나치게 과장한 것이다. 7·29선거는 1950, 1960년대 선거 중에서는 그래도 공명선거였다고 평가를 받고 있다. "폭도적 선거 사범"이란 지적도 일방적인 주장이다. 자유당에서도 악질적인 일을 했던 사람들을 포함해 자유당 때 국회의원들이 1960년 7·29선거에서 여러 명 당선되자, 그것에 대해 아주 강한 비판이 일었고 특히 창녕 같은 데서 당선자 쪽을 심하게 다뤘다. "폭도적 선거 사범"이라는 건 그걸 가리키는 것 같은데, 그건 사실 장면 정부 출범 이전에 일어난 일로 장면 정권하고 상관이 없는 사건이었다. 그런데 그렇게 매도한 것이다.

장면 정권 말기에 있었던 혁신 세력의 움직임 등과 관련해서도 사실과 맞지 않는 서술이 나온다. "중립 조선을 제창하는 등 급기야는 남북한 자체의 공동 위원회가 판문점에서 재개되기에 이르렀다." 뭘 가리키는지 전혀 짐작이 안 가는 건 아니다. 판문점에서 공동 위원회를 연 적은 전혀 없지만, 1961년 5월에 들어서서 학생들이 판문점에서 뭔가를 해보자고 제의하지 않았나. 그걸 두고 이렇게 얼토당토않은 억지를 부린 것 아닌가 싶다. 이런 방식으로 민주당 정권이나 혁신 세력을 비판하면서 '서구적 민주주의 제도가 한국에는 맞지 않는다. 부작용만 초래했다'는 이야기를 또 강조하는 걸 볼 수 있다.

나세르와 히틀러에 대한
박정희의 특이한 평가

── 《국가와 혁명과 나》가 연구자들 사이에서 많이 인용된다고 이야기했다. 그 이유는 무엇인가.

이 책이 많은 연구자들의 관심을 모은 이유 중 하나는 가말 압델 나세르 부분 때문이다. '박정희가 이집트 군사 혁명과 나세르를 칭찬하지 않았느냐. 그런 점에서 박정희를 나쁘게만 볼 것이 아니라 진보적 또는 민족주의적으로 봐야 한다', 이런 주장이 꽤 있었다. 그 부분 때문에 이 책이 많은 주목을 받았다. 그 부분을 간단히

아돌프 히틀러. 박정희는 대구사범 학교에 다닐 때 히틀러의 《나의 투쟁》을 애독했다고 한다. 박정희는 《국가와 혁명과 나》에서 독일 민족을 이른바 유전적으로 '우등 민족', 모범적인 민족으로 보면서도 5,000년 한국 역사에 대해서는 "빈곤과 나락과 안일 무사주의의 악순환 속에서 분열, 파쟁만을 일삼아왔다"고 말하고 있다.

살펴보자.

나세르의 중립 노선을 좋게 평가한 것과 관련해 먼저 박정희가 5·16쿠데타 직후 혁신계의 통일 운동을 얼마나 심하게 탄압했는지, 중립화 통일론을 이야기한 세력이 얼마나 호되게 당했는지를 상기할 필요가 있다. 이 책에서 나세르의 중립 노선은 좋게 보면서 박정희 정부 자신은 1960년대에, 그리고 그 이후에도 비동맹 운동을 용공으로 몰아가며 얼마나 사갈시하고 나쁘게 봤는가도 상기해야 한다.

박정희가 대체로 나세르의 정치 활동, 정치 이념에 동조하는 서술을 하고 있는 건 사실이다. 그렇지만 그것을 바라보는 관점에 논란이 될 만한 것들이 꽤 있다.

—— 어떤 점에서 그러한가.

이집트 군사 혁명에 관해 예컨대 이런 대목이 나온다. "(세 번째) 광정匡正은 파괴 활동의 금지이다." 광정은 바로잡아 고치는 것을 말한다. 그러니까 파괴 활동을 금지한 것을 높이 평가하면서 그것의 구체적 내용으로 "반공에 대한 제 입법을 서둘렀고 계엄령은 존속하게 하였다. 라디오 방송의 완전 통제, 그리고 모든 신문, 기타 통신에 대하여서도 검열제를 실시하는 등 강력한 정책을 추진한 것"을 들었다. 이런 것을 높이 평가한 것이다. 이러한 평가를 과연 바른 평가라고 볼 수 있는 건가.

이런 주장도 나온다. "완전 공화제의 실시는 반동적으로 반정부 행진, 공산주의적·사회적인 일대 민중 운동을 수반하여 왔다. 이대로 둔다면 혁명은 완전히 유산이 된다. 혁명위원회는", 이건 이집트 군사혁명위원회를 가리키는데, "여기에 강경한 조치로 임하였다. 비상 특별 혁명 재판소의 설치가 그것이다. 이 기관은 학생, 농민, 사회, 노동, 반혁명 음모에 대한 강력한 단속은 물론 언론, 출판, 집회까지도 완전히 금지하게 하였다. 이러는 동안 정부는 총역량을 경제 건설에 주력하였다." 이 부분도 박정희 자신의 입장과 상당히 유사한 면을 보여주고 있다.

이런 것을 긍정적으로 쓰고 있다는 점에서, 박정희가 이집트 군사 혁명에 대해 꽤 길게 쓰고 있는 부분을 어떻게 평가할 것인지에 대해서는 앞으로 더 많은 연구가 있었으면 좋겠다. 이 책에서 또 논쟁이 될 수 있는 게 아돌프 히틀러와 관계된 부분이다.

—— 히틀러와 관련해 어떻게 썼나.

독일의 부흥, 그러니까 이 시기 서독의 부흥을 다루면서 그 제목을 〈라인강의 기적과 불사조의 독일 민족〉이라고 붙였다. '라인강의 기적'이라고 한 건 이해가 된다. 그런데 '불사조의 독일 민족'이라는 건 어디서 많이 들어본 소리 아닌가. 즉 순혈주의, 게르만 민족의 위대성 또는 대일본제국과 관련해 일본 민족의 위대성 같은 걸 이야기하는 것과 연관해 생각할 수 있게끔 하는 냄새를 풍기는 것 아니냐는 지적이 나올 수 있는 부분이다.

그런 생각을 갖게 하는 대목들이 있다. 예컨대 독일 민족을 굉장히 칭찬하는데 이런 식이다. "독일 민족처럼 질서를 존중하고 복종하며 직업을 신성시하는 국민도 없을 것이다." "독일 민족이 갖고 있는 국가관이나 사회 윤리, 그러한 철학은 벌써부터 유전되어오는 게르만 민족의 신앙이라고도 할 수 있는 것이다. 참으로 명석한, 분별 있는 민족성이다." 이런 얘기도 나치 제3제국에서 이야기한 게르만 민족의 우월성과 인종주의의 냄새를 짙게 풍기고 있다. 독일 민족을 이른바 유전적으로 '우등 민족', 모범적인 민족으로 본 건데, 이 책을 살펴보면 일본인에 대해서도 그렇게 생각하고 있지 않나 하는 느낌을 주는 면이 있다. 그러면서 5,000년 한국 역사에 대해서는 "빈곤과 나락과 안일 무사주의의 악순환 속에서 분열, 파쟁만을 일삼아왔다"고 본 점이 몹시 대조적이다.

박정희는 대구사범학교에 다닐 때 나폴레옹 전기와 히틀러의 《나의 투쟁》을 애독했다고 하는데 그 후 만주군관학교에 다닐 때나 일본 육사 시절에, 그러니까 히틀러의 나치즘이 유럽과 일본 등 여러 지역에서 풍미할 때 그 영향을 받지 않았을까 하는 생각이 들게 하는 대목들이 있다. 히틀러와 나치는 '지도자'를 굉장히 중시했는데, 《국가와 혁명과 나》에 이런 대목이 있다. "부흥의 원동력이 된 국민성 외에 좋은 지도자를 가지고 있었다"고 강조하면서 이 점이 '라인강의 기적', 부흥의 원동력이 됐다는 이야기를 하고 있다. 몇 줄 아래에는 그런 지도자와 관련해 이런 설명이 나온다. "비스마르크나 히틀러에 이르러서도 그들의 정치가는 국민을 위하여 일할 수 있는 인물이었던 것이 사실이다." 당시 일본 군국주의 칭찬이 금기시됐지만, 히틀러를 찬양하는 것도 금기시됐다. 그런데 히틀러에 대해 자유스럽게 이야기할 수만 있었다면 박정희가 이야기할 것이 훨씬 더 많이 있지 않았겠는가 하는 생각을 갖게 하는 대목이다. 이와 관련해 새로운 자료가 많이 나왔으면 좋겠다.

어쨌건 '라인강의 기적'을 가리키면서 "전후 그 같은 기적이 일어난 것도 결국은 지도자의 힘이라고 해도 과언이 아닐 것이다"라고 주장했다. 여기서도 '지도자'의 역할을 특별히 역설하고 있다. 기듭 얘기하지만 히틀러나 나치가 인종·민족 우열론, 우등 민족 또는 일등 국민론을 많이 이야기하고 일본 군국주의자들도 '일본인과 독일인만이 위대하고 모범적인 민족이다', 이런 주장을 많이 했는데, 그런 것들이 깔려 있다는 생각을 지우기 어렵게 하는 대목들이 '라인강의 기적과 불사조의 독일 민족'이라는 항목에 들어 있다.

해도 너무한 박정희의 위험한 주장
"악의 창고 같은 우리 역사, 차라리 불살라버려야"

── 이 책의 다른 곳에서는 어떤 이야기를 했나.

박정희는 마지막에 가서 식민주의 사관을 또 거듭 이야기했다.

8장 제목은 〈우리는 무엇을 어떻게 할 것인가〉이다. 서장 제목처럼 거창하다. 8장 1절이 서장 첫머리와 같은 내용이다. "5,000년의 역사는 개신되어야 한다." 워낙 잘못됐으니까 바뀌어야 한다는 말이다. "우리의 반만년 역사는 한마디로 말해서 퇴영과 조잡과 침체의 연쇄사였다 할 것이다. 어느 한 시대에 변경을 넘어 타他를 지배하였으며 그 어디에 해외 문물을 광구廣求하여 민족 사회의 개혁을 시도한 일이 있었으며 통일천하의 위세로써 민족 국가의 위세를 밖으로 과시한 적이 있고 특유한 산업과 문화로써 독자적인 자주성을 발양한 적이 있었던가. 언제나 강대국에 밀리고 맹목적인 외래문화에 동화되거나 원시적인 산업의 범위 내에서 단 한 치도 나아가지 못했으며 기껏해야 동포 상잔에 영일이 없었을 뿐", 항상 동포 상잔으로 쉴 겨를이 없었고 동족상잔만 하고 다녔다는 말인데, "고식, 태타, 안일, 무사주의로 표현되는 소아병적인 봉건 사회의 한 축도판에 불과했다." 이 책에서도 우리 역사를 이렇게 극렬한 표현을 써가며 부정적으로 보고 있다.

"이 나라의 역사는 하루도 평안한 날이 없이 외세의 강압과 정복의 반복 밑에 겨우 생활 아닌 생존을 연장하여왔다", 이렇게도 주장했다. "스스로를 약자시하고 남을 강대시하는 비겁하고도 사대적인 사상", 이게 노예근성이라고 표현된 것일 텐데, "이 고질, 이 악유산을 거부하고 발본하지 않고서는 자주나 발전은 기대할 수 없을 것이다." 그리고 당파 상쟁에 관해 "이것은 세계에서도 드물 만큼 소아병적이고 추잡한 것이다"라고 피력하면서 당파에 대한 역사를 또 썼다. 그러고 나서 요약했다. "이상과 같이 우리 민족 역사를 고찰해보면 참으로 한심할 수밖에 없다. 이 모든 악의 창고 같은 우리의 역사는 차라리 불살라버려야 옳은 것이다." 참으로 해도 너무

한 주장 아니냐는 생각을 갖게 한다. 아무리 주장을 한다고 하더라도 이렇게까지 할 수 있는 건가. 일본이나 군국주의 파시즘에 대한 박정희의 관점은 뒤에서 살펴보겠지만, 그것이나 독일 관련 주장과는 너무나 다르게 한국 역사를 보고 있다.

박정희는 그렇기 때문에 새로운 지도 이념을 확립해야 한다고 역설했다. "특히 서구적인 민주주의의 직수입이 한국적인 체질에 여하히 작용할 것인가에 이르러서는 이 지도 이념이", 이건 새로운 지도 이념을 가리키는데, "바로 외국과도 통할 수 있는 것이다"라고 피력하면서 "교도 민주주의건 규범 민주주의건 이것 또한 지도 이념에서 택하여질 수 있는 것이다"라고 썼다. 여기에서 수카르노의 교도 민주주의가 나온다. 박정희는 한국에는 그런 식의 민주주의가 시행돼야 한다면서 그런 것들을 긍정적으로 평가했다. 다시 말해 "참으로 한심"하고 "모든 악의 창고 같은" 한국의 역사, 민족성이 현대에도 살아 있는데, 그 문제를 해결하는 방법은 새로운 민주주의라고 박정희가 주장하는 그것에 의해 이뤄져야 한다는 이야기다.

끝부분에 식민 사관과 민주주의에 대한 이야기가 또 나온다. 진정한 민주주의를 해야 한다고 거듭 역설하면서 8장의 마지막 부분, 280쪽에서 이렇게 강조했다. "누차 언급한 바와 같이", 정말 두 책에 걸쳐서 누차 언급했다. "한국에 있어서의 민주주의는 오늘의 미국이나 불란서나 영국에 있어서의 민주주의와 맞지 않는 점이 있다고 하는 것은 이미 모든 식자가 공인하는 바이다." 이렇게 강변하면서, 지금까지는 왜곡된 위장 민주주의에 시달려왔고 "진정한 민주주의"는 경제적 토대에 의해 확립될 수 있다고 주장했다. '왜곡된 위장 민주주의에 시달려왔다'는 표현도 몹시 신경을 거슬리게 한다.

이 책의 기본 논조와 직접 연결되는 것은 아니지만 당시 상황을 이해하기 위한 것으로 두 가지만 지적하고 싶다.

다른 정권 때 경제 문제는 나쁜 정치 탓, 자기 정권 때 어려운 건 자연재해 탓?

— 어떤 것인가.

261쪽에 오면 박정희 군사 정권이 경제 재건을 위해 얼마만큼 일했는가를 쭉 설명하다가 17가지 주요 정책을 제시했다. 첫 번째가 농어촌 고리채 정리인데, 이게 실패로 끝났다는 건 예전에 설명한 적이 있다. 세 번째가 통화 개혁인데, 이것도 경제를 큰 혼란에 빠뜨린 시책이었다. 그런데 맨 끝에 '수출 진흥책의 확립'이 들어 있다. 내가 뭘 이야기하려는 것이냐 하면 박정희가 수출 문제에 깊은 관심을 가진 건 1964년, 1965년에 와서라는 것이다. 1963년 대선을 목전에 두고 이 책을 썼을 때만 해도 수출 진흥책을 그다지 중시하지 않았으니까 그걸 경제 정책 중 맨 마지막인 17번째에 집어넣은 것 아니겠나.

그러면 장면 정권은 어떠했나. 예컨대 환율 정책 하나만 보자. 수출 정책과 환율 정책은 긴밀한 관계를 맺고 있지 않나. 장면 정권은 환-달러 환율을 두 배로 올려 1,300 대 1로 만들었다. 1961년 2월 2일에 그렇게 했다. 정권 출범 후 만 6개월도 안 됐을 때 환율 문제에서 결단을 내린 것이다. 그런데 박정희 정권은 1964년 5월, 즉 이 책이 나온 이듬해에 가서야 원-달러 환율을 255 대 1로 조정

　　　　　　　　　　　유신 쿠데타의 뿌리

하지 않았나. 5·16쿠데타 후 3년이 지난 시점이다.

박정희는 경제에 대해서도 일방적으로 자기주장을 한 것 아니냐는 것을 여기서도 느낄 수 있다. 주요 경제 정책의 첫 번째와 세 번째로 제시한 것이 모두 경제를 혼란에 빠뜨려 비판을 많이 받은 것이라는 점이 그렇다. 또 수출 진흥책을 17번째에 넣었다는 것은 당시 박정희가 경제 정책을 잘 모르고 있었다는 것을, 경제에 얼마나 어두웠는가를 말해주는 것 아니겠는가. 이 부분을 짚고 넘어가고 싶다.

—— 다른 하나는 무엇인가.

박정희 이 사람은 자기 정권에서 잘못한 것은 외부 탓으로 돌렸다. '구정치 세력들이 정치를 정말 잘못해서 우리 경제를 망쳤다'는 주장을 아주 강조해서 되풀이하지 않았나. 그런데 5·16쿠데타 후 군사 정권 때도 그렇고 제3공화국 초기에도 경제가 몹시 어렵지 않았나. 1961년에서 1964년까지 4년이 다 그랬다.

그것에 대해 박정희는 290쪽에서 이렇게 설명했다. "뜻하지 않은 흉작과 풍수해가 겹쳐 우리에게 많은 시련을 주었다. 운이 없다면 몰라도 저들처럼 악정치의 여파로써 우리가 못살고 있는 게 아니다." 역대 정권에서 경제가 좋지 않았던 건 다 나쁜 정치, 악정치의 여파로 일어난 것이고, 자신의 정권에서 경제가 그렇게 어려운 건 "뜻하지 않은 흉작과 풍수해가 겹쳐 우리에게 많은 시련을 주었"기 때문이라는 주장이다. 이런 식으로 표현하는 게 적절한 것인가. 깜냥 있는 지도자가 할 이야기인가. 이런 점을 생각해볼 필요가 있다.

이병주는 박정희에 대해, 견식은 좁지만 군인으로서 신념을 가진 사람이라고 평가했다. 그러나 박정희의 사고나 정치 이념을 잘 정리한 자료를 찾아보기가 그렇게 쉽지는 않다. 군사 정권 시기가 끝나고 제3공화국에 들어와 정치를 할 때 박정희의 저작이라든가 연설문 등은 정치적으로 많이 윤색될 수밖에 없었다. 박정희도 점점 '현실화'돼서 자기 속마음을 자꾸 은폐하는 면이 많이 생겼다. 유신 체제가 나타나기 전까지 그랬고, 그 이후에도 그때마다의 이유 때문에 그런 경우가 많다. 그래서 자신의 신념과 관계없이 당시 정국에서 정치적으로 유리하다고 본 것들을 주장하는 모습이 박정희의 저작이나 연설문집 같은 데서 나타나는 걸 자주 볼 수 있다.

그에 비해 《우리 민족의 나갈 길》, 《국가와 혁명과 나》의 경우 박정희가 좁은 시야를 가졌고 식견이 얕기는 했으나, 확고한 주견을 견지하고 있었을 뿐만 아니라 그것을 국민에게 꼭 알려야 한다는 일종의 소명 의식을 품고 쓴 것이라는 생각을, 특히 강렬한 어투에서 많이 갖게 한다. 조력자가 글을 많이 써줬다고 하더라도 박정희 자신이 주장하고 싶었던 내용이 이 두 권의 책에 잘 표출돼 있다. 그중에서도 주목할 것은 이 두 저서에서 일제의 식민주의 사관을, 공공연한 수준을 넘어 자신의 역사관이자 정치 이념으로 당당하게 강조, 역설하면서 한국 민족을 몹시 심하게 꾸짖은 점이다. 2014년에 한 총리 후보자가 식민 사관을 조금 피력한 사실이 드러나 단칼에 나가떨어졌던 것을 생각해보면, 정말 격세지감을 느낄 수밖에 없다.

식민 사관을 바탕에 두고
군국주의와 유사한 면 보인 박정희의 정치 이념

— 지난번에도 잠깐 언급한 것처럼 이 시기에 식민 사관에서 자유롭지 못했던 건 박정희만의 문제는 아니지 않았나.

해방 후 일제 잔재를 청산하지 못했고 우리 역사에 대한 연구가 적지 않았나. 그 때문에 1962년, 1963년 당시에는 식민 사관을 지니고 있었던 것이 박정희만의 특별한 현상은 아니었다. 역사학계도 홍이섭 교수 같은 선구적인 학자 몇 분이 식민 사관을 비판하고 있었을 뿐이고, 대부분의 지식인이 많든 적든 식민 사관에 감염돼 있었다. 1960년대 중반 이후에도, 더욱이 1970년대를 전후해서는 역사학계에서 식민 사관을 강하게 비판하고 있었는데 그때에도 인접 사회과학 교수나 지식인 중 상당수가 식민 사관에서 벗어나지 못하는 것을 보고 난 의아해한 적이 많았다. 사실 그런 현상이 심했다. 서울대에서 그런 교수들을 보면서 '저 교수들은 왜 우리 역사에 관해 공부하려 하지 않나. 왜 일제 시기에 배운 것에서 탈피하려는 노력을 하지 않나' 하는 생각을 1960~1970년대에 아주 많이 했다.

그런 상태에서 1950~1960년대 술집 같은 데에서 '우리 민족성이 글러먹었다'느니 '조선놈은 노예근성을 가졌다'느니 '한국인은 민족성이 나빠 민주주의가 맞지 않다. 독재를 해야 한다'느니 하면서 떠드는 사람이 있긴 했다. 그렇지만 자신의 저작 같은 걸 통해 공공연히 식민 사관을 적극적·긍정적으로 옹호하고 얘기하는 경우는 찾아보기 어려웠다. 그 정도 눈치나 양식은 있었다.

그런데 박정희는 최고회의 의장으로 민족의 지도자를 자임한 사람 아니었나. 그런 박정희의 두 저서에서 일제 관학자들이 주장하고 조선총독부나 군국주의자들이 견지·선전·홍보했던 논리, 한국인을 열등시하면서 주장한 식민 사관이 역설되고 있다. 그런 것을 박정희 자신의 역사관, 정치 이념으로 강조하고 있다는 데 이 두 책의 특징이 있다.

── 《우리 민족의 나갈 길》, 《국가와 혁명과 나》를 통해 본 박정희의 정치 이념, 전체적으로 어떻게 정리할 수 있을까.

일제 시기나 해방 후 경력을 볼 때 박정희는 폭넓은 시야, 세계관, 역사관을 갖기가 어려웠다. 그런데 박정희는 자신에게 그런 문제점이 있을 수 있다는 생각을 전혀 하지 않았다는 점에서 특이한 사람이었다. 일본의 젊은 군인들처럼 비분강개해 과격한 언사를 강렬하게 사용하면서 자신의 생각이 다 옳다고 확신했다.

거기에는 '이것저것 다 썩었다'는 논리가 강렬하게 들어 있었다. 해방 후에도 다른 군인들, 그러니까 만주군관학교 출신이건 일본 육사 출신이건 다른 군인들과 달리 박정희는 만주군관학교나 일본 육사를 우등생으로 졸업했다는 엘리트 의식과 함께, 만주군 초급 장교로서 가졌던 군인 정신에 대한 강렬한 향수를 지니면서 자신이 갖고 있던 역사관이나 정치 이념만이 한국을 구할 수 있다고 확신하고 있었던 것처럼 보인다. 과격하고 극단적인 언사 때문에 더 그렇게 보이기도 하지만, 어떠한 원리주의자들보다도 박정희는 집념이 강했던 것으로 보인다. 그리고 이 두 저서에서 자유당, 민주당을 가리지 않고, 보수 정당이건 진보 정당이건 가리지 않고 비난, 매도하면서 민간 정치인에 대한 혐오를 강렬히 드러내는 모습을 볼 수 있다. 서구 민주주의를 혐오한 군국주의자들이 가졌던 생각과 유사한 점이 있는 것 아니냐는 생각이 들게끔 한다.

요약하면 박정희의 정치 이념은 식민 사관을 바탕에 깔면서 군국주의 정치 이념과 유사한 면을 보여줬다. 아울러 민족성이나 민족사가 잘못돼 있으니까 강권 통치를 해야 한다는 주장을 펼치고 있다는 생각을 갖게 한다. 5·16쿠데타 이후 세상을 구할 수 있다고 확신한, 아주 기이하기는 하지만 일종의 메시아적인 사상을 박정희가 갖고 있었던 것 아닌가 하는 생각이 들게 하는 것을 이 두 책에서 보여줬다.

그러나 의회 민주주의 부정은 일거에 이뤄질 수 없음을 박정희 자신도 알고 있지 않았을까? 국내외적인 조건이 갖춰질 때까지 기다리며 그때까지 그런 조건, 다시 말해 의회 민주주의의 기본적 성격을 부정하고, 자신의 영구 집권욕과 결합되어 있는 한국적 민주주의를 구체화할 수 있는 조건을 갖추기 위해 갖가지 작업을 했다고 볼 수 있다. 다시 말해 여당의 친정 체제화, 야당과 언론 및 학생 운동 탄압, 사법부와 입법부의 시녀화 등을 통해 유신 쿠데타와 같은 헌법 유린 행위를 저질러도 그것에 저항할 수 있는 세력이나 힘이 없도록 정치 환경을 만들어나가는 데 혼신의 노력을 기울였다고 볼 수 있다.

그러면서 3선 개헌을 했고, 1971년 대선과 총선을 겪으면서 강권 통치에 대한 구상을 굳혔을 것이며, 그러면서 학생 운동을 겨냥해 위수령을 발동했다. 이어서 국가 비상사태 선언을 선포해 저항의 강도를 살폈는데, 그다지 강한 저항은 없다고 판단했다. 그래서 유신 체제로 전환한다는 구상을 구체화하면서 1972년 이후락을 북한에 보냈고, 7·4남북공동성명을 발표한 뒤 통일을 내세워 유신 쿠데타를 일으킨 것이다.

박정희 식민 사관 귀결은
지도자에 의한 강력한 강권 통치

— 《우리 민족의 나갈 길》과 《국가와 혁명과 나》에 담긴 박정희의
역사관과 정치 이념을 짚어봤다. 두 책에서 박정희는 서구식
민주주의가 한국에는 맞지 않는다는 주장을 거듭하고, 그때까
지 존재했던 정치와 정치인들을 강도 높게 비난했다. 유신 체
제에서 많이 나오는 이야기인 이른바 생산적 정치와 직결되는
대목으로 보인다. 이 부분, 어떻게 보나.

일제 때 군국주의에 투철했던 일본의 일부 군인들은 일거에
사회적 모순을 해결하고 비생산적 정치를 지양해 황도皇道를, 곧 천
황제 파시즘을 실현하려 했다. 비생산적인 정치로 지목된 건 의회
민주주의, 정당 정치로 표현되는 민간인 정치다. 그러한 민간인 정
치가 부패했다고 비난하면서 그것에 강한 불신을 드러냈다. 이들은
군인 중심의 생산적인 정치, 강력한 통치를 지향했고 거기에 제국
의 엘리트 관료 같은 사람들이 참여하는 형태로 진전됐다.

그러한 군국주의 정치 또는 무단 통치를 통해 황도를 실현하
겠다는 것이었는데, 여기서 한 가지를 잠깐 짚고 넘어가면 황도의
도 자나 1930년대에 일제가 강조한 도의가 무엇인지를 살펴보면
꽤 재미날 것이라고 본다. 그리고 박정희가 국민 도의를 말하는데,
그 도의가 뭔지도 생각해볼 필요가 있다. 내가 각종 글을 통해 살펴

보니 박정희가 말한 국민 도의라는 게 결국 한국적 민주주의더라. 일반인이 생각하는 도의가 아니다. 이런 것들을 종합적으로, 누군가 문제의식을 갖고 연구했으면 좋겠다.

박정희의 두 저서, 《우리 민족의 나갈 길》과 《국가와 혁명과 나》를 보면 황도를 실현하겠다는 일본 군국주의나 천황제 파시즘의 주장, 이념과 닿아 있는 측면이 엿보인다. 일본 군인들의 그러한 주장은, 능률을 극대화하기 위해 비생산적인 정치를 지양하고 한국적 민주주의를 구현하겠다는 유신 체제 시기의 주장과 비슷하다는 생각을 갖지 않을 수 없게 한다.

── 《우리 민족의 나갈 길》, 《국가와 혁명과 나》에는 서구식 민주주의가 한국에는 맞지 않는다는 주장과 더불어 식민 사관이 중요하게 자리 잡고 있다. 이 시기 박정희의 저서 등에서 식민 사관이 중요한 위치를 차지하고 있던 이유는 무엇인가.

유신 체제와 식민 사관의 관계를 파악하려면 다시 5·16쿠데타 직후로 돌아가야 한다. 일제 식민 사관은 모두 일제의 한국 침략과 지배를 정당화하기 위해 만들어진 것이다. 정체성론은 한국이 수천 년간 정체된 역사를 가져왔으며 조선 시기에도 심하게 정체돼 있어서, 일본의 지배에 의해 비로소 거기서 벗어나 한국 사회가 발전하고 근대화가 가능하게 됐다는 주장이다. 타율성론은 한국이 독자적인 역사를 한 번도 영위하지 못했고 외세의 지배와 영향에서 벗어난 적이 없다는 주장으로, 그것에 부수해 만주의 역사로부터 크게 영향을 받았다는 만선滿鮮 사관도 있다. 이렇게 한국인은 외세의 지배만 받아왔으니까 일본의 지배를 받는 건 당연하다는 것이다. 또 일제 관학자들이 당파성, 열악한 민족성 같은 것을 강조하지 않았나. 당파성과 열악한 민족성의 뿌리가 너무나 깊어서 한국인은 파당 싸움이 생리화돼 있고, 식민지 노예근성 같은 열악한 민족성을 가질 수밖에 없으며, 그렇기 때문에 강력한 외국의 지배를 받을 수밖에 없다는 논리가 깔려 있다.

일찍이 이광수는 3·1운동 직후 상해에 가서 독립 운동을 하다가 결국 조선총독부에 귀순해 내밀한 관계를 맺었다. 그런 속에서 귀국하고 나서 얼마 후 민족 개조론을 펴면서 독립에 대한 '망상'을 비난하고 그것을 버릴 것을 권유했다. 한국인의 민족성이 워낙 열등하고 열악해 치유가 불가능하지만, 다만 정치성을 띠지 않은 순수한 수양 단체인 수양동맹회 같은 것을 만들면 해결될 수 있다는 논리를 폈다. 이른바 문화 정치를 표방한 사이토 마코토 조선총독의 마음에 쏙 드는 주장이었다.

박정희는 일제 시기 일본의 한국 지배를 정당화하고 한국인의 독립 정신, 의지를 말살할 의도로 유포한 식민 사관을 자신의 역사관으로 일제보다도 더 강력하고 강경하게 견지하면서 이광수의 비정치적 수양 단체 결성과는 다른 방안을 제시했다. 이른바 지도자가 강력한 통치를 할 수 있는 '한국적 민주주의'가 그것이다.

일본 천황제 파시즘 신봉자들은 한국인이 열악한 민족성과 타율적, 정체적 역사를 가졌다며, 따라서 일본인과 달리 철저히 억압적이고 군국주의적인 통치를 해야 한다고 봤다. 그 밑바탕에는 '놔두면 덤벼든다', '반항심이 강하다', '틈을 보이면 독립 의식을 고취하려 한다', '그러니까 눌러야 한다'는 의식이 깔려 있었는데, 박정희의 주장과 통하는 면이 없지 않아 있다.

널리 얘기되듯 제국주의자들은 군사적, 경제적 침략, 침탈만

하는 것이 아니다. 자신들의 침략, 침탈을 합리화하고 정당화하기 위해, 또 식민지 주민들이 저항하지 못하고 복종하도록, 그래서 정신적으로 노예 상태에 빠지도록 여러 가지 문화적, 정치적 논리를 전파한다. 이것을 식민주의라고 부른다. 식민 사학은 일제의 그러한 문화적 논리를 대표하는 것으로, 일제 식민주의의 정화精華라고 할 만하다.

인도인이건 베트남 사람이건 영국이나 프랑스의 식민주의에 깊이 감염된 자들은 백인보다 더 식민주의를 신봉하고 자신의 동족, 동포를 야만시하면서 깔봤다. 제국주의자들은 이러한 현지의 우등생 엘리트들을 식민지 지배에 유용하게 이용했다. 그런데 일제 때에는 그것에 더해 특히 1930년대부터는 군국주의 파시즘이 맹위를 떨쳤다. 그것이 중일전쟁, 아시아·태평양전쟁 시기에는 백인에 대한 반감이나 적대감과 결합되기도 했다. 식민주의에 철저히 감염된 자들은 이 시기에 군국주의 파시즘에 심취하고 백인 문화에 강한 반감을 드러내기도 했다.

지금도 '한국인은 때려야 말을 듣는다', '한국인의 나쁜 민족성을 볼 때 민주주의가 적합하지 않다'는 말을 하는 극우들이 있지만, '한국적 민주주의'를 구현한 유신 체제는 이러한 골조 위에 세워졌다고 볼 수 있다. 박정희는 야당이나 학생, 언론의 비판을 참지 못했다. 그래서 그 해결책으로 내리누르는 길밖에 없다는 생각을 가지고 있었다.

지금까지 얘기한 박정희의 두 저서보다 먼저 나온, 그러니까 5·16쿠데타가 난 지 한 달 후인 1961년 6월 16일 국가재건최고회의에서 발행한 〈지도자 도〉와 1962년 1월 18일 대한민국 공보부에서 발행한 〈혁명 과업 완수를 위한 지도자의 길 해설판〉을 통해서도 박정희의 생각을 비교적 잘 엿볼 수 있다. 저자 박정희, 발행처 국가재건최고회의로 돼 있는 〈지도자 도〉의 경우 발행 시점이 너무 이른 점이 의아하긴 한데, 그렇게 돼 있다.

유신 체제 생각나게 하는 '옳은 질서', 5·16쿠데타 직후부터 역설

── 그 두 글에서는 어떤 주장을 폈나.

박정희는 이 글들에서 우리 겨레는 "대부분은 강력한 타율에 지배받던 습성이 제2천성으로 변하여" 자각 없이 다른 사람에게 끌려가는 사대주의적 습성이 마음속에 깃들면서 "자각, 자율, 책임감은 극도로 위축"돼버렸고, "그리하여 책임감 없는 자유가 방종과 혼란과 무질서와 파괴를 조장"했다고 주장했다. 그리고 "모든 사회가 도적의 소굴이 되고 무질서와 혼란이 지배하고 있는 이 나라에 옳은 질서를 가져오기 위해서는 광범하게 또한 상당한 기간 동안 강력한 강권 발동이 필요하다고 본다"고 역설했다. 다른 사람보다 훨씬 뛰어난 영웅적 지도자에 의해 그렇게 돼야 할 것이라는 주장이었다. 민족성에 문제가 있으니 위대한 지도자의 강력한 통치를 받아야 한다고 강조한 것이다. 이처럼 박정희는 한국인의 민족성에 심각한 문제가 있다고 봤고, 외래 민주주의는 적합하지 않으므로 올바른 군인 정신을 가진 영웅적 지도자에 의해 옳은 질서를 가져오도록 강력한 강권 발동이 필요하다고 생각한 것으로 판단된다.

여기서 '옳은 질서'가 무엇을 가리키는지도 생각해봐야 한다.

내가 앞에서 유신 체제를 설명할 때 한국적 민주주의에 직결돼 있는, 효율성 있는 생산적인 정치란 경제보다도 다른 사회적, 정치적 현상을 의미한다고 지적했는데, 그것이 '옳은 질서'로 표현되고 있다. 자유, 방종, 혼란, 무질서와 '옳은 질서'는 어디서 많이 듣던 소리 아닌가.

두 저서에서는 〈지도자 도〉의 주장에서 한 걸음 더 나아가 한국사가 타율성과 당파성으로 점철돼 있어 강력한 지도자의 지도가 필요하다는 주장이 거듭 강조되고 있다. 이처럼 유신 체제와 같은 1인 통치가 필요하다는 주장이 5·16쿠데타 직후의 논설과 두 저서에서 나타나 있다. 박정희는 5·16쿠데타를 일으켰을 때 이미 생산적인 정치를 해야 한다고 확신하고 있었다.

일본 국수주의 장교에게
심취한 박정희

유신 쿠데타의 뿌리, 세 번째 마당

미국 문화엔 부적응,
미국 요구엔 충실

김 덕 련 두 저서 《우리 민족의 나갈 길》, 《국가와 혁명과 나》에 나타난 정치 이념은 1961년 5·16쿠데타 이전 박정희의 경험, 삶의 역정과 어떤 관계를 맺고 있었다고 보나.

서 중 석 이 두 저서와 유신 체제에서 보이는 박정희의 정치 이념이 5·16쿠데타 이전에는 어떠한 모습을 지니고 있었는지를 살펴보자. 또 10·17쿠데타 때 박정희가 특별 선언에서 "유신적 개혁"을 이야기하고, 유신 체제에서도 유신이라는 말이 많이 쓰이지 않나. 이때 나오는 유신이라는 것이 일본의 메이지 유신보다는 쇼와 유신과 더 깊은 관계를 맺고 있다고 여러 연구자가 보고 있는데, 그 쇼와 유신의 군인 정신이 박정희 정치 이념과 어떤 관련을 맺고 있었는지를 살펴볼 필요가 있다.

오랫동안 언론인으로서 활약했고 한반도 전문가로 활동하다 얼마 전(2015년 7월) 사망한 워싱턴포스트 기자 돈 오버도퍼가 박정희에 대해 자신의 저서 《두 개의 한국》에서 얘기한 게 있다. 이 책에서 돈 오버도퍼는 일제 강점기에 받은 일본식 교육이나 유교 문화에 대한 애착을 가진 군인이었다는 배경 같은 것에 비춰볼 때 박정희가 거추장스럽고 비생산적인 관행으로만 비친 미국식 민주주의를 신봉할 이유는 전무하다고 할 수 있다고 지적했다.

일견 그것과 모순되는 것으로 보이기도 하지만, 박정희처럼 쿠데타 이후 미국이 원하는 바에 적절히 부응한 군인 정치가는 없었다. 사실 박정희는 미국이 원하던 것을 100퍼센트, 어쩌면 그 이상

1961년 7월 29일 민족일보 사건 '혁명 재판' 광경. 조용수 민족일보 사장은 이 재판에서 사형 선고를 받아 형장의 이슬로 사라졌다. 박정희는 미국이 원하던 것을 100퍼센트 이상 수행했다. 이는 통일 운동을 폈던 사람들, 자주성을 주장했던 사람들에 대해 군사 정권이 '혁명 재판'으로 얼마나 가혹하게 처단했는가를 통해서도 볼 수 있다. 사진 출처: 국가기록원

을 수행했다. 그건 통일 운동을 폈던 사람들, 자주성을 주장했던 사람들, 집단 학살 등 과거사의 진상을 규명해야 한다고 주장한 사람들에 대해 군사 정권이 '혁명 재판'이라고 하는 걸 가지고 얼마나 가혹하게 처단했는가를 통해서도 볼 수 있다. 한일협정을 체결하고 한일 국교 정상화가 이뤄지는 과정, 또 베트남 파병을 밀어붙인 과정을 보더라도 그것을 잘 알 수 있다.

물론 한일 국교 정상화도, 베트남 파병도 박정희가 아닌 다른 사람이 집권했더라도 할 수밖에 없었지만, 박정희의 경우 굴욕적 저자세 때문에 한일 회담과 한일협정 체결 과정에서 특히 강한 반

유신 쿠데타의 뿌리

발과 비판에 부딪혔는데도 그런 걸 무릅쓰고 밀어붙이지 않았나. 베트남 파병 역시 다른 사람이 대통령이 됐어도 마찬가지였다고 하더라도, 박정희가 다른 누구보다도 더 적극적으로 하지 않았느냐고 얘기할 수 있다. 이런 것들은 미국의 국가 이익에 그야말로 적절하게 부응한 행위였다. 일제 때 군인들 중 다수가 해방 후 친미파로 잘 변신했지만, 그런 친미적 군인들은 미국의 요구에 부응하는 일을 박정희만큼 수행하지는 못했을 수도 있다. 돈 오버도퍼의 글을 보면, 1975년 주한 미군 사령부에서 박정희에 대해 얘기한 게 인용된 대목이 있다.

— 주한 미군 쪽에서는 박정희를 어떻게 봤나.

"박정희 대통령은 1961년 군사 쿠데타를 주동했을 때부터 정치 활동을 즐기지도 않고 관심도 없었다. 대한민국 국가 원수로서 그가 보여주고 있는 태도는 정치적 토론 과정을 거치지 않고 자신의 명령이 바로 시행되기를 바라는 군인의 사고방식이었다", 이렇게 지적했다. 여기서 말한 "군인의 사고방식"이라는 게 뭐였겠나. 박정희가 미국식 민주주의를 신봉할 이유가 전무하다고 할 수 있다고 돈 오버도퍼가 이야기했다고 하지 않았나.

　우리는 박정희가 미국의 요구에 부응하는 활동을 잘했다는 점과 함께 박정희라는 사람은 사실 미국 문화에 잘 적응하지 못했다는 점, 상호 모순되는 것처럼 보이는 이 두 가지를 염두에 둘 필요가 있다. 박정희는 미국을 좋아하지도 않았다. 친미파 군인들이 미군 장성과 교제하려고 애썼던 것과 달리, 박정희는 미군 장성과 그렇게 교제하려는 모습을 보여주지 않았다. '박정희는 군 수사 기관

1961년 11월 17일 뉴욕에 도착한 박정희 의장 일행을 미국 교민들이 환영하고 있다. 박정희의 정치 이념은 미국 문화나 미국식 민주주의와는 잘 맞지 않았지만, 권력에 대한 예민한 촉각과 강렬한 집착으로 미국이 원하는 것에 가장 잘 부응하는 면을 보여줬다. 사진 출처: e영상역사관

원과 미군을 제일 혐오했다'는 이야기가 나오기도 했지만, 박정희는 미군 장성과 공식 접촉하는 것도 가능한 한 억제했고 골프나 여가 활동을 같이하지도 않았다고 한 언론인은 썼다. 박정희는 1953년 말 미국에 가서 육군 포병 학교에 들어가 반년간 미국에서 지냈는데, 그때도 미군이 주최하는 파티장에 잘 가지 않았다. 미국 유학 시절에 학교 생활이나 미국 문화에 별반 적응하지 못했다고 얘기들을 하는데, 무엇보다도 미국 문화를 이해하려고 하지 않았던 것으로 보인다.

　　돈 오버도퍼가 말한 "자신의 명령이 바로 시행되기를 바라는 군인의 사고방식"은 일본 군인이 가졌던 사고방식과 비슷한 점이 있다. 박정희가 미국 문화를 싫어한 것에 대해 신용구는《박정희 정

신 분석, 신화는 없다》에서 이렇게 얘기했다. "미국 혐오감이 큰 것은, 그래서 군대 생활 중 미군과 상당히 마찰하게 된 것은 미국과 첫 인연이 악연으로 됐기 때문이다. 미국의 핵폭탄 투하로 일본이 패망하고, 군인으로서 자존심을 받쳐주던 만주군관학교와 일본 육사를 나왔다는 자존심을 잃게 만들었다." 일본이 미국에 패망한 것이 박정희로 하여금 미국과 미국 문화에 호감을 갖지 않게 했다는 주장이다.

그런데 난 그 점보다도 체질적으로 박정희라는 사람은 미국 문화와는 잘 안 맞지 않았느냐고 생각한다. 또 박정희한테 절대적으로 소중했던 정치 이념과도 미국은 너무나 맞지 않았다.

— 어떤 점에서 그러한가.

돈 오버도퍼 책에 나오는 것처럼, 주한 미군 사령부가 박정희에 대해 평했던 것 그대로 "정치적 토론 과정을 거치지 않고 자신의 명령이 바로 시행되기를 바라는 군인의 사고방식", 이러한 것이 박정희가 갖고 있었던 군인으로서 성격을 말해주는 건데 이건 미국 문화와 맞지 않는다. 그러니까 박정희의 정치 이념이 미국 문화나 미국식 민주주의와 맞지 않는 점이 작용해 한편으로는 미국 문화 같은 것에 대해 좋은 감정을 갖지 못했으면서도, 다른 한편으로는 실제 5·16쿠데타로 집권했을 때에는 권력에 대한 예민한 촉각과 강렬한 집착으로 미국이 원하는 것에 가장 잘 부응한, 어떤 친미적인 장교보다도 더 부응을 잘한 면을 박정희는 보여줬다. 그게 여기서 내가 강조하려는 것이다.

박정희가 미군 장교들을 좋아하지 않았고 미국 문화를 싫어한 건 그 자신의 정치 이념이나 성향으로 볼 때 당연하다는 생각이 든다. 이것이 일본 군인이었다가 친미파로 변한 사람들하고 다른 점이다. 박정희 눈에는 미군 장교들이 자신이 해방 전에 일본 군인에게서 느꼈던, 투철한 소명 의식을 지니고 올바른 군인 정신에 충만한 군인으로 비치지 않았던 것 같다. 박정희에게 미국 문화는 자유주의와 개인주의에 오염된, 타파해야 할 나쁜 문화로 인식됐다.

군국주의 일본 장교들에 대한 찬사를 아끼지 않은 박정희

── 박정희는 미국 쪽과 달리 일본 쪽에는 여러모로 친밀감을 느꼈다는 이야기가 그간 많지 않았나.

박정희는 일본 문화에 강한 애착을 가지고 있었고 일본 검도에 대해서는 특별한 관심이 있었는데, 화가 나면 일본 군용도를 막 휘둘렀다고도 여러 사람이 이야기한다. 술에 취하면 일본 가요를 자주 불렀다고도 한다. 의식적, 무의식적으로 일본 문화에 대한 애착이 컸다.

노재현에 의하면 박정희는 사무라이 영화와 서부 영화를 아주 좋아했다고 한다. 당시는 일본 영화가 들어올 수 없던 때였는데, 일본에서 외교 행낭 편으로 영화 필름을 보내는 것이 주일 중앙정보부 간부들의 중요한 임무였다고 한다. 이후락이 주일 대사였을 때 박정희가 좋아하는 '스시'를 매일같이 보냈다는 글도 기억난다. 그만큼 박정희가 '일본 것'에 빠져 있었음을 보여주는 일화들이다.

이병주 글에 의하면, 박정희가 군수기지사령관으로 부산에 있을 때 동래 온천장에 있는 대송관이라는 데에서 일본 정종, 그러니까 청주를 마시는 걸 매우 즐겼다고 한다. 상냥하고 애교가 넘치는 일본 여자가 주인인 가게였다고 하는데, 사실 그 당시 일본 청주는 선원들이 배에 싣고 오거나 밀수하지 않으면 한국에 들여오기 어려운 술이었다.

박정희에 대한 여러 글에서 박정희가 일본 무사를 연상케 한다는 이야기를 많이 하고 있다. 5·16쿠데타를 앞두고 "소원 성취 못하면 쾌도 할복 맹세하고 일거 귀향 못하리라", 이렇게 자형에게 글을 보냈다고 한다. 어디서 많이 들어본 글귀 아닌가. 이 할복이라는 말도 한국 문화에선 낯선 것이지만 일본 무사 문화에서는 얼마나 많이 나오는 건가. 또 박정희가 갖고 있던 독특한 여성관이 있는데, 어떤 사람은 박정희의 여성관도 일본 소설에 나오는 일본 무사들의 여성관과 상당히 비슷하지 않느냐는 이야기를 하기도 한다. 이렇게 일본 무사를 연상케 하는 면이 많았다.

더 나아가, 박정희의 멘털리티에 대해 최영 교수는 일본 사무라이를 극찬한 일본 지향적 인물로 일본 육사와 일본 육군대학을 졸업하고 대구사범학교 배속 장교로 와 있던 아리카와 게이이치 교련 주임으로부터 박정희가 깊은 감화를 받았고 그를 통해 사무라이 숭배를 배웠다고 설명했다. 아리카와 게이이치 교련 주임은 한국인을 멸시하고 심지어 한국에 와 있던 일본인까지 멸시했는데 박정희를 "보쿠세이키", "보쿠세이키", 이건 박정희의 일본 발음인데, 특별히 그렇게 부르면서 총애했고, 교련 시간에는 앞에 나와 시범을 보이는 조교 역할도 하게 했다고 그런다.

그런데 최영 교수는 '아리카와 게이이치의 사무라이 정신은 메

1970년 11월 25일 미시마 유키오는 자위대원들에게 전후 평화 헌법 폐기와 헌법 개정을 위해 궐기하라는 내용의 연설을 하고 할복자살했다. 최영 교수는 박정희가 미시마 유키오로 상징되는 굴절·왜곡된 군국주의, 즉 쇼와 유신 시기의 사무라이 정신의 영향을 받았다고 지적했다.

이지 유신이 아니라 쇼와 유신의 것이다. 미시마 유키오로 상징되고 있는 굴절·왜곡된 군국주의의 정화로 얘기되는 쇼와 유신의 것이다', 이렇게 지적했다.° 최 교수는 책임성이 없는 것을 밑바탕에 깔고 있는 다분히 사이코적인, 다시 말해 정신병적인 광신적 국수國粹 사상의 희생물로 쇼와 유신 시기의 사무라이 정신이 나타난다고 설명하면서, 박정희의 사무라이 정신이 이것과 연결되는 측면이 있다는 것을 자신의 저서에서 시사했다.

박정희의 국수주의, 반의회주의 정치 이념의 뿌리는 일본 군인

° 미시마 유키오는 일본의 소설가로 1970년 11월 도쿄 자위대 본부 옥상에서 군국주의 부활, 평화 헌법 폐기를 부르짖으며 할복자살했다.

1936년 일본 2·26쿠데타 당시의 계엄사령부. "그(박정희)는 5·15, 2·26 사건을 일으킨 일본의 국수주의 장교들에게 심취하고 있는 것으로 보였다."

문화, 사무라이 문화에 어느 정도는 있다고 이야기할 수 있다. 박정희가 이런 군인 정신에 얼마나 깊은 영향을 받았는가를 보여주는 대목이 이준식 박사가 쓴 글에 있다. 이상우 책에서 인용했던데, 5·16쿠데타 직전 박정희는 이렇게 얘기했다고 한다. "2·26사건 때 일본의 젊은 우국 군인들이 나라를 바로잡기 위해 궐기했던 것처럼 우리도 일어나 확 뒤집어엎어야 할 것이 아닌가"라고 기염을 토했다고 한다.

─── 5·16쿠데타 이전 박정희의 모습을 다룬 글 중 많이 인용되는 것이 앞에서 대송관과 관련해 언급한 이병주의 글이다. 이병주의 눈에 비친 박정희를 찬찬히 되짚어볼 필요가 있어 보인다. 어떠했나.

박정희 정치 이념의 뿌리와 관련해 상세한 부분은 소설가 이병주의 글에 잘 나온다. 이병주는 국제신보 주필로, 부산일보 주필이던 황용주와 함께 박정희를 처음 만나게 된다. 황용주는 박정희의 대구사범학교 동기 동창이었다. 군수기지사령관으로 와 있던 박정희를 황용주가 이병주한테 소개한 것이다. 그래서 몇 차례에 걸쳐 만났는데, 이병주는 거기서 나눈 대화를 글로 옮겼다.

이병주의 책에는 박정희가 일본의 국수주의 장교들한테 심취해 있던 부분이 잘 나온다. "그(박정희)는 5·15, 2·26사건을 일으킨 일본의 국수주의 장교들에게 심취하고 있는 것으로 보였다." 여기서 5·15사건은 1932년 일본의 급진적인 청년 장교들이 일으킨 변란으로, 1930년대에 들어와서 일상화되다시피 한 하극상 사건 중 하나다. 일본 군인들이 만주사변을 일으킨 다음 해에 일어났는데, 이때 급진적인 청년 장교들이 이누카이 츠요시 수상, 그러니까 군부 독재를 막기 위해 혼신의 노력을 기울이며 문민정치 구현에 애써 '헌정의 수호신'으로 불린 이 사람을 죽이고 경시청 등을 습격하지 않았나. 이들은 계엄령을 선포해 혁명 정부를 수립하기 위해 이러한 폭거를 저질렀다. 그러면서 정당 정치가 사실상 종말을 맞이한다는 이야기를 듣는다. 2·26사건, 이건 1936년에 일어난 2·26쿠데타를 가리킨다. "그는 그들을 본떴음인지 우국지사의 풍모를 애써 꾸미려고 했다. 대개 묵묵했지만 입을 열었다고 하면 나라 걱정이고 민족 걱정이었다. 그는 공기를 호흡하고 있는 것이 아니라 애국애족을 호흡하고 있었다." 앞에서 난 비분강개라고 이야기했는데, 이병주 이 사람은 이렇게 표현했다.

— 이병주와 함께한 자리에서 박정희는 황용주와 논쟁하기도 하

지 않았나.

황용주가 그런 소리를 하는 박정희에게 민주주의의 ABC를 가르치려고 했다. 여기서 이병주의 글 일부를 그대로 인용할 필요가 있겠다. H는 물론 황용주다.

박 장군은 "민주주의고 나발이고 집어치워. 그런 쓸데없는 소리 말고 술이나 마시자"며 술잔을 들었다. 한 번은 박 장군과 H 사이에 격론이 벌어졌다. 박 장군이 또 일본의 5·15, 2·26사건을 일으킨 일본의 장교들을 들먹이며 찬사를 늘어놓자 H가 "너 무슨 소리를 하노? 놈들은 천황 절대주의자들이고, 따라서 일본 중심주의자들이고, 케케묵은 국수주의자들이다. 그놈들이 일본을 망쳤다는 걸 모르고 하는 소린가, 알고 하는 소린가!"하고 반박하자 박 장군은 "일본의 군인이 천황 절대주의 하는 게 왜 나쁜가! 그리고 국수주의가 어째서 나쁜가!" 하고 흥분했다.

"너 무슨 소리를 하노? 놈들은 천황 절대주의자들이고, 따라서 일본 중심주의자들이고, 케케묵은 국수주의자들이다. 그놈들이 일본을 망쳤다는 걸 모르고 하는 소린가, 알고 하는 소린가!", 이건 박정희에게 중요한 충고일 수 있다. 박정희가 심하게 반발하자 황용주는 "자기 나라만 제일이라는 그런 고루한 생각으로선 세계 평화에 해독이 될 뿐 아니라 결국 나라까지 망친다"고 이론을 폈다. 그러자 박정희는 또 이렇게 이야기했다고 한다. "그런 잠꼬대 같은 소릴 하고 있으니까 글 쓰는 놈들을 믿을 수가 없다"며 열띠게 말을 계속했다고 그런다. "아까 너, 일본의 국수주의 장교들이 일본을 망쳤다고 했는데 일본이 망한 게 뭐꼬, 지금 잘해나가고 있지 않나. 역사를 바로 봐야 해. 패전 후 얼마 되지 않아 일본은 일어서지 않았나." 황용주는 "국수주의자들이 망친 일본을 국수주의를 반대한 자유주의자들이 일으켜 세운 거다. 오해하지 마"라고 반박했다. 그러자 박정희는 "자유주의? 자유주의 갖고 뭐가 돼? 국수주의자들의 기백이 일본 국민의 저변에 흐르고 있어. 그 기백이 오늘의 일본을 만든 거야. 너나 오해하지 마. 우리는 그 기백을 배워야 하네", 이렇게 얘기했다.

이게 핵심이다. 이병주의 글이 박정희 생각의 핵심을 잘 전달했다고 볼 수 있다. "견식의 깊이와 넓이로 보아 박 장군은 H의 토론 상대가 아니다. 대학생과 초등학교 학생 간의 토론을 방불케 하는 국면마저 있었다. 그런데도 박 장군은 한 번 입 밖에 냈다고 하면 자기의 말을 끝까지 고집한다." 이병주는 이렇게 썼다.

— 쿠데타로 권력을 잡은 후에도 별 변화가 없지 않았나.

노재현의 《청와대 비서실 2》에 경악할 만한 증언이 나온다. 청와대 공보 비서관이었던 선우연은 자신의 친형 선우휘가 박정희와 술을 마시며 메이지 교육칙어를 번갈아 외던 광경을 이렇게 증언했다. "두 분이 술을 드시다 대통령께서 왕년의 대구사범학교 시절을 회상하면서 '임자, 아직도 칙어를 욀 줄 아나?'고 물으셨지요. 경성사범 출신인 내 형님이 '물론이지요'라며 먼저 외기 시작했어요. 교육칙어는 현재의 국민교육헌장보다 훨씬 긴 문장인데, 형님이 한동안 외면 대통령께서 그 뒷 문장을 받아 외고, 다시 또 형님이 받고 해서 두 분이 끝까지 다 낭송하시더군요. 40년 이상 지난 뒤에도 그걸 외고 있다니 두 사람 다 기억력이 참 대단하다고 느꼈습니다."

교육칙어는 천황제 절대주의, 천황제 파시즘을 상징하는 대표적인 글이다. 그걸 한국 대통령이 애송하다니 참으로 경악할 만한 일이 아닌가. 국민교육헌장, 그리고 유신 시대에 강조되는 충효 사상이 어디에서 근원하는가를 다시금 느끼지 않을 수 없다.

선우휘는 소설가이기도 하지만 조선일보 주필로도 유명하다. 왜 유명하냐. 그 이유가 있다. 조선일보 편집국장을 할 때 조선일보가 조금씩 바뀌었고, 그 신문 주필을 선우휘가 오랫동안 맡으면서 조선일보 논조가 크게 바뀌었다. 박정희 정권과 친화적이었다. 선우휘의 1970년대 초, 유신 체제 관련 글들은 곧장 시비의 대상이 됐고 분노의 표적이 되기도 했다. 글재주를 이상하게 활용한 사람이었다.

만주군관학교, 일본 육사, 만주군 시절에 대한 향수는 단순한 향수가 아니었다

— 박정희 눈에는 미군 장교들이 올바른 군인 정신에 충만한 군인으로 비치지 않았던 것 같다고 앞에서 이야기했다. 그렇다면 올바른 군인 정신에 충만한 군인으로 박정희가 봤을 사람으로 누구를 꼽을 수 있나.

이용문을 생각해볼 수 있다. 박정희가 1950년대 초 이용문과 함께 쿠데타를 일으키려고 했다는 것이 몇 군데에서 인용되고 있

육본 작전교육국 근무 시절 이용문(왼쪽)과 박정희. 이용문은 박정희의 유일한 존경 대상이었다는 얘기를 듣는다. 박정희는 1950년대 초 이용문과 함께 쿠데타를 일으키려고 했다.

다. 이용문은 박정희의 유일한 존경 대상이었다는 이야기를 듣는 사람이다.

이렇게 박정희가 대단히 존경했다고 하는 이용문은 어떤 사람 이냐. 나이는 박정희보다 불과 한 살 위이지만 일본 육사로 따지면 7기 위다. 이용문은 일본 육사 50기였는데, 기병 장교로 도쿄 주둔 근위 부대인 제1기병연대에 배속됐다고 한다. 조갑제가 쓴 책에 따르면 이 무렵 이용문은 빨간 바지를 입고 서러브레드thoroughbred 준마를 탔다고 한다. 한국인으로서 어쩌면 일본 군인들이 가장 선망하는 자리에 있지 않았느냐고 생각할 수 있다. 1942년부터는 대본영으로 불린 일본군 참모본부에서 1년 남짓 있었다. 이 역시 선망의 대상이 될 만한 대단한 자리였다. 대본영에 근무하기 전해에 큰

아들 이건개가 태어나는데, 아들 이름의 한자, 그중에서도 특히 개
↑ 자는 일본 사람이 이름에 많이 쓰고 한국에서는 잘 안 쓴다는 점
을 근거로 아들 이름을 일본식으로 지은 것 아니냐고 지적하는 사
람도 있다. 어쨌건 그러다가 남방 전선, 그러니까 동남아 쪽으로 가
게 된다. 해방 후에는 1949년 대령으로 육본 정보국장을 지내고 나
중에는 장성이 되는데, 1953년 비행기 사고로 죽는다.

── 박정희가 이용문을 존경한 이유는 무엇인가.

이용문은 박정희의 마음을 즉각 사로잡았다고 한다. 그렇게 박
정희의 마음을 사로잡고, 박정희가 유일하게 존경하는 사람이라고
까지 글에 나오는 이유가 무엇일까. 그에 관한 자료가 많지는 않지
만, 몇 가지를 생각해볼 수 있을 것 같다. 박정희 같은 사람으로서
는 일제 시기 일본군 장교로서 이용문의 화려한 경력에 압도당했을
수 있지만, 그것 외에 다른 요인도 있다.

외모, 성격 등 여러 면에서 이용문은 박정희와 아주 달랐던 사
람이다. 시인이자 국방부 기관지이던 승리일보 편집장을 지낸 구상
이 쓴 글을 보면, 영웅적인 풍모가 깃든 이용문의 기세에 내성적인
박정희가 압도당한 느낌마저 있었다는 내용이 나온다고 한다. 그런
면이 박정희한테 영향을 주지 않았겠나 하는 생각을 해볼 수 있다.
박정희가 이용문에게서 전형적인 일본군 장교의 모습을 느꼈을 수
있지만, 그보다 더 중요한 건 쿠데타를 일으켜 싹 쓸어버려야 한다
는 이른바 일본군 신진기예新進氣銳 장교의 모습을 이용문이 박정희
에게 유감없이 보여준 점 아닌가 생각된다. 그런저런 점이 작용해
박정희 눈에는 이용문이야말로 자신이 생각한 올바른 군인 정신에

충만한 군인 중의 군인이라는, 전전戰前 군인의 정화라고 할까 상징으로 비치지 않았을까 하는 생각이 든다.

이용문은 박정희와 마찬가지로 일본 육사 출신 아닌가. 박정희의 정치 이념을 키워주고 미래를 갖게 한 건 만주군관학교와 일본 육사, 그리고 만주군 장교로 있던 시기였다. 만주군관학교와 일본 육사 시절, 그리고 만주군 장교로 있던 시기에 대한 향수는 단순한 향수로 끝나지 않았다. 그건 해방 후에도 살아 있는 힘이 됐다. 이런 이력은 박정희에게 여러 가지 영향을 끼쳤다.

—— 어떤 영향을 끼쳤나.

만주 인맥은 일본에만 있는 것이 아니었다. 한국 육군 내부에 강력한 인맥을 형성하고 있었다. 1948년 여순사건이 난 후 진행된 숙군 과정에서 박정희는 남로당 프락치의 핵심 인물로 체포되지 않나. 그때 죽음의 위기에 놓인 박정희를 살려준 것이 바로 만주 인맥이라고 불리는 사람들이었다. 프락치들을 잡아들인 숙군 수사의 핵심 인물인 백선엽 육본 정보국장과 그 밑에 있었던 김안일, 김창룡 같은 사람들이 박정희에 대해 연대 보증을 서줬다. 김안일은 박정희와 육사 동기이고, 백선엽은 정일권과 함께 한국군에서 만주 인맥을 대표하는 사람 아니었나. 그리고 백선엽과 정일권은 채병덕 총참모장한테 사형 집행 면제를 공식 건의했다고 한다. 또 이승만한테 각각 개인적으로 찾아가서 박정희의 면죄, 즉 죄를 면해달라고 호소했다고 그런다. 그와 함께 백선엽은 총참모장 고문관인 제임스 하우스만 대위와 윌리엄 로버츠 준장에게 박정희 구명 활동을 벌였다. 제임스 하우스만 대위는 한국군의 아버지로 불리는 사람이고, 윌리엄 로버츠 준장은 1949년 6월 주한 미군이 철수한 후 군사 고문단장을 맡고 있던 인물이다.

백선엽, 정일권, 김창룡 같은 이들 말고도 만주군 의무 장교(중좌)였던 원용덕, 만주군 대위였던 김일환, 그리고 백선엽과 함께 간도특설대에 있었던 김백일 같은 사람들도 다 박정희 구명에 나섰다. 그렇게 된 데에는 박정희가 이재복, 이중업 조직책으로 이어지는 한국 군부의 프락치 조직을 샅샅이 폭로해 숙군 작업을 손쉽게 진행할 수 있게 했다는 점이 기본적으로 작용했을 거라고 본다. 제임스 하우스만 같은 사람도 그런 점을 인정하지 않았나. 그런 점이 있었지만, 역시 만주 인맥이 감싸준 것도 큰 역할을 하지 않았느냐고 볼 수 있다. 여기서 한 가지 의아한 게 있다.

── 무엇인가.

뭐냐 하면 이승만의 특별 신임을 받으며 헌병 총사령관을 지낸 원용덕에 대해 박정희가 특별하게, 백선엽이나 정일권에 대해서보다도 더 고마움을 느꼈던 것 같은데 왜 그런 건지에 관한 자료가 뚜렷하게 나오지 않는다. 박정희는 큰딸 주례를 원용덕에게 부탁했다고 그런다. 여기서 말하는 큰딸은 박근혜가 아니라, 박정희와 첫 번째 부인 사이에서 태어난 진짜 큰딸을 가리킨다. 그리고 대통령이 된 뒤에도 원용덕한테 세배를 갔다는 얘기가 있다.

무엇보다도 김성주(1952년 대선 당시 조봉암 선거 사무차장, 이승만 집권기에 헌병 총사령부에 끌려갔다가 고문으로 사망) 사건 처리에서 박정희가 원용덕에 대해 특별한 마음을 가지고 있었다는 것이 잘 드러난다. 4월혁명 후 김성주 고문 살해 사건이 다시 크게 문제가 되면서 원용덕은 헌병 총사령부 장교들과 함께 재판을 받는다. 그런데 중형이 선고된 원용덕이 박정희 정권 때 특별 사면으로 풀려났다. 이 사건 처리 과정을 보면 박정희가 이렇게까지 원용덕에게 깊은 호감을 느낀 이유는 무엇일까 하는 의문이 든다.

　　그런데 이상우의 글을 보면, 백선엽이 장교가 되는 과정에서 원용덕이 은인이었다는 대목이 나온다. 그걸 감안하면, 원용덕이 백선엽한테 강하게 얘기했기 때문에 백선엽이 박정희를 살리기 위한 활동을 그렇게 여러 가지로 한 것 아니냐는 추측을 할 수는 있지 않을까 싶은데, 지금으로서는 그에 관한 자료가 더 안 나와서 이게 맞는지 얘기를 못하겠다. 하여튼 내가 이야기하려는 건 군대 내의 만주 인맥이 위급한 상황에 처한 박정희를 살려냈다는 것이다. 그런 점에서 만주군관학교와 일본 육사 시절, 그리고 만주군 장교로 있던 시기에 대한 향수는 단순한 향수가 아니었다, 이 말이다.

4월혁명 이후인 1960년 8월 3일 원용덕 중장은 김성주 고문 살해 사건에 직접적으로 관여한 혐의로 수감된다. 한 달 후인 9월 19일 첫 번째 공판이 열리는데, 선고는 그로부터 1년 후 이뤄진다. 5·16쿠데타 이후인 1961년 9월 30일 육군중앙고등군법회의는 이 사건과 관련해 원용덕과 김진호에게 각각 징역 15년, 목영철에게 징역 10년 및 세 사람 모두 전 급료 몰수 파면을 선고했다.
그러나 원용덕의 수감 생활은 그리 오래가지 않았다. 1962년 5월 23일 군사 정권은 3월 1일 자로 원용덕 중장을 파면했다고 발표하는데, 이를 보도한 동아일보 기사에 따르면 원용덕은 이미 병보석으로 나와 있는 상태였다. 그리고 1963년 6월 18일 자 경향신문은 원용덕이 한국전쟁 당시 반공 포로 석방 10주년 기념식에 참석했다는 소식을 전했다. 그 후 1963년 대선에서 사상 논쟁이 벌어지자 원용덕은 박정희를 두둔했다. 덧붙이면, 박정희가 소위로 춘천 8연대에서 근무할 때 8연대장이 원용덕이었다.

침략에 앞장선 일본의 만주 인맥과
박정희의 깊은 관계

— 만주로 떠난 후부터 일제 패망 때까지 박정희가 한 경험은 5·16쿠데타 이후 한일 관계와도 이어져 있지 않나.

5·16쿠데타를 일으킨 직후부터 집권 18년 동안 박정희는 기시 노부스케 등 일본의 만주 인맥과 대단히 깊은 관계를 맺었다. 이 점에서도 만주군 장교나 만주군관학교 시절에 대한 향수는 단순한 향수가 아니었다. 만주군 장교로서 가지고 있었던 군인으로서 정신적 자세, 정치 이념이 5·16쿠데타 이후 대일 관계에서 구체적으로 작용한 것이라고 본다. 아주 중요한, 깊이 있게 분석하고 성찰해야 할 문제다.

18년 동안 박정희 정권을 지지·지원한 만주 인맥의 핵심이던 기시 노부스케라든가 시이나 에쓰사부로 등 여러 사람은 일본에서 대륙 침략의 우두머리급 인사였다. 더욱이 기시 노부스케는 A급 전범으로 지목된 자였다. 그러한 일본의 만주 인맥은 5·16쿠데타가 일어났을 때 박정희의 사진을 보고 "이 사람은 다카키 마사오 아니냐", "한일 관계에 새날이 찾아왔다"며 기뻐했다고 하지 않나. 만주 인맥에 속한 인사들은 패전 후 뿔뿔이 흩어졌다가 기시 노부스케, 시이나 에쓰사부로 등을 중심으로 국제선린협회라는 단체를 만들어 정계에 영향력을 행사했다. 그런데 박정희가 5·16쿠데타 이후 일본에서 처음 만난 주요 인물들이 바로 이들 만주 인맥이었다.

1961년 11월 존 F. 케네디를 만나러 가는 도중에 일본에 들렀을 때 박정희 의장은 이케다 하야토 수상과 함께 기시 노부스케를 비롯한 만주 인맥을 만났고 특히 만주군관학교 교장이던 나구모 신이치로를 특별히 초청해서 나오게 했다. 나구모 신이치로가 만찬에 참석한 것은 중앙정보부를 통해 박 장군이 특별히 요청했기 때문이라고 그런다.

이때 기시 노부스케와 그런 방식으로 만난 것도 난 석연치 않지만, 나구모 신이치로를 특별 초청한 것에 대해서는 그게 과연 적절한 행동이었는지 의문이 든다. 나구모 신이치로는 천황제 파시즘, 군국주의 파시즘의 화신이라고 이야기되는 관동군 사령부에서 군관학교에 교장으로 파견한 사람 아닌가. 그만큼 철저한 천황제 파시즘, 군국주의 파시즘 신봉자였다고 말할 수 있다. 국내의 한국인들을 생각해서라도, 이런 사람은 만나고 싶더라도 좀 참았다가 나중에 만나는 게 좋지 않았겠나. 그런데 이렇게 특별 초청해 만난 걸 어떻게 이해해야 하는 건가. 기시 노부스케 같은 사람들에게는 한일 관계가 잘되게 해달라는 요청을 하고 그랬지만, 그와 함께 만주군 시대에 가졌던 특별한 의식이 작용해 기시 노부스케건 나구모 신이치로건 그들을 그렇게 만난 것 아니었을까 하는 생각이 든다.

유신 체제에 짙게 드리운
일본 2·26쿠데타의 그림자

유신 쿠데타의 뿌리, 네 번째 마당

김 덕 련 만주군관학교와 일본 육사 시절, 그리고 만주군 장교로 있던 시기에 대한 향수는 박정희에게 단순한 향수로 끝나지 않았다는 점을 지난번에 살폈다. 한국과 일본의 만주 인맥이 해방 후 박정희의 행보에 중요한 영향을 끼쳤다는 점도 짚었다. 박정희의 만주국 경험을 더 살펴볼 필요가 있어 보인다. 이 문제, 어떻게 보나.

서 중 석 만주 시대의 박정희를 보도록 하자. 박정희가 1961년 11월, 5·16쿠데타 후 처음으로 일본에 들렀을 때 기시 노부스케를 비롯한 만주 인맥을 만났다고 지난번에 얘기하지 않았나. 그런데 강상중과 현무암이 쓴 《기시 노부스케와 박정희》라는 책을 보면, 기시 노부스케를 만나기 전부터 박정희는 기시 노부스케와 사신私信을 주고받았다고 쓰여 있다. 기시 노부스케가 박정희의 대구사범학교 동창생을 박정희한테 파견하자, 박정희가 "금후 재개하려는 한일 국교 정상화 교섭에서 귀하의 각별한 협력이야말로 대한민국과 귀국의 강인한 유대가 양국의 역사적 필연성이라고 주장하시는 귀의 貴意가 구현될 것이라고 생각합니다", 이런 내용의 사신을 보낸 것으로 기시 노부스케 관계 문서에 나온다고 한다.

이렇게 박정희는 일본에 들르기 전부터 이미 만주 인맥과는 특별한 관계를 맺었다. 1978년 12월 27일 유신 제2기 체육관 대통령 취임식 때도, 미국과 일본에서도 사절단을 안 보냈고 대만에서 조차 '사절단을 보내달라'는 요청에도 안 보냈는데 기시 노부스케만 민간인 사절단 12명을 이끌고 온 것도 그런 특별한 관계 때문이다. 한일 국교 정상화 문제도 일본의 만주 인맥과 긴밀한 관계를 맺는 방식으로 처리했기 때문에, 1964~1965년에 굴욕적 한일 회담 반대 데모가 그렇게 거세게 일어난 것 아닌가.

1977년 9월 29일 청와대에서 악수하는 박정희와 기시 노부스케. 사진 출처: 국가기록원

　　기시 노부스케는 아베 신조 총리의 외조부로 자주 거론되는데, 과거사에 대한 아베 신조의 극단적인 주장이나 극우 행보는 외할아버지의 꿈을 실현시키는 것이라고들 이야기한다. 기시 노부스케는 만주국 총무청 차장, 산업부 차장으로서 만주국을 실질적으로 주물렀는데, 시이나 에쓰사부로(한일 회담 타결 당시 일본 외상)도 이때 만주국으로 건너가 기시 노부스케 밑에서 일했다. 기시 노부스케는 그 후 도조 히데키 내각에 상공대신으로 들어가고, 나중에 패망했을 때 A급 전범으로 분류돼 형무소에서 전범 재판을 기다리고 있었다. 그러다가 냉전에 따른 미국의 점령 정책 변화로 형무소에서 풀려나 자민당 창당에 참여하고 1957년 수상이 된다. 5·16쿠데타 후에는 박정희 정권의 일본 쪽 후견인 역할을 하게 된다. 이러한 기시 노부

스케와 박정희의 관계는 다른 한편으로는 박정희 정치 이념의 성격을 살펴보는 데 시사하는 바가 있다.

박정희가 일제 패망 전 경력을
부끄러워한 흔적은 어디에도 없다

— 그 시사점은 무엇인가.

강상중과 현무암은 《기시 노부스케와 박정희》에서 "기시도 박정희도 만주국 건국을 포함해서 전전의", 이건 일제가 패망하기 전을 말하는데, "역사에 대해 조금도 후회하지 않는 듯 보인다"고 지적했다.

기시 노부스케의 이런 태도를 분명하게 보여주는 일화가 있다. 기시 노부스케는 최고 학교로 꼽히던 도쿄 제1고교 출신인데, 고교 시절 은사가 전범으로 체포된 기시 노부스케에게 "천고에 남을 이름"이 애석하다면 "자결"하라는 단가短歌를 보내자 기시 노부스케는 "이름 대신 성전의 정당성을 만대에 전하리라"는 답가를 보냈다. 유명한 일화인데, 여기서 성전은 아시아·태평양 침략 전쟁을 가리킨다. 군국주의자들이 영광의 역사라고 얘기하는 침략 전쟁의 역사에 대한 소름이 돋을 정도의 집념, 오늘날 아베 신조에게서 볼 수 있는 것과 같은 집념을 이렇게 표출했다.

박정희에 대해 두 사람은 저서에 이렇게 썼다. "박정희도 전전의 경력에 강한 향수를 품을지언정, 그것을 부끄러워한 흔적 따위는 어디서도 찾아볼 수 없다. …… 제국 군인이었던 사실은 내심 자

긍심으로까지 느꼈다."

그러면서 강상중과 현무암은 기시 노부스케와 박정희 둘 다 "강한 반소, 반공 의식 하에 군국주의적 국가 개조와 계획적 통제 경제를 단행"한다는 생각을 가졌다고 볼 수 있고, 그러면서 "기회주의적 '전향'이라고도 말할 수 있는 변모를 거듭하면서", 이건 최영 교수도 많이 지적하던데, "그때그때 권력의 원천에 따라 부응하며 자신의 태도를 바꿔가게 된다"고 분석했다. 그런 점에서도 같다는 것이다. 박정희 개인은 미국 문화에 잘 적응하지 못했지만 그럼에도 미국의 요구에 잘 부응할 수 있었던 것도 이런 특징과 관련 있다고 볼 수 있다. 강상중과 현무암은 기시 노부스케와 박정희, 이 두 사람이 "재빠른 변신, 그리고 권력의 원천이 어디에 있는지를 가려내는 본능적 후각의 예민함"이라는 자질을 갖고 있었다고 평가했다.

유신 체제는 일본 극우가 꿈꿨던
쇼와 유신의 한국형 변종

— 만주 시절 박정희의 경험은 박정희 집권기와 어떤 식으로 이어져 있다고 보나.

박한용 박사는 박정희의 만주국 경험이 5·16쿠데타 이후 집권기, 그중에서도 특히 10·17쿠데타 이후 얼마나 큰 영향을 끼쳤는가를 구체적인 예를 제시하며 설명했다. 5·16쿠데타 직후의 국가 재건 운동, 1970년대의 새마을운동 등 국민 개조 운동, 국민교육헌장, 이건 황국신민서사 부분을 가리키는 것으로 보이는데, 그리고 국기

만주신문 1939년 3월 31일 자에 실린 박정희의 혈서. "일본인으로서 수치스럽지 않을 만큼의 정신과 기백으로써 …… 목숨을 다해 충성을 다할 각오입니다"라고 적혀 있다.

에 대한 맹세, 애국 조회, 국기 하강식 같은 국가주의 맹세의 의례, 교련과 체육의 (모의) 수류탄 던지기 군사 교육, 충효 교육, 라디오 체조와 내 집 앞 쓸기 운동 및 국민 가요 부르기, 퇴폐 풍조 일소와 미풍양속 고취, 반상회, 고도 국방 체제를 목표로 한 총력 안보 체제와 국가 통제형 경제 개발 5개년 계획 등 유신 체제 운동은 일제가 식민지 조선과 만주국에서 실행했던 국가주의를 본떠 되살린 것이고 특히 유신 체제는 일본 극우가 꿈꿨던 쇼와 유신의 한국형 변종이라고 지적했다. 이런 주장이 시사하는 바가 있다. 이처럼 박정희는 죽을 때까지 만주 인맥과 끈끈한 관계를 맺었고, 일본 육사 기간까지 포함한 만주 시절에 대한 향수라고 얘기하는 것을 갖고 있었다.

─── 교사를 그만두고 만주로 간 이유에 대해 박정희 본인은 뭐라고 얘기했나.

박정희는 왜 만주로 갔느냐. 청와대 공보 비서관을 지낸 김종신이 만주군관학교에 간 이유를 묻자 박정희는 "긴 칼 차고 싶어서 갔지", 이렇게 대답했다. 만주에 가기 위해 문경보통학교 교사직을 떠나던 날 제자들이 울음보를 터트리자 박정희는 "갔다가 큰 칼 차고 대장 되어 돌아오면 군수보다 너희들 선생님이 더 높다"고 얘기했다. 이런 여러 가지를 놓고 볼 때 '일제 치하에서 출세하고 상향된 지위로 올라가는 데에는 군보다 빠른 길은 없다. 기회의 땅 만주로 가서 군관학교에 들어가는 길밖에 없다'는 생각을 갖고 만주로 간 것으로 최영 교수를 비롯한 여러 사람이 쓰고 있다.

그러나 박정희는 만주군관학교에 바로 입학하지 못했다. 기혼자였고 연령이 초과돼서 입학 자격이 문제가 됐던 것이다. 그래서 다시 응모했는데, 이때 정황이 일본어 신문인 만주신문에 무려 3단 기사로 사진과 함께 '혈서 군관 지원, 반도의 젊은 훈도로부터'라는 제목으로 났다는 건 만주신문에서 박정희의 '혈서 군관 지원'을 얼마나 중요하게 평가했는가를 보여준다. '박정희의 혈서 군관 지원은 널리 선전할 필요가 있다'고 보고 이렇게 지면을 내주지 않았겠나. "일사봉공—死奉公 박정희", 그러니까 한 번 죽음으로써 충성하고 한목숨 바쳐 나라를 위하겠다고 반지半紙에 피로 쓴 편지를 동봉해 보냈는데, 이 혈서 지원 편지가 관계자들을 깊이 감격하게 만들었다고 한다. 그 편지에는 "일본인으로서 수치스럽지 않을 만큼의 정신과 기백으로써 일사봉공의 군건한 결심입니다. 확실히 하겠습니다. 목숨을 다해 충성을 다할 각오입니다. 한 명의 만주국 군으로서 만주국을 위해, 나아가 조국을 위해 어떠한 일신의 영달을 바라지 않겠습니다. 멸사봉공, 견마의 충성을 다할 결심입니다"라고 적혀 있었다.

'혈서 군관 지원'은 몇 년 전에야 비로소 발견된 것인데, 만주 신문 보도 후 박정희가 바로 만주군관학교에 입학할 수 있었던 건 아니다. 만주군관학교에 박정희가 들어갈 수 있었던 데에는 신경(장춘) 교외 제3독립수비대 대장으로 근무하던 관동군 대좌 아리카와 게이이치의 추천이 역할을 했다고 그런다. 대구사범학교 시절 박정희를 특별히 총애했다고 하는 아리카와 게이이치 교련 주임, 비로 그 사람이다. 이 사람은 1945년 6월 오키나와에서 전사한다. 어쨌건 박정희는 그렇게 해서 만주군관학교에 들어갔다.

만주군관학교 시절 박정희는
대구사범학교 시절과 너무나 달랐다

── 만주군관학교 시절 박정희는 어떤 학생이었나.

1961년 11월 일본을 찾은 박정희가 만주군관학교 교장이던 나구모 신이치로를 특별히 초청해서 나오게 했다고 지난번에 얘기하지 않았나. 나구모 신이치로는 만주군관학교 시절 박정희에 대해 "천황 폐하께 바치는 충성심이라는 면에서 그는 일본인보다도 훨씬 일본인답게" 행동했다고 말한 것으로 강상중과 현무암의 책에 나온다.

창씨개명의 변화에도 생각해볼 대목이 있다. 만주에 간 초기인 1941년 이때는 창씨개명 이름이 다카키 마사오高木正雄였다. 다카키 마사오는 박정희 이름과 연관성이 있지 않나. 다카키의 키木는 박朴과 연관이 있고 마사오正雄도 정희와 닿는 면이 있다. 박정희라는 자기 이름의 흔적을 남긴 상태에서 창씨개명을 한 것이라고 볼 수 있다. 그런데 1942년에 가면 오카모토 미노루岡本實로 이름까지 완전히 일본식으로 바꾼다. 민족색까지 지울 양으로 오카모토 미노루로 바꿨다고 강상중과 현무암의 책에는 적혀 있다.

박정희는 1942년 만주군관학교에서 우등생으로 선정돼 다른 몇 명과 함께 만주국 황제 부의(푸이)로부터 금장 시계, 그러니까 금으로 도금한 시계를 은사상으로 받았다. 이때 졸업식 답사를 박정희, 그러니까 오카모토 미노루가 했다고 하는데 "대동아공영권을 확립하는 성전에서 나는 사쿠라와 같이 훌륭하게 죽겠습니다"라는 선서가 포함된 답사를 했다고 그런다.

그러고는 다른 성적 우수자와 함께 일본 육사 본과 3학년에 편입해 1944년에는 여기서도 우수한 성적으로 졸업했다. 일본 육사를 나온 후 박정희는 한때 견습 사관으로 소만蘇滿 국경 지대의 치치하얼에 주둔한 관동군에 배속돼 2개월여 동안 근무했다고 한다. 그러고 나서 만주군(만주국 군대) 소속으로 옮기는데 보병 제8단에 배속된다. 이때는 주로 열하 지방에서 많이 활동한 것으로 알려졌는데, 팔로군을 공격할 때 소대장으로 작전에 참여했다. 1945년 7월 만주군 중위로 진급하지만, 한 달 후인 8월에 일제가 패망하는 것을 맛보게 된다.

이러한 박정희가 만주군관학교 시절에 얼마나 가슴 벅찬 보람을 느꼈다고 할까, 충만한 생활을 보냈는가 하는 건 대구사범학교 시절과 비교하면 잘 알 수 있다.

── 대구사범학교에 다닐 때 박정희는 어떤 모습을 보였나.

조갑제 글이나 다른 글들을 보면 박정희는 대구사범학교 시절 성적이 몹시 나빴다. 1학년 말에 97명 중 60등, 2학년 때에는 83명 중 47등이었다. 3학년 때에는 더 떨어져서 74명 중 67등으로 꼴찌에 가까웠는데 4학년 때에는 73명 중 73등, 진짜 꼴찌를 했다. 5학년 때에는 70명 중 69등을 했다. 이렇게 성적이 나빠서 기숙사비 혜택도 받지 못하게 됐고, 그 때문에 돈을 구하러 형 상희를 자주 찾아갔다고 한다. 그리고 문경은 경북에서 외진 곳 아닌가. 문경보통학교에 배치된 것도 성적 불량 때문이라고 보고 있다.

대구사범학교에서 왜 이렇게 성적이 나빴는가에 대해 한 연구자는 시골 출신 우등생이 명문 학교에 가서 좌절을 겪은 것이라고 설명했다. 또 어떤 사람은 2학년 때부터 방황한 건 성적 불량에서 비롯됐는데, 그만큼 자존심이 손상되고 열등감이 작용해 그렇게 된 것 아니겠느냐고 지적했다. 그런데 그런 것 못지않게 박정희는 공부 체질이라기보다는 일본 군인 체질 비슷한 성향이 있었기 때문이 아니었을까. 그렇게 생각해볼 수 있는 대목도 있다. 성적이 좋지 않던 때에도, 교관이 일본 군인 정신에 투철했고 박정희를 각별히 아껴준 사람이라 그랬을 수도 있지만 교련 과목에는 아주 관심이 많아 시범 조교로 뽑힐 정도였고, 총검술도 잘했다고 나온다.

성적이 불량했을 뿐만 아니라 출석 상황도 좋지 않았다. 결석을 한 날이 많았다. 2학년 때는 10일 결석했고 3학년 때는 41일, 4학년 때는 48일, 5학년 때는 41일이나 됐다. 이렇게 결석률이 높았는데, 학적부를 보면 2학년 때는 '아주 음울하다', 3학년 때는 '다소 진실성이 부족하다', 4학년 때는 '불평이 있고 진실성이 부족하다', 이렇게 나와 있다.

그런데 이와 달리 만주군관학교에서는 성적이 아주 좋았다. 만주국 황제로부터 금장 시계도 하사받고 졸업식에서 답사도 읽을 정도였다. 그건 그만큼 만주군관학교에서 생활한 하루하루가 박정희로서는 얼마나 대단한 의의를 느낄 수 있는 생이었는가를 이야기해준다.

박정희가 심취한 2·26쿠데타
청년 장교들과 기타 잇키

── 대구사범학교 시절 꼴찌도 하며 밑바닥에 있던 박정희는 만주 군관학교, 일본 육사에서는 최우등으로 변신했다. 자녀 교육에 관심이 많은 요즘 학부모들이 그 비법을 궁금해하지 않을까 하는 생각이 들 정도의 큰 변화인데, 박정희의 동기와 선택 과정을 보면 '본받을 만하다'는 얘기를 꺼낼 수 없게 만드는 씁쓸한 시대상을 느낄 수밖에 없다. 다른 사안을 짚어보면, 박정희는 5·15사건과 2·26사건을 일으킨 일본의 군국주의 장교들에게 심취한 모습을 보였다고 지난번에 이야기했다. 그중에서도 특히 2·26쿠데타의 영향을 많이 받은 것으로 이야기되는데, 박정희는 언제부터 군국주의의 영향을 강하게 받게 된 것인가.

전에 얘기한 것처럼 5·16쿠데타 직전 박정희는 "2·26사건 때 일본의 젊은 우국 군인들이 나라를 바로잡기 위해 궐기했던 것처럼 우리도 일어나 확 뒤집어엎어야 할 것이 아닌가"라고 기염을 토했다고 한다. '부패하고 타락한 민간인 정치의 문제를 쿠데타로 일거에 해결하고 국가를 개조하겠다', 2·26쿠데타 주동자들은 이런 생각을 했다. 그러한 2·26쿠데타의 영향을 박정희는 어느 때 받은 것일까?

예컨대 대구사범학교에 다닐 때 받았을까? 대구사범학교 시절 박정희가 아리카와 게이이치 교련 주임의 영향을 받은 건 사실이고, 아리카와 게이이치는 철저한 군국주의자였으므로 2·26쿠데타에 관심이 많았을 수 있다. 그러나 2·26쿠데타를 일으킨 장교들이 품었던 것과 같은 생각을 대구사범학교 시절에 박정희가 직접 품게 됐다고 보는 건 좀 무리인 것 같다.

그러면 문경보통학교 교사 시절엔 어땠을까, 이걸 생각해볼 수 있는데 대구사범학교에 다닐 때에나 교사 시절에 2·26쿠데타에 그렇게 큰 관심을 보였던 것 같지는 않다. 2·26사건 같은 것에 대해 관심은 가졌겠지만 그것을 박정희 자신의 행동 이념, 정치 이념으로까지 삼았겠나 싶다.

이준식 박사 글에 따르면, 박정희가 교사 시절에 학생들과 함께 일본 제국 군대의 승전을 고취하는 놀이를 직접 연출했다고 한다. 일본 제국주의의 침략 전쟁에 빠져 있었던 구체적인 사례로 이 박사는 이 부분을 들고 있다. 그러한 지적은 충분히 수긍할 만하지만, 난 박정희가 2·26사건의 영향, 군국주의의 영향을 강렬하게 받은 건 역시 만주에 갔을 때부터라고 보고 있다.

── 그렇게 판단하는 근거는 무엇인가.

이준식 박사는 "관동군이야말로 박정희가 꿈꾼 군대의 전형이었다. 만주국은 박정희가 바란 국가의 모범이었다", 이렇게 썼다. 박정희는 만주군 장교로서 자신의 활동에 대해 강한 긍지를 가졌던

군국주의자로서 육군 대신이었을 때 대륙 침략을 적극 추진했던 아라키 사다오. 패전 후 A급 전범으로 종신형을 받았으나 병으로 가석방되었다.

것으로 보인다. 그러면서 만주군관학교, 일본 육사, 만주군 시기에 주위 사람들로부터 2·26사건을 일으킨 자들이 가졌던 사고나 이념의 영향을 상당히 많이 받았던 것으로 보인다.

만주군관학교 교관 중에는 2·26사건 관련자이지만 초급 장교라는 이유로 처형을 면하고 만주로 추방된 간노 히로시菅野弘 같은 황도파 출신 장교가 포함돼 있었다고 이준식 박사 글에 나오는데, 이 점이 주목된다. 간노 히로시는 만주군관학교 제2연을 지휘하고 있었다고 하는데, 증언에 의하면 박정희는 이 간노 히로시로부터 영향을 받았다고 한다. 또한 일본 육사 동기의 증언에 따르면, 일본 육사 재학 시절 박정희는 2·26사건과 같은 청년 장교들의 국가 개조 운동에 깊은 관심을 보였다고 한다. 이처럼 여러 글과 책에서 박정희가 2·26쿠데타, 일본에서는 이것을 2·26사건이라고 많이 이야기하는데, 이 쿠데타를 일으켰던 청년 장교들로부터 많은 영향을 받았다는 이야기를 하고 있다.

―― 유신 쿠데타, 유신 체제를 깊이 있게 이해하기 위해 2·26사건
    을 되짚어봤으면 한다.

　　일본 청년 장교들이 아라키 사다오荒人貞夫가 중심인물인 황도
파의 영향을 받아 일으킨 사건이다. 아라키 사다오는 군국주의자로
서 육군 대신이었을 때 대륙 침략을 적극 추진한 사람이다.

　　중일전쟁 발발 전해인 1936년 2월 26일 새벽 청년 장교들이 도
쿄의 근위 보병 제3연대, 보병 제1연대와 제3연대 등의 병력 1,400
여 명을 이끌고 쿠데타를 일으켰다. 이들은 수상 관저, 경시청 등을
습격해 내內대신 사이토 마코토, 대장상 다카하시 고레키요, 교육총
감 와타나베 조타로를 살해하고 스즈키 간타로 시종장에게 중상을
입혔다. 내대신, 시종장 등은 높은 직위였는데 이때 살해된 내대신
사이토 마코토는 3·1운동 직후 한 번, 그리고 1929년에 다시 한 번
이렇게 두 번이나 조선 총독을 지낸 바로 그 사이토 마코토다. 쿠데
타 세력은 수상을 죽이려고 수상 관저를 습격했는데, 수상을 죽이
지는 못하고 수상의 처남으로 비서관을 맡고 있던 사람을 수상으로
오인해 살해했다.

　　무엇을 요구하며 이런 일을 벌였느냐. 존황토간尊皇討奸(천황을
받들고 간신을 토벌한다) 유신 수행을 내건 이들은 제국 의사당, 수상 관
저, 육군 대신 관저, 경시청 일대를 점거하고 가와시마 요시유키 육
군 대신을 면담했다. 이들은 이 자리에서 '쇼와 유신을 즉시 실현하
도록 유도하라', '황도파와 대립 관계에 있는 미나미 지로 육군 대장,
우가키 가즈시게 조선총독, 고이소 구니아키 중장 등과 원로대신으

로 수상을 지낸 사이온지 긴모치를 즉각 체포하라'고 요구했다.●

그런데 국가 개조와 반대파 숙청을 요구한 것을 제외하고는 국가를 어떻게 새롭게 만들겠다는 것인지에 대해 구체적인 내용이 없다. '쇼와 유신 즉각 실현'을 주장한 것을 빼고는 국가를 어떻게 개조하겠다는 것인지 분명히 알 수 있게 할 만한 구체적인 내용이 없다. 다만 대개 2·26쿠데타에 관련된 청년 장교들이 쿠데타를 일으키기 전에 쓴 여러 글을 가지고 설명하고 있다.

쿠데타로 내각 기능이 마비된 상태에서 육군 대신이 고시告示를 발포한다. 사건을 일으킨 장교들에게 많은 영향을 끼친 황도파 지도자 아라키 사다오 대장(전 육군 대신)의 영향으로, 이 고시는 쿠데타에 동정적인 태도를 보여줬다. 그런데 27일 새벽 계엄령이 발동되고 '반란군을 진압하라'는 히로히토 천황의 지시가 내려오면서, 쿠데타군은 29일 오전 8시부터 오후 2시까지 대부분 원대 복귀했다. 이게 2·26사건이다. 이 쿠데타로 관련자 1,483명 중 132명이 기소되고 장교·민간인 19명이 사형 선고를 받았다.

박정희와 2·26사건의 관계를 서술하고 있는 한 논객은 2·26쿠데타를 일으킨 청년 장교들이 농촌의 참상 때문에 궐기했다는 점을 평가하고 있다. 그러면서 박정희도 그런 점에 끌렸던 것 아니냐는 주장을 하고 있다.

―― 그러한 주장, 어떻게 보나.

● 미나미 지로와 고이소 구니아키는 우가키 가즈시게에 이어 조선총독(미나미 지로는 1936~1942년, 고이소 구니아키는 1942~1944년)을 지냈고, 패전 후 A급 전범으로 종신 금고형을 받았다. 이때 종신 금고형이 선고된 16명에는 아라키 사다오도 포함돼 있었다.

이 청년 장교들이 농촌의 참상 때문에 궐기했다는 주장에 대해서는 후지와라 아키라 교수가 《천황제와 군대》라는 책과 여러 글에서 면밀히 분석했다. 그것에 따르면, 쿠데타를 일으킨 청년 장교들은 구체적인 정책을 갖고 있지 않았다. 다만 한 가지 분명한 것은, 도쿄의 근위 보병 같은 쪽에서 쿠데타를 일으킨 데서도 알 수 있듯이 주동자들은 대개 좋은 집안에서 자란 이들로 농어촌의 실상을 잘 알지는 못했다는 것이다. 피폐한 농어촌, 농민 구제를 추상적인 구호로 제시했을 뿐 현실적인 구체성은 이 사람들의 국가 개조 운동에서 별로 나타나지 않았다는 것이다. 출신을 살펴봐도 당시 유력한 군인 가정에서 태어났거나 상당히 좋은 집안에서 자란, 그래서 주로 도쿄 같은 도시에 살았던 사람들이다. 이런 점들은 이들이 농어촌 참상 같은 것들 때문에 궐기한 것이라고 볼 수 없는 하나의 이유가 되지 않겠느냐고 후지와라 아키라 교수는 썼다.

2·26쿠데타를 일으킨 청년 장교 못지않게 박정희가 영향을 받은 것으로 몇 사람의 글에 나오는 게 누구냐 하면, 2·26사건으로 사형 선고를 받고 처형된 민간인 중 한 명인 유명한 기타 잇키다. 이 사람이 《일본 개조 법안 대강》에서 주로 설명한 것이 국가 개조다. 그와 함께 천황이 헌법을 일정한 기간 동안 정지하고 비상 내각을 구성해야 한다는 등의 이른바 혁신 정치를 역설하고 국가가 영국, 러시아 등 강대국에 대해 전쟁의 권리를 가져야 한다는 주장도 폈다. 2·26쿠데타를 일으킨 청년 장교들이 이것으로부터 크게 영향을 받았다는 건 많은 사람이 인정하고 있다.

이노우에 키요시 교수가 쓴 《일본의 역사》에서는 2·26쿠데타와 관련해 이런 지적을 하고 있다. 그것에 따르면, 2·26쿠데타 이후 일본은 국민 생활 전반에서 군국주의 일색이 되는데 이건 천황 절

1936년 2·26사건 당시 군인들의 행진 장면. 2·26쿠데타를 일으킨 청년 장교들의 군국주의 파시즘 또는 천황제 파시즘은 이념성이 강한 조선인 청년이나 군인에게도 영향을 끼쳤던 것으로 보인다.

대주의 기구의 중핵인 군부가 국가의 독재권을 쥐고 일본 제국주의의 위기를 타개하려는 것이었다. 이것을 천황제 파시즘 또는 군국주의 파시즘이라고 불렀다.

그런데 기타 잇키는 《일본 개조 법안 대강》에서 실제로는 국가와 대자본을 융합하려고 했다. 중소 지주는 사회에 필요하다는 주장과 더불어 계급투쟁을 절멸시키자는 주장도 했다. 계급투쟁 절멸 이야기는 일반적으로 극우들이 많이 주장하는 것인데, 기타 잇키도 이런 주장을 했다. 계급투쟁을 절멸하고 행정은 재향 군인단 회의와 군인 또는 천황의 관리가 수행하고 국력을 모아 일본을 세계의 크고 작은 국가 위에 군림하는 최강의 국가로 만들자, 이게 바로 기타 잇키의 대아시아주의였다. 기타 잇키의 대아시아주의는 이런 대아시아주의였다. 세계 여러 나라 위에 군림하는 최강의 국가로서 일본이 역할을 해야 한다는 것으로, 팔굉일우 구상이라든가 대동아 공영권 구상이 기타 잇키에게서 영향을 받았다는 것을 보여준다.

유신 체제로 가는
정신적 바탕의 실체

── 박정희의 유신 쿠데타와는 어떤 관계를 맺고 있었다고 보나.

황도파와 기타 잇키의 영향 아래에 있었던 청년 장교들은 자본가와 민간인 정치인에 대한 강한 불신, 국가의 유일 영도자인 천황의 권위에 의존해 국가를 개조하자는 사고, 사회 또는 국가가 안고 있는 문제나 모순을 쿠데타라는 수단으로 일거에 해결하려는 생각, 자신들의 행동만이 위란에 처한 국가를 구할 수 있다는 신념을 갖고 있었다. 그리고 그것의 연장선상에 '사해에 위엄을 떨칠, 세계에 군림하는 대일본제국 건설'이 자리 잡고 있었다.

이러한 사고는 일본과 아시아 전체에 엄청난 횡액을 가져다줬다. 강창성 책을 보면, 당시 일본에서 평판이 좋았던 사이토 마코토가 40여 발의 총탄을 맞고 죽는 것을 사이토 마코토의 부인과 함께 목격한 작가 아리마 요리요시는 아사히신문에 "나는 2·26사건을 살인, 강도 및 강간과 같은 부류의 사건으로 생각한다"고 썼다. 그렇지만 2·26쿠데타 이듬해에 중일전쟁이 일어나고, 이어서 아시아·태평양전쟁으로 확대됨으로써 한국과 중국의 주민은 물론이고 동남아시아, 태평양 지역의 주민들도 말할 수 없는 고통과 참상을 겪었다. 이 지역에서 일본군이 저지른 학살 등 수많은 만행 또한 하

● 기타 잇키의 영향을 강하게 받은 건 2·26쿠데타를 일으킨 청년 장교들만이 아니었다. 기시 노부스케도 기타 잇키에게 매료된 사람 중 한 명이었다. 기타 잇키의 책을 밤새워 필사했다는 이야기가 있을 정도다.

극상 사건을 일으킨 군인들의 군국주의에서 나온 비인도적 행위에 다름 아니었다. 일본 주민들도 일본의 만주 침략 이래 15년 동안 큰 고통을 겪었고 수백만 명의 젊은이가 전쟁터에서 희생됐다. 대일본 제국을 건설해 사해에 위엄을 떨치겠다는 군국주의자들의 야망은 일제의 패망으로 귀결됐다.

2·26쿠데타를 일으킨 청년 장교들의 군국주의 파시즘 또는 천황제 파시즘은 이념성이 강한 조선인 청년이나 군인에게도 영향을 끼쳤던 것으로 보인다. 아울러 박정희는 2·26쿠데타를 일으킨 청년 장교들이야말로 위기에 처한 국가를 구하고 개조하려는 사명감이 투철한, 올바른 군인 정신의 소유자들이었다고 본 것 아니겠는가, 그래서 2·26사건에 대한 강한 공감을 5·16쿠데타를 전후해서도 피력한 게 아닐까 하는 생각이 든다.

나는 2·26쿠데타 주동자들이 국가 개조를 요구한 것을 빼놓고는 구체적인 내용이 없었다는 점, 농촌 피폐와 빈곤에 관심을 가졌다는 점이 박정희의 이념에 대해 시사하는 점이 있다고 본다. 2·26쿠데타 주동자들처럼 박정희도 복잡하게, 깊이 있게 사고하지 않았다. 군국주의자들은 대개 그렇다. '지금 국가가 크게 잘못돼 있다. 국가가 위태롭다. 민간 정치인은 부패했다. 믿을 수 없다. 그러니까 우리가 의롭게 나서야 한다', 2·26쿠데타 주동자들이나 5·16쿠데타를 일으켰을 때 박정희나 이와 같은 단순한 사고를 했던 것이 아닌가 싶다. 그들은 엄청 비분강개하면서 자기들이 국가를 일거에 확 바꿀 수 있는 굉장한 정치 이념을 가진 것 같았겠지만, 그건 일부 군인들, 특히 일본 청년 장교들이 가질 수 있는 단순한 사고였다. 나는 앞에서 살펴본 소설가 이병주의 박정희에 대한 묘사가 바로 이러한 면모를 소설가답게 간략하면서도 박진감 있게 쓴 것이라고 본다. '밀어버리면 된다', '누르면 된다', '깔아뭉개면 된다'는 힘과 권력의 신봉자들이 어떻게 인간 세계의 복잡함을 이해할 수 있겠나.

민간인 정치에 대한 강한 불신, 그것을 중요 내용으로 하는 사회적 문제점을 쿠데타로 해결하고 올바른 군인 정신으로, 박정희 글에 이 '올바른'이라는 말이 많이 나와서 내가 이 말을 거듭 쓴 것인데, 고도의 능률을 발휘하는 생산적 체제가 필요하다는 사고가 박정희에게 강하게 자리 잡고 있었다. 그러한 사고가 식민지 노예 근성을 탈각하지 못한, 이것을 최고회의 의장 시기 언술로 표현한다면 자율 정신과 자각과 책임감을 결여한 한국인이라는 것인데, 그러한 한국인에게 강력한 지도자가 필요하다는 사고와 결합해 유신 체제로 가는 정신적 바탕이자 정치 이념이 된 것이 아닌가, 그렇게 생각한다.

유신 쿠데타의 뿌리

나가는 말

1

지난날을 돌아보며 오늘날을 올바로 살아가기 위한 힘을 얻는 것, 더 나아가 미래를 제대로 열어가는 데 필요한 지혜의 바다와 만나는 것. 역사를 살피는 근본 이유가 그것이 아닐까 하는 생각을 해봅니다.

그러한 마음으로 역사를 살피다 보면 반면교사라는 말이 절로 떠오르는 시대를 곳곳에서 마주치곤 합니다. 그때 같은 모습으로 돌아가서는 안 되는 시대, 그때 같은 상태로 전락하지 않도록 경계하고 또 경계해야 하는 시대. 해방 후 한국 정치사에서 가장 후진적인 시기로 꼽히는 유신 시대도 그중 하나입니다.

1972년 10월 17일 유신 쿠데타로 문을 연 이 시대는 1979년 10월 26일 궁정동의 총성으로 막을 내렸습니다. 여기서 물음을 한 가지 던져보는 건 어떨까요? 박정희의 죽음으로 유신 체제는 이젠 흘러가 버린 옛이야기 정도로 여겨도 무방하게 된 것일까요?

지극히 제한적인 측면에서, 즉 10·26 이후 아직까지는 유신 체제만큼 극단적인 체제가 나타나지 않았다는 점에서는 그렇다고 볼 수도 있을 것입니다. 전두환·신군부 정권이 유신 정권 못지않게 폭압적이긴 했지만, 유신 체제만큼 국민들을 옥죌 수는 없었습니다. 유신 체제와 똑같이 또는 그보다 더 심하게 했다가는 정권을 유지하기가 어려웠기 때문이라고 볼 수 있습니다. 그만큼 유신 체제가 지독했음을 보여주는 방증이기도 합니다.

그렇지만 이처럼 지극히 제한적인 측면을 넘어 앞의 물음을 다시 생각해보면, 흘러간 옛이야기로 치부하고 안심해도 괜찮은 상황이 결코 아닙니다. 유신 체제를 떠받치고 그 체제에서 특혜를 누리며 막대한 부와 거대한 힘을 비축한 세력(과 그 후예)들이 여전히 막강하다는 것에서도 이 점은 단적으로 드러납니다. 정계, 재계, 언론계를 비롯해 이들이 똬리를 틀고 있지 않은 부문을 찾기 어려운 게 현실입니다.

이들이 지금도 강력한 힘을 발휘하고 있는 것은 민주화 과정에서 과거 청산이 제대로 이뤄지지 않았기 때문입니다. 1987년 6월항쟁과 노동자 대투쟁을 분수령으로 민주화가 진전됐지만 그것은 제한적이고 절충적이었습니다. 유신 체제를 비롯한 극우 반공 독재 체제를 지탱한 세력들에게 그 책임을 엄중히 묻지 못했습니다.

그러한 과정을 거친 후 이 세력들은 박근혜 같은 사람(박근혜의 본모습이 어떤지, 깜냥이 어느 정도인지는 대다수의 독자가 잘 알고 있으리라 믿습니다)이 청와대 주인 노릇을 할 수 있도록 밀어 올렸습니다. 박근혜가 그 자리에 걸맞은 깜냥을 갖고 있다고 믿어서 그렇게 한 것일까요? 그것보다는 박근혜가 자신들의 특권을 확실하게 지켜주는 것은 물론 더 큰 특권을 누리게 해줄 것이라고 판단해 그렇게 한 측면이 훨씬 강할 것입니다.

박근혜는 그 기대에 부응했습니다. 심각한 불평등 문제를 더 악화시킨 재벌 편향 정책, 거듭된 노동 탄압, 시대착오적인 극우 반공 정책 등 그러한 사례는 차고 넘칩니다. 그것도 많은 사람이 유신 독재를 떠올릴 수밖에 없는 방식으로 밀어붙였습니다. 그러다가 박근혜·최순실 게이트로 탄핵을 당하고 이어서 수인 번호 503 배지를 가슴에 달게 됐습니다.

그러나 유신 체제를 떠받쳤고 나중에는 박근혜를 대통령으로 밀어 올린 그 세력들은 건재합니다. 유신 쿠데타를 일으킨 박정희는 심복의 총에 맞아 죽었고 그 딸 박근혜는 국민들에 의해 쫓겨났지만, 그럼에도 유신 체제의 문제를 흘러간 옛이야기로 여길 수 없는 이유입니다. 그대로 두면 이 세력들은 앞으로도 두고두고 적폐로 작용할 것이 분명합니다. 이들의 부당한 특권을 거둬들이고 잘못에 상응하는 책임을 지게 하는 것은 민주주의를 진전시키기 위한 핵심 과제입니다.

그런 의미에서 유신 체제와 관련된 문제들은 유신 체제가 무너진 지 40년 가까운 시간이 흘렀음에도 여전히 살아 있습니다. 물론 오늘날 한국 사회가 맞닥뜨린 문제들이 전부 유신 체제와 관련된 것은 아닙니다. 그때는 나타나지 않았던 새로운 문제들이 많이 부각됐고, 대립 구도도 그때보다 여러모로 복잡합니다. 유신 체제 시기 보수 야당이었던 세력(과 그 후예)들이 1997년 대선에서 승리한 후 10년 집권기 동안 신자유주의를 확산해 격차 문제와 양극화를 극심하게 만든 것도 그 구도를 복잡하게 만든 중요한 요인 중 하나입니다.

그러한 점들을 당연히 고려해야 하지만, 그럼에도 유신 체제를 지탱한 저들이 오늘날에도 민주주의와 국민 주권을 가로막는 세력들의 주축이라는 사실은 변함이 없습니다. '서중석의 현대사 이야기' 연재에서 '유신 쿠데타', '유신 체제', '유신의 몰락'이라는 세 주제로 나눠 유신 체제 문제를 1년에 걸쳐 깊이 있게, 상세히 다룬 이유도 그것과 무관치 않습니다.

2

이번에 내놓는 《서중석의 현대사 이야기》 9~11권은 그 가운데 '유신 쿠데타' 37개 마당(2015년 9월부터 2016년 1월까지 프레시안 연재)의 내용을 더 충실히 하고 새롭게 구성한 결과물입니다. 1965년 한일협정이 체결된 후부터 유신 쿠데타가 일어난 1972년에 이르는 시기를 중심에 놓고 현대사를 살폈습니다.

9권에서는 박정희가 왜 그 시점에 유신 쿠데타를 일으켰는가를 중심으로 짚었습니다. 이에 대한 연구자들의 견해는 엇갈립니다. 유신 쿠데타를 데탕트라는 국제 정세 변화와 연결해 파악하는 사람도 있고, 1968년과 1969년에 북한이 펼친 잇단 무력 공세에 주목하는 사람도 있습니다. 중화학 공업화를 비롯한 경제 문제와 연결해 유신 쿠데타를 설명하는 경우도 있고, 유신 쿠데타의 발생 원인을 노동 문제에서 찾으려 하는 경우도 있습니다.

9권에서는 그러한 견해들의 타당성을 검토하고, 대안적인 설명을 모색했습니다. 1960년대에 통일 논의조차 탄압했던 박정희는 유신 쿠데타를 일으킨 1972년에는 '평화 통일을 위해 유신 체제가 필요하다'고 거듭 강변했습니다. 유신 쿠데타를 제대로 이해하기 위해서는 박정희가 어떻게 평화 통일을 내세워 1인 독재 체제를 구축했는지, 왜 7·4남북공동성명 후 유신 쿠데타가 일어났는지 등을 면밀히 살필 필요가 있습니다.

박정희가 유신 체제를 만든 기본 목적은 절대 권력을 휘두르며 영구 집권하겠다는 망상에 더해, 이른바 '한국적 민주주의'를 구현하고야 말겠다는 비뚤어진 집념과 떼어놓고 생각할 수 없습니다. 박정희가 '한국적 민주주의'를 삶의 마지막 순간까지 강조한 것을 어떻게 볼 것인가 하는 문제도 9권에서 짚었습니다. 그에 더해 장제스(대만)·프랑코(스페인) 독재, 그리고 유신 쿠데타가 일어난 그해에 선포된 김일성 유일 체제의 성립 과정과 비교해 살펴보면 유신 쿠데타의 속성을 더 잘 이해할 수 있을 것입니다.

10권은 두 부분으로 이뤄져 있습니다. 앞부분에서는 유신 쿠데타 전해인 1971년에 발생한 대형 사건들을, 뒷부분에서는 유신 쿠데타 무렵 사회 각 부문은 어떤 상태에 놓여 있었는가를 짚었습니다.

1971년에는 언론 자유 운동, 사법부 파동, 광주 대단지 사건, 실미도 사건 등 굵직굵직한 사건이 연이어 발생했습니다. 1971년에 일어난 큰 사건들을 유신 쿠데타의 계기로 주목하는 경우도 있습니다. 10권 앞부분에서는 1971년에 그러한 사건들이 실제로 어떻게 전개됐는지, 정말 유신 쿠데타의 계기로 작용했는지를 살폈습니다.

그와 함께 1971년 하면 빼놓을 수 없는 대선과 그에 뒤이어 치러진 총선도 짚었습니다. 이 중에서도 대선은 유신 쿠데타를 논할 때 빠지지 않고 거론되는 사안입니다. 현직 대통령이자 여당 후보로서 조직, 자금 등 외적인 측면에서 압도적 우위였던 박정희가 야당 후보 김대중에게 고전한 이 선거가 유신 쿠데타와 어떤 관계를 맺고 있는지를 분석했습니다.

10권 뒷부분에서 다룬 핵심 주제는 왜 유신 쿠데타를 막지 못했는가 하는 것입니다. 이것을 이해하기 위해서는 유신 쿠데타가 일어날 무렵 사법부, 정치권, 군부, 언론, 대학가 등 사회의 주요 부문이 어떤 상태였는가를 파악해야 합니다. 이 문제는 박정희가 유신 쿠데타를 자신 있게 일으킬 수 있었던 이유와 직결돼 있을 뿐만 아니라, 왜 유신 쿠데타가 일어났을 때 그리고 그 후 한동안 쿠데타에 저항하는 움직임을 찾기 어려웠는가 하는 것과도 이어져 있습니다.

11권도 두 부분으로 이뤄져 있습니다. 하나는 유신 쿠데타의 배경, 다른 하나는 유신 쿠데타의 뿌리입니다. 배경 부분에서는 먼저 5·16쿠데타(1961년) 때부터 비상대권을 강하게 추구한 박정희의 행적을 되짚었습니다. 그것에 이어서 1967년 대선과 6·8총선을 짚었습니다. 6·8 부정 선거, 망국 선거로 불리는 이 총선 결과를 발판으로 박정희는 3선 개헌을 밀어붙였습니다. 그렇게 우격다짐으로 열어젖힌 장기 집권의 문은 결국 유신 쿠데타로 이어지게 됩니다.

뿌리 부분에서는 박정희의 역사관과 정치 이념을 파헤쳤습니다. 그러한 작업에서 반드시 살펴야 할 자료가 식민 사관으로 점철된 박정희의 두 저서 《우리 민족의 나갈 길》과 《국가와 혁명과 나》입니다. 박정희의 역사관과 정치 이념은 어떠했는지, 그것은 어디에서 비롯됐는지를 파헤치다 보면 일본 군국주의를 만나게 됩니다. 유신 쿠데타의 본질을 파악하기 위해 1936년 일본 군국주의자들이 일으킨

2·26 쿠데타를 살피지 않을 수 없는 이유입니다.

덧붙이면, 9~11권은 시간 순서대로 구성돼 있지 않습니다. 9권에서는 유신 쿠데타가 일어난 1972년을 전후한 시기를 중심으로 다뤘고, 10권에서는 그 앞 시기인 1960년대를 중심으로 살폈으며, 11권에서는 일제 강점기로 거슬러 올라갔습니다. 시간 순서에 따라 서술하는 대개의 역사책과 달리 이렇게 구성한 데에는 이유가 있습니다. 사건 발생 시점 전후 몇 년만 살펴서는 유신 쿠데타라는 거대한 사건을 깊이 있게 이해할 수 없고, 거슬러 올라가 그 뿌리까지 파헤쳐야만 박정희와 유신 쿠데타의 본모습을 마주할 수 있기 때문입니다.

연재에 관심을 보여준 언론 협동조합 프레시안 박인규 이사장, 그리고 작업 공간을 제공해주는 등 물심양면으로 지원해준 인문 기획 집단 문사철의 강응천 주간께 감사 인사를 전합니다.

2017년 9월
김덕련